每一天的覺醒

365篇日常生活的冥想與頓悟

The Book of Awakening

Mark Nepo
馬克・尼波——著
蔡世偉——譯

前言

尋常事物組成的奇蹟饗宴

聆聽馬克．尼波誦讀他的詩作是一大喜悅。空氣中幾乎摸得到冒險的氣息。每當馬克揭示了隱藏的寶藏，小心翼翼打開平凡的剎那，顯露其中最不平凡的奇蹟，總令我驚嘆。他在公開場合朗讀時，人們會屏住呼吸。因為，他們在馬克的詩句裡發現了某些深層而真實的東西，某些他們本來知道卻已忘記或遺失的東西。馬克看見了這些東西，幫我們記起，然後把它們送還給我們。而後，大家由於能夠再次覺醒，由於看見寶貴之物而心存感激。

生命由一日一日組成。我們唯有在生命的日子裡才能找到平靜、喜樂與療癒。千萬個小小奇蹟為日子打上標點，而馬克是奇蹟的學徒。他是以尋常事物為原料的煉金師，邀請我們經過觀看、品嘗、碰觸、舞蹈與感覺，找到那條通往生命核心的道路。

而日子是由時時刻刻組成。一個得以好好活過的生命，必牢牢紮根於時刻的甜美土壤裡。馬克．尼波是這塊土壤的園丁。他所栽種的恩典種子，只在慈愛的關注與醒覺的時光中生長。當我們愛上這樣的時刻，我們就接受了生命最深刻的祝福。馬克讓我們知道，如何去深切而酣暢地愛。

馬克曾經罹癌，這個經驗把他搖醒。陷落於病痛之中給了他驚人的覺醒。現在，他邀請我們，用他的眼睛與心靈去看見並感受：人生在世，能夠覺醒到什麼程度。從癌症存活下來的馬克，帶著連呼吸都感激的將死之人的一雙眼睛。除了帶來感恩的心，他更帶給我們智慧、清晰、慈悲，以及一種激情的熱忱，讓我們從尋常的剎那之中，從時光的骨骼之中，吸吮精髓。

如果你渴望以這樣的方式過活，馬克就是你的導師。

當馬克完成最後一輪化療，他起了個大早，榨了一杯柳橙汁，把果汁放在桌上。他一邊等待，一邊冥思著這一天會過得如何。太陽升起，高過了他窗外的樹。他告訴我，陽光在那個瞬間穿透了果汁，然後「擴散為橙色的晶亮的光」，就在這剎那，馬克把果汁端到唇邊。

大部分的聖禮都是令人屏息的單純動作：一句簡單的禱告、一塊麵包一口酒、一次冥思中的吐息、一次額頭上的灑水、一次戒指的交換、一句慈悲的話語、一份祝福。這些動作，只要是在覺醒的時刻裡進行，就可能打開精神洞見之門，為我們帶來滋養與喜樂。

這是一本聖禮之書，這是馬克給我們的慷慨贈禮。這是由尋常事物組成的奇蹟饗宴，這是人類生命的平凡財富。慢慢讀，品嘗每一頁。最重要的是，去感受驚喜。生命，早已比你想像的神奇多了。

韋恩．穆勒（Wayne Muller）

作家，著有《我們應該如何活？》（*How, Then, Shall We Live*）

目次

CONTENTS

自序

一份邀請

這本書是實用的，它可以作你的陪伴，成為你的靈魂之友。這是一本覺醒之書。為了書寫，我必須活過。這本書給了我一個機會，讓我收集並分享自己在生命歷程中遇見的靜默老師們。發掘與形塑這些篇章的旅程，讓我自己的內在與外在生命靠得更近。這本書幫助我認識並運用自己的心靈，也讓我更加完整。我希望它對你也會是有用的工具。

為了寫這本書，如同在道上尋找泛著光的石頭。我停下腳步思索，向這些石子學習，把它們收起，然後繼續往前走。兩年過後，當我把收納碎石的袋子擱在眼前，我不由得驚嘆自己一路以來找到了這麼多。那些沿途泛光的碎片，就是組成這本書的元素。

本質上，它們都訴說著性靈與友情。它們訴說著，我們都需要生命力，需要一直愛著生活。它們的教誨來自許多教派、許多經驗，來自許多美好而誠實的聲音。這本書裡的歌都唱著苦痛、驚奇和愛的奧秘。

我採取這樣的形式寫作，因為我是寫詩的人，我渴求一種如同用湯匙取用食物的表達方式。而我又是一個從癌症倖存下來的人，日誌式的圖書成了我內在的食糧。在過去的二十幾年來，日誌已經回應了集體的需求，扮演我們這個時代靈性的十四行詩體，成為一種穩定的容器，乘載著小量而重要的東西。

但願這個作品之於你像是海水打上一塊卡在曠野的岩石，為你帶來驚奇的感嘆與新鮮的想法，能讓你與我都泛著光，可以將我們洗滌，讓我們在當下變得比較柔軟，比較清晰。

這是我最深切的期待：這些書頁中會有某些東西讓你驚喜，讓你振作，讓你泛光，幫助你去活、去愛、去找到自己的喜樂之路。

馬克．尼波

January

人身難得

在世間所有的存在之中，我們呼吸並覺醒，將之幻化成歌。

來自佛教的警醒，要我們對「人身可貴」常存意識。一旦能夠覺察到我們生而為人，就在此時此地，各自成為獨特的靈魂，喝著水、伐著木，這確實是美好的生命風景，對此升起莫大感激。

那份覺察要我們環顧四周，看那螻蟻與蹬羚、毛蟲與蝴蝶、小狗與閹牛，看那翱翔的蒼鷹與獨行的野虎，看那百年老橡以及千年洋湖。然後瞭然，這世上沒有其他生命型態得以享有屬於人類的恩典，那是一種對生的知覺。地球上無窮無盡的物種諸如動物、植物與礦物，只有極少數的生命擁有所謂「人生在世」的覺醒之心。

我以話語表達來自意識深處浮現的感觸，而你可以順利接收那些訊息，這乃是何以作為一個人是如此珍貴無比。你也許曾經是一隻螞蟻，我也許曾經是一頭食蟻獸；你極可能曾是一滴雨，而我極可能曾是水中被舔舐的鹽。但此時此地，我們如此受到祝福，生而為人，活著這般寶貴卻往往被視為理所當然。

這一切無不說明，彌足珍貴的生命是沒有機會重新來過的。當你知曉自己的存在堪為稀罕，那麼，今天的你要做些什麼？如何行止？該如何運用自己的雙手？想追尋什麼，又，向誰索求？

明天你可能會死，轉生為蟻，被陷阱誘捕。但是今天你甦醒了，覺察自己的珍貴而活。這使得生命充滿感激，並讓猶豫與遲疑失去意義。帶著覺醒的心，問問自己現在需要知道什麼。說出你當下的真實感覺。愛你此刻所愛的一切。

・坐在戶外，或者就靠坐在窗邊，觀察周遭的其他生命型態。
・緩慢呼吸。想一想螞蟻、草葉和藍鵲，想一想這些生命能做到什麼，而你卻不能。
・想一想小石子、一片樹皮和石凳，把呼吸聚焦於內在，關於那些它們做不到但你能做到的事物。
・緩緩起身，感受身而為人的美好。開始過日子，帶著清楚的覺察，完成一件只有身為人才能做的事。
・當時機到來，滿懷崇敬與感激之情去做那一件事。

一月二日

全部放下

領我們從虛幻走進真實。

——印度教禱詞

那是個下著雪的夜晚，羅伯特又在講兩年前他決心粉刷客廳的故事。起了個大早的他，出門到五金行準備粉刷用具：幾加侖的紅油漆、攪拌用的木棒、保護地板及傢俱的布罩，還有那使用一次之後不管被浸泡在什麼溶劑裡面都還是會硬化的油漆刷。

他在屋子外面把油漆加以調配攪拌，然後兩手各提一小桶油漆，腋下夾著布罩單，嘴上叼著寬大的刷子，搖搖晃晃走到門前。講到這裡，他咯咯笑了起來：「我就是不想先放下任何東西。試著開門，我踉蹌了。差一點打開門的瞬間，我失去重心，倒退踩了幾步，最後四腳朝天摔倒在地，身上滿是紅色的油漆。」

這時，羅伯特放聲嘲笑自己，每一次說到這裡他總會這樣。而我們坐看雪花無聲飄落。我反覆玩味這個故事，發現其中奧妙。我們都做過跟羅伯特同樣的事，出於愛、出於一己抱持的真理，甚至出於己身的苦痛，我們堅持著。縱使一切再簡單不過，但在那充盈自我意識的瞬間，我們不肯為了打開門而先放下手上一切，不論那是食品雜貨、油漆用具或是滿心想與人分享的故事。一次又一次，直到我們領略，想要進門就不能緊握一切，必須全都放下，打開門，然後只拿起真正需要帶進去的。

「準備、拿起、放下、進去。」這是人生最基本的過程，而再三失敗如我們至少伴隨另一個做到的機會：去學習如何跌倒、站起來，然後自我解嘲，笑一笑。

- 沉思那些難以跨越的生命門檻，也許是在職場、在家庭生活、在一段關係裡頭，或者是為了通往更極致的平靜的路上。
- 平穩呼吸，反省你是否因為提太多東西以至於打不開那道門？
- 緩慢吐納，每呼出一口氣，就放下一件你背負著的事物。
- 現在，暢快呼吸，然後打開那扇門。

一月三日

忘卻所學

覺醒的過程並非發現新事物，而是一段漫長且苦痛的歸途，重返那至始至終存在的事物。

——海倫路克（Helen Luke）

每個人打從出生，便擁有一塊毫無滯礙的空間，在那裡，沒有期盼或懊悔，沒有野心或困窘，不受恐懼與憂慮束縛。那個與生俱來的空間，是我們最初被上帝觸碰的地方，從優雅中生出平和之處。它是心理學家說的「心靈」、神學家口中的「靈魂」、榮格稱它為「潛意識之始」、印度教大師名其為「自性」、佛教徒稱它「法」，詩人里爾克筆下的「內在本質」、蘇菲教徒所謂的「本心」，而耶穌基督說那是愛的中心。

設法認識這個內在的空間，也就是設法了解我們是誰——這種認識，看的不是我們外表的身分象徵，或工作地點、服飾裝扮或偏愛的稱呼，而是透過我們如何置身於無限，如何感受自己與無限之間的關係。這是個困難無比的終生課題，因為轉化在本質上就是一次又一次的覆蓋，一次又一次遮蔽我們的起點，然而存在的本質卻是持續地要把非本質的一切都淘汰掉。我們活在這兩端的拉扯之中，一邊被遮蔽，一邊又被消蝕，最終都要回到原初那永不毀壞的恩典空間。

當那層覆蓋終於被消蝕的時候，我們遂有瞬間的啟蒙，這剎那的完整正是禪師所稱的「頓悟」：清明，內外合一，完完整整地存在。而無論那層罩紗是來自於文化、記憶、精神或宗教的訓練、來自心靈創傷或世故的洗禮，如何移除那層薄幕，乃是所有治療與教育的終極目標。

不管主題和內容是什麼，唯一值得教的課，永遠是如何揭去那覆蓋了初衷的遮蔽物，以及一旦揭除之後，如何安居其中。我們把這個覆蓋稱為「心死」，而從心死的狀態要想回歸初衷，不管是透過苦難或恩典，都是一場拋卻外在所學，返璞投入上帝懷抱的歷程。

・閉上眼睛，在你的煩憂底下呼吸，如同一個潛水者，潛入那翻攪不歇的浪潮之下所等待著的幽靜深邃。
・現在，想著兩件你愛做的事，例如跑步、畫圖、賞鳥、種花或閱讀。想一想這兩件事裡面是什麼讓你感受到自己活著。
・把它們的共同點放在眼前，慢慢呼吸，感受這珍貴的事物反映著你內在的恩典空間。

一月四日

安居其間

我們不可能猜想得到，能存在此處已是何其有幸。

——詹姆士泰勒（James Taylor）

我想起一個女子，她發現了一塊被壓得乾癟的海綿，而在海綿的乾硬皺褶裡找到她一直在找尋的訊息。女子帶著這塊乾硬的海綿來到海邊，一路走進水深及腰之處，看著那塊海綿在海水中舒展復活，就在海綿散逸出來的水泡裡面，看見不可思議的生命奧秘：乾海綿中有一條困於長眠的小魚，此時活了過來，向外游入大海。從此以後，這位女子心中隨時能感覺到那條曾經沉睡而今優游自如的小魚，得到介於平和與喜樂之間的滿足。

我們各自走在不同方向的道路上，日子被各種的色澤與紋理覆蓋，無論我們置身於何種謎團，「活著」的奧秘總是從來離不開一件事：從沉睡來到甦醒與解放。我們的心好比那塊海綿，渴望能在經驗之水中舒展及復活；而靈魂也好比那條小魚，若我們讓它優游，它就能帶來平和與喜樂。

而今一切乾癟而無從辨識——除非我們能如同那女子一樣，走到海水及腰之處，雙手捧起那沉睡已久的心靈，然後溫柔地任它潛進我們所活的生命裡。

- 閉上眼睛，冥想一塊乾硬的海綿舒展開來，如一朵在水面下綻放的花。
- 隨著呼吸，想像自己的心就是這塊海綿。
- 下次洗碗的時候，停頓一下，握著水中的乾癟海綿，感受自己的心緩緩舒展。

秀出你的頭髮

我祖母是這樣說的：「不要把你的綠色頭髮藏起來，別人怎麼樣都看得見的。」

——阿瑞恩（Angeles Arrien）

苦痛從幼稚園時期就開始了，當純真無邪的我們初次被人揶揄，我們便開始掙扎，用盡方法企圖隱藏顯而易見的自己。

這一切並非誰計畫如此，也不是出於密謀，而是一段從單單認識自己到漸漸了解世界的歷程，這歷程無從避免，往往使人受傷。可悲的是，我們對此閉口不談，也從未被告知「綠色頭髮」其實很美，管他是誰在路上指指點點，也毫無隱藏的必要，於是我們往往自行下定論：我們必須先隱藏自己才能理解世界。但這恐怕是距離真理最遙遠的想法了。

真正亙古不變卻未言說的道理是：任何威脅恫嚇之所以可行，是因為我們先認定自己確得有所隱藏。如果我們認定光做自己是不夠的——不管這念頭多麼短暫——我們就會想要隱藏自己。

．安靜坐定，閉上眼睛，吐氣，吸氣。隨著每一口吸進來的空氣，感受著做自己已然足夠。

巨輪的輻條

我們想要拿取的事物也許不同，但使得我們伸手的原因，並無二致。

想像每個人都是一座巨輪上的一根輻條。每根輻條都不可或缺，然而也都獨一無二。巨輪的輪圈，是我們感覺到的社群、家庭和人際關係，而輻條匯集的巨輪中心則是所有靈魂相遇的地方。所以，當我面對世界，我可以與眾不同，但是當我鼓起勇氣探視自己內心，我看見一切生命所發源的共同核心，在那裡我們是一體的。如此，我們同時活出了獨特與合一，這也許說來矛盾，但事實卻既神秘又有力量，當我凝視你夠深，我找到我自己；而當你在心靈幽深之處聽見我的恐懼，你將辨認出它正是你以為無人知曉的秘密。這難以預料的一體性遠遠超越單一個人，卻又與每個人共通，那合一的剎那，我們都是上帝的原子。

我在前半生也跟大多數人一樣，盡可能認識自己並加強個人的獨特性，努力鞏固自己在輪框上的位置，藉由確立自己跟別人不同，以此定義自我的價值。但後半生的我被領往那巨輪的中心，現在正領略著所有靈魂不可思議的合一。

我經歷過癌症、悲傷、失望和事業的轉折，經歷過我深愛的人與事物徹底的崩毀與重組，於是我漸漸了解到，好比水終將磨平岩石、滲入沙子，我們最後都會變成彼此。怎會這麼晚才醒悟呢？一直以來我以為區隔人與我的東西，其實就令我們緊緊相繫。

這個領悟，出現在一個瞬間：當我坐在紐約市哥倫比亞長老教會醫院的候診室，看著一位拉丁裔女子的眼睛，而她也看著我，這時我領悟到，雖然我與她口吐不同的語言，但我們眼見相同的奇蹟，身受相同的苦難。說來難以相信，但我當下瞭然，每個人出生在世原來都是另一個亞當或夏娃。

‧跟一個你信賴並深愛之人並肩坐著，輪流進行以下的動作。
‧說出一個讓你與眾不同，足以定義自己的特色。
‧再說出一個你與別人都擁有卻也可以定義自己的特色。
‧討論你是如何面對這種你因為與別人不同所產生的孤獨感，以及當你覺得與別人毫無分別時，你又如何自處？

一月七日

輪流之必要

我們一定要輪流潛入一切，輪流在水面為對方計算時間。

在一段關係中，我們所領受與必須承擔的，其實就只是輪流為對方洗碗盤，為對方架起遮風擋雨的窗，好讓對方能夠安心潛向上帝的所在，無須憂慮那天的晚餐。當一人向內探索，另一人必定要在外守候。

一個最理想的例子就是深海採集珍珠的人，他們一定兩兩成雙作業。他們不使用氧氣筒或調節器，其中一人在水面看顧著繩索，繩索則綁著另一人緩步走進水裡，踏沙前行，尋找珍寶。

他走在水底，隨著各種水生植物的搖晃而擺動，直到水面上那個人拉拽繩索，他才往上浮升，吐出最後的空氣。上船後，兩人可以說好幾個小時的話，一邊安置所有尋獲物，撫摸那尚未打磨的天然珍珠。隔天，換她潛入水中，盡量往籃子裡放滿珍珠，輪到他留在水面計算時間，全神貫注於手中纏握的繩索另一頭綁繫的她。

這些潛水採珠者示範了什麼叫作兩個人在一起，什麼是信任所能成就的奇蹟。我們一定要輪流，在水面上的人一定要謹慎計算剩餘空氣所能支持的時間，好讓另外那人潛入更深之處。

- 靜坐，沉思你與你的朋友、情人或家人的一段意義重大的關係。
- 穩定呼吸，問問自己，在這段關係中你們有沒有輪流潛水與計時。
- 當你想這麼做時，與你所愛的那個人討論這件事。

一月八日

餵養心靈

無論多麼黑暗，手總能找到嘴巴。

——伊多馬俗諺（奈及利亞）

就算一片漆黑，我們的手總能將食物餵入口中；就算前路茫茫，我們的心依舊跳動；縱使惶然驚懼，肺部仍然吞吐空氣，而縱使烏雲罩頂，太陽還是朝大地傾洩光芒。

這則非洲俗諺提醒我們：困於難題之中，事情從來不像我們所見的那麼糟糕。我們擁有內在反射夠我們活著，我們內心深處的本能衝動就運作於我們那些掙扎困頓底下。

務必牢記：手不能抹滅黑暗，卻能找到我們的嘴：信念無法剔除磨難，卻能支撐我們的心靈。

- 靜靜坐著，閉上眼睛，張開手，去找你的嘴巴。
- 一邊吸氣，感覺你的手如何知道往哪裡去找你的嘴。
- 緩慢呼吸，閉著眼睛，讓手找到你的心。
- 現在留意，你那顆沒有任何引導的心，如何知道方向。

一月九日

魚缸裡的日子

愛，並按你所願的去行。

——聖奧古斯都

羅伯特在浴缸注滿了水，將飼養的魚放進去，以便清洗魚缸。他刷淨魚缸那虛構海洋的小小內壁之後，走進浴室取回那些魚。

他驚訝地發現，縱使有整個浴缸可以優游，魚兒卻縮在一塊恰如魚缸大小的水域。沒有限制，亦無任何阻擋逼使它們迴轉，為何魚兒不敢自由穿梭呢？魚缸裡的日子對牠們與生俱來的游泳本能起了什麼影響？

這個瞬間寂靜而真實，令人久久不能忘懷。我們不禁看著這些小魚哪裡都去不了，只能游向自己。我們的日子也彷彿置身魚缸，透過無形的阻隔向外觀看，想著自己是否也如同這些小魚，除了走向自己，哪裡也去不了？是否縮小了世界，只為了逃避自己加給自己的束縛？

這又讓我想到我們在家庭跟學校長大的過程中，大人們說不可以從事某些職業，又說某些工作是不可能做到的。他們說我們只能用某種方式過生活，只能重視實用價值。他們對我們耳提面命：超出了這些實用價值所圍成的魚缸，將是危機四伏的。

我開始明瞭，從小所受的教育無形中已經使得我們畏懼魚缸外的生活。身為父親的羅伯特開始反省：他為他孩子所擘劃的未來，究竟是魚缸裡的日子還是沒有玻璃牆帷的廣闊世界。

如今我處於中年，開始尋思，會不會任情適性、待人慈悲並永保好奇才是我們的本能。每當我對計畫之外或意料之外的事物感到躊躇，猶豫是否該伸出援手或者遲遲不敢向自己不了解的東西發出疑問的時候；每當我漠視心裡想要奔向大雨的衝動，每當我打消念頭不為了說一聲「我愛你」而撥電話——這時我是否自己就背對了我自己，縮在浴缸那安全但窄小的一隅？

- 靜靜坐著，直到你覺得你位於自己的中心。
- 站起來，慢慢在你所處的房間裡走動。
- 走近房間的牆壁，冥想你自己好比魚缸裡的生活。
- 呼吸，走向門口，思考你生命之中真正的可能性。
- 現在，踏出門，走進你的一天。跨出你的日子，走進世界。

一月十日

不做你的你

阿及拉臨終之際，對他的拉比哀嘆，認為自己的人生失敗了。

他的拉比靠近床榻詢問原因，阿及拉悔稱自己活得不像聖人摩西。這可憐人開始哭泣，說他不敢面對上帝的審判。

此時，拉比湊近他的耳邊溫柔低語：「上帝不會批判不做摩西的阿及拉。上帝只會批判不做阿及拉的阿及拉。」

——《塔木德經》

我們生來其實只帶有一個責任，那就是徹底做自己。但是我們花了不知多少時間與其他活著或已逝的人比較——這在追求卓越的道上往往被鼓勵為當行之舉。然而，一朵盛開的花盛開從不渴望成為一條魚，一條魚在盡情優游之際也不會企盼變成一隻老虎，但人類總是憧憬別人的生活，暗自渴望得到那些我們從未真正認識的人們所擁有的聲名與財富。對自己不滿時，我們經常試穿別人的外皮，而不去真心理解並照料自己。

然而，當我們拿自己與他人比較，這時我們看見的既非自身，也不是對方。我們感受到的只是一股較勁爭勝的壓力，彷彿世間僅有一口食物卻得餵養眾生的飢腸轆轆。但宇宙只會在我們好好做自己的時候時才展現其豐厚與富足。每株野草、每隻螞蟻或負傷的兔子，世間種種活物本已擁有各別成為自己的獨特性，只要活出來，生命都已綽綽有餘。

可惜我們常常苦於缺乏安全感而受蒙蔽，這種喘不過氣的壓迫感讓人覺得自己沒有價值。不安穩的心有時逼得我們自我膨脹。畢竟，面臨苦痛時，我們以為只要我們大一點，就能離苦遠一些；只要我們大一點，就不容易受到忽略；只要我們大一點，就擁有多一些被愛的機會。於是我們就要別人變小一點，拼命維持著一種「我比苦大」的幻象。

當然，歷史終將令我們慚於自己膨脹而學會謙卑。真理教我們回返真實的自己。而慈悲，那溫柔的慈悲，永遠會使得我們擁彼此入懷，要我們寬恕，原諒自己當初不懂得接受那早已存在於自己之內的美好又獨特的全部。

・將盆子注滿水，在冥想中讓心靈澄澈，然後仔細看著自己的水中倒影。

・看著倒影，感受一個你因執著於比較而帶來的壓力。感受那股以別人來衡量自己的痛苦。
・閉上眼睛，放這個感覺走。
・現在，再次看清水裡的自己，試著就這樣看待自己，且不與任何人相較。
・繼續看著倒影，感覺一下是什麼讓你自己獨一無二。帶著這個感覺走。

一月十一日

鐵雄

想認識神卻不展現與神相像的樣子，就好比試圖游泳卻不跳入水中
——歐瑞斯特．班瑞傑（Orest Bedrij）

在我們被教導的一切之下，有個超出理性的聲音呼喚著我們。若我們傾聽這閃現之音，往往能得到治癒。它要我們像樂譜上的樂章傾瀉而出那樣活出生命。它總是在抉擇的關頭才對我們低語，而它有時太過微弱，常被誤以為是風拂過樹葉的聲響。但只要它進入我們心中的苦痛，便能使生命的無力得以開展。

我想起一個患有小兒痲痺症的年輕神學院學生的遭遇，他突然聽到內心深處一個不可思議的聲音，那聲音竟然要他去跳舞。這時在極度困難，但他毅然決然離開神學院，開始跳舞。而慢慢的，也像是奇蹟似的，他重拾了雙腳的自由，更成為現代舞的開山始祖之一。

這是鐵雄（Ted Shawn）的故事。他使我們不得不信服：不是因為研讀上帝而使他痊癒，而是體現上帝之道使他得到醫治。鐵雄的奇蹟告訴我們：跳舞，任何形式的跳舞，就是「被活出來的神學」。這引領我們走向無可迴避的行動：去活出被壓抑的東西，去呼吸那些所知的、所

感與所信的事物，一次又一次將它們吸進肌肉與骨骼裡。

無論面對什麼險阻，總有個聲音在苦痛底下一閃即逝。只要我們能聽見它、願意相信它，它就會為我們揭示重生之道。傾聽與體現的勇氣，讓我們敞開自己，面對驚人的秘密：「若欲達到完整，最好的做法就是去愛那擋在我們前面的一切，直到它們不再成為阻礙。」

- 工作之前或是在一天當中，找機會在戶外靜坐。
- 閉上眼睛，端坐不動，感受空氣拂過你閉著的眼皮。
- 讓愛滿溢胸腔，沖刷你的心。
- 讓愛在喉嚨流動，到達眼睛後方。
- 你睜開雙眼，伸展肢體，並注視你第一眼看見的東西。
- 如果哪看見一張凳子，說「我相信凳子」。如果是一棵樹，就說「我相信樹」。如果是一片破碎的花瓣，就說「我相信破碎的花瓣」。
- 起身，帶著來自你所見所感的單純信念，觸碰眼前的東西，給你的愛一個出口。

一月十二日

直視黑暗

見小曰明，是謂習常。

——老子

恐懼之所以成為力量，是因為我們不去看恐懼本身，或者不敢去看所懼怕的事物。記得小時候你以為埋伏著可怕怪物的閣樓或是衣櫃嗎？愈是迴避它們，你就愈不敢打開門。

我從小就受到這樣的恐懼感侵擾，到了不敢接近屋裡某個區域的程度。直到某天沒有人在家的時候，我終於決定面對那可怖的未知。我心臟狂跳，在那閣樓門前佇立好久，耗盡了一個小男孩的所有力量才敢打開那扇門。

我在門口等了一下，眼見沒有風吹草動，才一吋一吋挪動。我在黑暗裡站了好久，一直到我的呼吸恢復正常，這才發現自己的眼睛漸漸適應了黑暗。很快的，我開始翻查那只發霉的老舊箱子，在箱裡找到了祖父的照片，他是家裡面唯一跟我容貌相似的人。看見這些照片，我也看見了自己心靈的模樣。

無論我們面對的是怎樣的一扇門，也不管埋伏在門後的恐懼是什麼（也許是愛也許是真相，甚至是死亡的迫近），我們都一次又一次必須選擇，到底是要迴避屋裡那些角落，或是要打開門走進去探索我們還不認識的自己，靜候原的黑暗逐漸轉為清晰。

- 靜靜坐著，讓腦中浮現一扇你不敢通過的門。
- 一邊呼吸，一邊透過靈魂的眼睛，習慣那個門口。
- 深呼吸，在那扇緊閉的門前面感覺著自己是安全的。對自己發願：等我變得更強壯的時候，一定要回來打開這扇門。

需要彼此

一個盲童，在母親的指引下，賞櫻。
——寶井其角（Kikakou）

誰知道一個盲童在櫻花或鳴禽中看見了什麼？誰又知道我們從各自的盲目裡看見什麼？請不要懷疑，我們都以獨有的方式看不見，一如每個人都以獨有的方式被瞧見。

想想我們是如何被我們的恐懼所蒙蔽。如果怕高，我們便看不見浩瀚視野帶來的謙卑。如果害怕蜘蛛，我們便看不見那網間錯縱的華麗與險惡。如果害怕幽閉，我們便看不見那片刻獨處的奧秘。如果害怕熱情，我們便看不見合一所帶來的安適。如果害怕改變，我們便看不見生命的豐足。害怕死亡，我們看不見神秘的未知。既然恐懼乃是源自於人，盲目遂成為無可避免之事，是我們每個人都必須勉力克服的課題。

覺察了這點，文章前引這首小詩或許可作為一則內心的寓言。在生命的進程中，我們跌跌撞撞，踉蹌而行，進出於與人的關係，生命中未現的恩典。正因此所以我們需要彼此，因為我們與人的關係幫助了我們體驗事物的合一。這一生，我們都必須有時當那個盲童、有時當那個慈愛的引導者，有時擔任那毫無戒心的櫻花，一時不知自己被召喚前來扮演何者，直到我們明白我們所該明白的。

- 閉上眼睛，念誦前述的俳句。
- 第一遍，慢慢呼吸，成為那個盲童，欣賞自己看不見的櫻花。
- 第二遍，深呼吸，變成那慈愛的指引，引導自己與孩子一起享受那永遠不可能以相同方式體驗的美。
- 第三遍，什麼都不想，呼吸，化身有眼的人與盲者都為之佇足停留的櫻花。

體驗生命

縱然能親睹上帝，仍會見到迸裂的碎屑與沿途的熊熊火光。

我們太常企盼能在發掘真理之後得到回報。付出努力，我們渴盼金錢與認同；做出犧牲和付出善意之後，我們期待接納與憐愛；付出誠實，就要得到求正義。但我們也知道，生命自有一套邏輯。努力的成果會被看見，善意會被欣然接受，而探求「什麼是真」則是人際相處的基本之道；然而，呼吸所得到的報酬不是掌聲而是空氣；攀登之後的報酬不是晉升而是嶄新的視野。付出善意不是為了被看作善良之人，而是在施予時所形成的情感交流，那是我們活著之所依恃。

愈是接近生命的本質，愈是發現付出與回報似乎是一組同義字。誰能料想到：發現了真相，得到的報酬是誠實；理解，所得的報酬是知的平靜；而愛的報酬，就是身為愛的容器。如此玄妙卻又簡單明瞭，河流存在的唯一目的就是承載水，隨著水的力量將河床加深拓寬，河流也變得更加完滿。同理，心靈的河床也將在承載生命的過程中漸漸開拓，變得深廣。

這一切讓我們明白，再多的思考也無法減損生命的驚奇與苦楚，別無任何理由或藉口能阻止生命的原力衝向我們。這聽起來深具毀滅性，但有此領悟實在令人心安。畢竟生命無常，不免令人思及死亡。然而也正是這個無常可以使我們確知；不管痛苦再怎麼深，它都會過去。

- 讓自己看見最近的一個失望的瞬間。
- 你原本是否暗自企盼得到某種回應或結果？
- 不要執著於你的盼望為何沒有如願發生，試著了解你那盼望當中的真正核心：你想要的是什麼？是被聽見、被接納、被愛惜、被看作一個有價值的人？還是你只不過需要一個擁抱？

・接受這個失望，試著去理解你一生中領受了什麼。

一月十五日

嚐起來如何？

我們的根本性情愈寬愈廣，生命的苦痛就愈容易承擔。

——韋恩穆勒（Wayne Muller）

一位年老的印度教大師受不了徒弟鎮日抱怨，便挑一個早上派他去買鹽。徒弟買了回來，大師叫這位不快樂的年輕人抓起一把鹽，放進一杯水裡，然後把水喝掉。

「嚐起來如何？」大師問。

「又苦又鹹。」徒弟啐著唾沫回答。

大師笑了，要徒弟再抓一把鹽，兩人一起走到附近的湖畔。當徒弟將手中的鹽往湖裡灑之後，大師開口：「現在掬一口湖水起來，喝喝看。」

湖水順著徒弟的下巴滴落。大師又問：「嚐起來如何？」

「很清爽。」徒弟如是評論。

「嚐到了鹽味嗎？」大師再問。

「沒有。」年輕人回答。

這時，大師坐在這位與自己年少時極為相像的嚴肅青年身旁，握住他的手對他說：「生命的苦就是這把鹽，不多也不少。苦痛的份量已定，難以增減。但是，看你把這把鹽放置於什麼容器當中，決定了你會嚐到多少的鹹苦。所以，當你遭逢苦痛，唯一能做的就是放大自身對事物的觀照，不要當杯子，要變成一片湖。」

· 集中心神、回到自己，凝神於那股糾纏你的苦痛。
· 不把那個苦痛趕走，卻試著透過它呼吸。
· 透過每一次吸氣，設法去包圍那個苦痛。
· 透過每一次吐氣，試著將自己放大，然後讓那個痛浮動於我們所不知道的深處。

一月十六日

想拒絕的時候

想說不好的時候，我說好。於是皺紋就這樣催人老。

——內娥米・希哈・奈（Naomi Shihab Nye）

有好幾次，我本意是想要拒絕的，最後卻點頭答應，因為害怕讓別人不開心，更怕別人覺得我自私。譬如我第一次決定結婚，就是想要拒絕卻選擇答應。年輕懵懂，不懂得什麼叫「做自己」，為了不讓別人受傷、失望或不愉快，便答應盡力去做一條離開水的魚。結局，想當然爾是慘不忍睹的。

我們太習慣犧牲自己之後，變得太常對著自己說相反的話。當我們的熱忱對生命的熱忱吶喊著「好！」理智的防備卻冷冷地說：「別傻了，實際一點，別忘了保護自己。」隨著人生之旅的時間漸長，我們明瞭了更深的意涵：那些真心誠意愛我們的人，絕不會有意要求我們成為他人，不做自己。

以下這條真理是不會變的：一旦我們答應了任何違背自己靈魂的需索、要求或是條件，就必然要付出代價，使得珍貴的生命力流逝。縱使屈就與順從也許看似有好處，我們的靈魂必定會在那些與天性相悖的事物中漸形枯槁。

離開熙攘的街道，看一看大自然的生物做著他應當做的事，樹木、麋鹿、蛇虫、閃電，生命的能量明明白白就是來自於世間萬物都能順其本性。而致力於愛的我們必須了解到：關懷，乃是內心的河流湧溢於堤岸，如果靈魂之流沒有活水，就沒有關懷可言。

- 靜靜坐著，冥想你最近一次想拒絕卻選擇答應的時刻。
- 穩定呼吸，沉思：你當時為何不拒絕？
- 深呼吸，分辨你不說出真正感受所需付出的代價。
- 緩緩吸氣，對你的性靈發出邀請，請它下一次遇到被要求背離本性的時候，直接說出真心話。

一月十七日

被看見的摩擦

唯有透過無時無刻的置身險境，我們才能真正活著。

——威廉・詹姆士（William James）

生活的歷練多了，我們才漸漸明白一件不怎麼容易接受的事：無論選擇走上哪條路，路上必定有種種的對立衝突等待調解。若我們逃避一切與他人的衝突，那麼我們將會與自己起衝突，而且是散發毒性的衝突。同理，如果我們展現自我的內在生命，這個本色遲早會與那些希望我們成為別種樣子的人扞格不入。

然而，保留本色將要付出的代價是：再怎麼做都不可能滿足每一個人對你的期望，外在衝突必定會發生，而它必定隨著「因為被看見而生的摩擦」而來。反之，捨棄個人本色所要付出的代價則是：當你忙於取悅所有人，自己某個珍貴的部份就會悄悄地在體內奄奄一息，變成你無法忽視的內在衝突，這是「因不被看見而生的摩擦」。

就拿我來說吧，我花了三十年才體悟到「不做自己」是更為致命的，有此體悟之後十九年，我嘗試將這道理付諸行動。這意味著全然的坦率真誠，努力克制自己不要為了配合別人而調整，絕不因別人的不舒服而不做自己，絕不因別人不願聽而不發出自己的聲音。

偉大典範已成不朽傳說：曼德拉、甘地、湯瑪斯•摩爾爵士、羅莎·帕克斯。但我們不需要如此偉大。一開始，我們只要先學習說出自己真正想吃什麼晚餐、想看哪一部電影。

· 集中心神，回到自己。想著一個你將要做出的決定，它可能會導致衝突：也許是由於壓抑真我而產生的自我內在衝突，也許是由於活出本色而與他人產生衝突。
· 穩定呼吸。感受著那兩股由於被看見和由於不被看見而生的摩擦力。
· 緩慢呼吸。認識到你自己是大於任何衝突的。
· 深呼吸。了解到你就是你，你可以承擔生活中一切不可避免的衝突。

一月十八日

蜘蛛與智者

寧可受矇騙欺瞞，也不願選擇不信。

印度流傳著一個故事。有一個良善沉默的人，每天早上都去恆河為整個世界祈福。一天，例行的禱告過後，他看見一隻毒蜘蛛在水中掙扎，於是合捧雙掌，將牠救起。才把蜘蛛放在地上，他就被螫了一口。他並不知道，他每天獻給世界的祈禱在此時默默稀釋了毒性。

隔天，同樣戲碼重演了一遍。第三天，這位善人又來到水深及膝的河水處禱告，不出所料，又見到那隻蜘蛛落在水裡，扭動著幾隻腳。當這人又要出手相救，蜘蛛開口了：「為什麼你一直要救我？你明知道我上了岸一定會螫你，因為那是我的本性。」善人用手掌捧住蜘蛛，回答：「這也是我的本性。」

為人慈悲可以出自許多理由，其中最無可抗拒的原因是：慈悲是你靈魂的本質。本性，是使得心持續跳動的唯一理由。蜘蛛螫咬、狼群嚎叫，螞蟻搭造人們看不見的小土丘，而我們扶持彼此，不計後果得失，縱使有時其他生命會咬噬。

有人說，這會讓我們永遠學不到教訓，但在我看來，這其中的美麗動人一如冬去春來，野莓穿破冰雪探頭。就是如此的純粹默默滋養著世界。野莓不懷抱任何目的，不欲行任何善舉，既非為了利益他人，亦不刻意自我犧牲。它們就只是生成鮮甜多汁，因為這就是本性。

至於我們呢？物體掉落，我們伸手接取；器物損毀，我們嘗試修補；愛人落淚，我們設法安慰。這是本性。我也常伸出援手，很多時候明知那是錯誤，就曾像營救毒蜘蛛的善人被反咬一口。但無所謂，因為這就是我，這就是我們。伸出援手的意義遠遠超過了被反咬一口的威脅。我寧願被矇騙欺瞞，也不願選擇不信。

・回想一個不為了什麼就行善的時刻。簡單到譬如幫陌生人拾起掉落物，或是把蘋果留在路邊給肚子餓的鳥兒吃。

・想一想，如此善行帶給你什麼。行善之後，你是否感覺更輕鬆、更有活力、更年輕、心胸更開闊？

・繼續你的日常生活，不要刻意行善，而是以一種慈悲的視線，讓自己盡本性，為所應為。

一月十九日

記得與遺忘

該怎麼做，才能永遠記得真實的自己？

——希梅內斯（Juan Ramon Jiminez）

人生在世多半的追尋都是為了發掘真實的自我。然而在這方面我們如此健忘。也許亞當和夏娃被踢出伊甸園後所失去的正是如何記得何為神聖的能力。

因此，我們不斷穿越山嶽江河，造訪最遙遠的海洋，投入陌生人的懷抱，一切只是為了記得。有人過著平凡無奇的生活，試圖避免遺忘。但是這些記得與遺忘乃是生命旅途的一部分，也是讓我們生而為人的獨特之處。

所以我們應該怎麼做呢？嗯，這不是什麼秘密。舒緩，有助於記得，而倉促催人遺忘。柔軟幫助你記得，而冷硬催人遺忘。臣服讓人記得，而恐懼催人遺忘。

記得我們真正是誰，是一件困難到幾乎生出美感的事。而我們總能幫助彼此，若我們把杯子斟滿真實，將之一飲而盡後可以相互扶持。

· 靜靜坐著，如果可以的話，讓一塊你沒有感覺到的地方浮現出來。
· 緩緩在那個裡面呼吸。我們麻木的地方，就是被我們遺忘之處，所以要讓自己慢慢記起來。
· 讓呼吸柔和地遍及此處，想像自己的呼吸是足以滌淨一切的水。
· 一陣子之後，試著回想你上一次在這個地方有感覺的時刻。

一月二十日

很容易高興

得到喜樂的關鍵之一，在於是否很容易就覺得高興。

多數人都被訓練成極端講究細節，以此顯示品味，非得達到自己的偏好方才滿足，但這根本是矯情而世故的。某個宴會上，一名女子非要喝到特定牌子的苦艾酒不可，甚至為此憤慨不平。記得有次跟一位同事吃晚飯，他堅持餐廳必須用極其繁複的步驟來料裡他的牛排，彷彿這樣與眾不同的特殊需求就是他的註冊商標。非常優秀的一對璧人，以超高標準劃定了他倆高處不勝孤獨的交友圈。以前的我，也曾在一些在意的事情中抱持特殊的標準。

刻意營造的區別往往被視為高水準，但事實上我們這樣做只是孤立自己，再也難以被生活感動，並且自認比那些搆不到水平的人更加尊貴。

然而真相是殘酷的：你的優秀並不會在夜裡擁你入眠。如同我的經歷，人一旦臥病在床，你對生活的講究及挑剔也不會幫助你活下來。一個快要渴死的人，沒有資格過問水裡是否含氯，這水是否產自法國的山麓。

然而，逆來順受並不等於否認生活的困難與令人失望之處，這只代表了我們即使處在困頓與痛苦之中也能找到喜樂，而不是透過要求自己必須處處受到特殊對待，卻是接受萬事萬物以它們自己的方式前來，而我們將之視為特別。

當然，我們仍被教導如何培養品味以展現自己的地位與重要性。那些毫無偏好，歡喜接受眼前一切的人每每被視作傻子或粗人。但其實，智者與孩童在一件事情上極為相似，他們都懷抱一份奧妙而深刻的純真，很容易被平常生活的大小事取悅。

在這世間清醒日久，我益發體悟到上帝確實無所不在，而非凡總藏在尋常表面之下，光芒在鑽石裡，也在破碎的玻璃瓶中；音樂從小提琴中流洩，也從污水管的滴水聲中響起。是的，上帝在拱門之下，也在山嶺之上，而喜樂可以存於貴賓席，也可以出現在運動場的露天看台，只要我們處在當下，心甘情願。

· 集中心神，回到自己。回想某一次你要求了其實你不需要的特殊待遇，只為了讓自己舒服。
· 想一想：提出那樣的要求，你真正想得到的是什麼。
· 如果你需要的是關注，那麼隨著你的下一個呼吸，承認你這個需要得到關注的需要，然後對於你身旁的任何東西給予關注。
· 如果你需要的是別人對你另眼相看，那麼隨著吐氣，釋放這個需要，然後把眼前的一切事物都看成是特殊的。
· 如果你需要被愛，現在就放下這個需求，然後去愛路上的一切。
· 走進日常生活，將你需要的東西給出去。隨著時間過去，感覺著世界將這些特殊待遇回報予你。

帶著愛觀看

頓悟，即是與萬物的親密。
——傑克·康菲爾德

每一個人都迴旋於盲目與光明之間、分裂與合一之間，是一股想要與活著的萬物維持連結的衝動使得我們免於迷失。

這讓我想到一個盲眼的法國小男孩，賈克斯·路瑟朗（Jacques Lusseyran）。他在黑暗中學習如何置身各種生命形態而找尋方位，卻在無意間發現了完整生命的秘密。

少年說：「這不只是看見了他們，而更像是與他們接上線，讓他們的生命電流與我們自己的相連。換句話說，這表示我們不再活在萬物的面前，而是開始與萬物一起活著。這些話聽來有些嚇人，但無須擔憂。因為這就是愛。」

不再活在萬物的面前，而是與萬物一起活著；不只是旁觀，而是明白我們乃是所見萬物裡面的一部分——這就是愛，那永遠可以在我們分裂的時候使我們得以保持完整的力量。藉由承認自己和萬物之間是有關聯的，愛就能保持圓滿。允許他者的本質與我們相連，也就是頓悟與親密的開端。

- 閉上眼睛，保持不動，直到你可以察覺到你周身萬物的存在。
- 溫柔呼吸，感覺著氣息在靜謐中的流動。
- 均匀呼吸，對你所感受到的一切都敞開心懷。
- 感覺那影響世界的生命電流。

不二

要急相應，唯言不二。
——三祖僧璨

一千四百年前，一位古老的中國智者面對人們纏著他提供智慧，他給了一記棒喝：「不二！」

這個回應多麼玄妙難解，卻又是多麼簡潔明瞭。若要了解此話的真諦，我們得先明白話中未說的部分：凡是造成對立的事物，都使得我們遠離神聖，減損我們得到喜悅的機緣。

怎麼會如此呢？在明白這個道理之前，我們要先敞開自己面對更深刻的真實：在人所創造出來的種種疑惑與喜好的表層之下，世間的一切——包括你、我、我們猜疑的對象和恐懼的事物——一切都依循著同樣的節奏在跳動著。

我們一旦與這股共同的生命悸動分離，也就遠離了生命的豐饒與力量，這好比器官從身體切除，那是必死無疑的。因此，為了尋得平靜、活出平靜，我們就要時時回歸那最初的合一，去感受那萬物共有的古老節拍。感受它，並因生命的力量而再次壯大。

但我們在面對各種選擇的時候，往往容易迷失。我們總是急著區分哪個選擇是好的哪個是壞的，哪條路是對的哪條是錯的，這就立刻把情況扭曲成只能二選一。當我們開始稱許自己的偏愛，我們也就開始渴求特定的東西，一旦得到就是所謂「成功」，而我們當然會害怕得不到它，因為得不到就叫做「失敗」。這股壓力緊緊箍著我們，要我們不可犯下難以挽回的錯誤，使我們患得患失，但我們忘了，在好壞、是非、成敗的二分區隔之下，不管我們選擇何者，所有的選項都含有生命的力量與道理。

當然，共享同一種生命節拍並不代表世間萬物是一樣的。生命的面貌多元，我們不可能視一切皆同，但若獨獨認為自己想要的東西才具有價值，這就很容易由於缺乏而痛苦，由於是在這裡而不是那裡而痛苦，由於擁有了什麼和還需要什麼而痛苦。

我們仍然必須辨別眼前的萬千事物，但若我們以己心的光采手捧萬物，我們可以說：「不二！唯一！」然後我們可以了解：世上道途沒有轉錯的彎，只有意外的路。

・想著你面對的一個抉擇。
・找出明顯常見的選項。
・先不以自己的偏好來看這些選擇，而是聚焦於每一個選項可能帶給你的經驗。
・試著不去依附你的任何一個選項。
・如果你沒能得到你所想要的，先別稱它為失敗，而把它當成意料外的開端。

一月二十三日

那些重要的

如果你真心想要被了解，每件事你都要說三遍，用三種不同的方式。對著右耳說一遍，再對左耳說……還有一遍說給心聽。

——寶拉・安德伍・史般瑟（Paula Underwood Spencer）

多年來，每當我吐露心聲之後聽到的是對方的提問，我總覺得對方沒有聽我說話，覺得自己被否定或是被批評。然而別人提出問題往往只是他正在試圖了解我，只是要我把那難以言說之事好好兒再解釋一遍。

我發現一場真正的對話需要說話的人與聽話的人來回嘗試幾次，才能使得真正重要的地方得到理解。因為，真相有時就在咳嗽聲中吐露出來。或者，你的心忽開忽合，而我掙扎著登陸。

時機就是一切。於是我學會了不要重複自己，但若眼前此人足夠坦率的話，我就只播送那含有永恆意義的重要旋律，一次又一次。

- 這是一個對話的冥想練習。與你所親愛的一個人面對面坐著，輪流對彼此解釋那些難以言說的事情。
- 首先你告訴他，你對這些事的感覺。
- 然後，靜默片刻，再說一次你的感覺。
- 再靜默久一點，你們握起彼此的手，再說一次這些感覺。

一月二十四日

萬事皆奇蹟

有兩種方式過生活。一種是看任何事都不認為是奇蹟。另一種則是：看一切都像是奇蹟。

——愛因斯坦

擔憂是沒有盡頭的。因為我們目光有限，凡視野不能及的事物也是沒有盡頭的。擔憂只是一種賭博，賭著什麼可能發生，什麼可能不會發生。

我有一個朋友在鄉間發生爆胎，車上沒有修車用的千斤頂。於是他開始步行，希望找到願意伸出援手的農夫。天色漸黑，蟋蟀鳴叫漸響，他走在雜草蔓生的道上，心中丟擲著那顆擔憂的骰子：要是農夫不在家怎麼辦？要是他在家卻不讓我使用他的千斤頂呢？他肯不肯借我電話？他會不會被我嚇到？奇怪，我又沒有惡意，他為什麼不讓我用電話！

等到終於敲著農家的門，我那朋友的內心已盤據了所有可能的壞結果。一位友善的老農人應門時，我的朋友對著他怒吼：「好啊，你就留著那爛透的千斤頂自己用吧！」

人生在世，我們勉力於面對「是」，努力不跌入「不是」的黑洞裡，這確實是自古以來的挑戰，一如幾世紀前的蘇菲派詩人迦利布（Ghalib）說的：「天地一切受造之物的每一分子都吟唱著何者為是，何者為不是。聽見了是，你將得到智慧；聽見了不是，你將陷入崩潰。」

- 靜靜坐著，想著一個讓你擔憂的情境。
- 放慢吸氣的速度，專注於接受「它是什麼」，試著接納眼前的恩賜與困頓。
- 均勻吐氣，專注地把「它不是什麼」的想法慢慢釋放掉，試著放下所有還只是想像但尚未成真的結果。
- 把自己安放在「是」所成就的奇蹟之中。

一月二十五日

愛自己

當我深入探索自己的起源與目的，我其實是在探究自己以外的種種……有了這份了解，我開始辨認出世界的起源與目的。

——馬丁·布伯

愛自己的時候，我們也就愛著世界。好比烈火、岩石和清水都由原子構成，包含你我在內的一切也都是由原初的細小碎片結合。

那麼，我們該如何愛自己？這件事有時候就像想要看見自己的後腦勺那般困難。愛是如此必要卻難以掌握，我試了不少次，也重重跌了好幾跤。我只能說，愛自己就像餵養一隻沒人看得見的透明小鳥，你必須靜立不動，以掌心的秘密如可口種籽那樣餵養牠。待牠啄食完畢，秘密不復存在；牠變得生氣蓬勃，而你愈加清爽。唯有你聽得見那鳥兒的鳴音，而那鳴叫乃是你被種種人生計畫奪走的原有清音。沐浴於牠周身散發的光芒，你想不透先前何必執意緊握寶石於拳頭裡。別人也許以為你瘋狂地等候著無人可見的物事，但那隻透明小鳥只不過想進食、飛翔和歌唱。她只想要保有滿肚子的光。倘若遇到機緣，有人愛你夠深，他們也許會看到這隻小鳥飛出你恐懼之下的巢。

如此，我了解了愛自己需要無可比擬的勇氣，需要先相信並忠於那些無人看得見卻將我們留在世間的東西，那是我們做為自己的價值。

孕育萬物的瞬間，那些高山、樹木、魚群、先知的誕生時刻以及恆久關係中的真實，全都從無人可見之處開始。而我們的職責在於不要去毀滅那美好的起源。事物一旦充滿了光，就都能各自上路；並非從此不再有痛苦，而是自此不會受到滯礙。流動於你翅膀之下的風，也是啼囀於你喉頭的樂音。雪中空盪無人的板凳和春天裡懶坐於凳上的身影，都是我們的一部分。

若我們相信著沒有人看得見的東西，我們會發現我們就是彼此。活著的每時每刻無論如何艱難，終將回歸一個中心，在那裡，我們就是世界，光在流入的同時也往外流洩。我發現，一旦抵達那樣的地方，真理就在眼前現形。這樣的時刻，不管到底會是如何，既適合生，也適合死。

・靜坐，讓呼吸領你進入更深的自己。不要去區分或選擇你所發現的東西。只要察覺著古老而原始的，你是誰。

這可以是你的笑或你的固執，你的愛花或者你的愛雨。

．帶著那古老的你自己，進入日常生活。

．敞開胸懷，在別人身上尋找你自己。這是因為，同樣的風撫觸著片片不同的葉。

一月二十六日

行善

你常說：「我願給，但只給那些應得的人。」你果園中的樹卻不這樣說，你牧場的羊群亦不如此。牠們因給予而得生存，因為，保留不給就是喪亡。

——紀伯倫

偉大的神祕主義者威廉．布雷克（William Blake）說過，沒有比把別人置於自己之前更偉大的事。這是一種無私的付出，由此，形成了有意義的愛。然而，對我來說，我近乎一輩子掙扎於被別人的需要所限定，好不容易逐漸看清楚，若沒有對自己的健全的愛，不能彰顯所謂的「自己」，像果莢包裹種子那般承載著生命精髓的話，一味把別人看得比自己重要，很可能會過度自我犧牲，和過度依賴，招來毀滅。

多年來，就算沒有人要求，我仍以各種方式壓抑自己的需要與意見，只求不讓人失望。我相信我不是特例。在我們學著當一個好人的過程中，我們都莫名其妙陷入一個不必要的兩難局面：該對自己好，還是該對別人好。事實上，先對自己好才能對別人好。唯有透過榮耀自己，我們才得以恆久釋出對別人的善意。

一如哲人孟子所說的，我深信，人如果不受阻礙干擾的話，「人之性善，猶水之就下也。」

人無有不善，水無有不下。」只要給予機會活出自己，我們都會在善意裡推己及人。所以我們需要持續練習把對本性造成的阻礙移開，讓我們能做自己，不帶壓抑。若能朝此真我而行，則慈悲之水自當順勢奔流。為了行善，我們需要的不是鍛練，而是一顆開放的心。

- 集中心神，冥想著慈悲之水充滿內心。
- 順著呼吸，不帶目的，讓它流動，流遍周身的空氣。

行善之二

我們愛我們所觀照的。

——伊瑪拉（Mwalimu Imara）

有一對兄弟相處不睦，其中一人永遠在埋伏，不管遇見什麼都要襲擊，手中還握有寶物就急著尋找下一個，他舞動著盾，咒罵他擁有的東西。而兄弟裡的另一個，並不攜帶什麼武器，只是漫遊於曠野，看見每一片葉子、每一根樹枝、每一塊碎石都加以端詳，所擁有的都加以讚美。

這則小故事想要說的是，一旦我們勇敢踏出防衛，就會產生更深刻的規律。當我們坦白自己的內在，將強大與脆弱一起暴露在外，我們會發現自己與萬物之間有一種親族關係那般的關聯，由此關聯所生的善意便會穿透我們。唯有真實，才能向我們揭示我們與生命的關聯。

如此一來，我們卻會發展出一個與前文所說的道理完全相反的真理：最為重大的舉動莫過於把自己放在別人之前。放在別人之前，並不是指凡事先考量到自己，而是在別人前面敞開自我，坦露本質。唯有真實無偽，才能察覺真正的人我關係，釋放真正的慈悲。

這就是為什麼，看到陌生人放鬆地展現自我，總會令人動容。這也是為什麼我們會停下腳步幫助傷者與真誠的人。唯有把自己徹底置放在別人之前，愛才變得可能，一如頑固堅硬的陸地只在海水面前變得柔軟。

- 把一個自己最喜歡的東西放在面前，隨著呼吸，也把自己放在這東西的面前，感覺著它為何對你如此特別。
- 隨著呼吸，沉思這個特別的感覺來自於你體內何處。
- 繼續均勻呼吸，察覺到這特殊感覺正是你與這個物件之間的關聯。
- 在一天裡，花一點時間把自己放置於若干新事物之前，隨著呼吸，感覺著自己與這件事物的關聯。

一月二十八日

與世界相逢

務必讓內心世界與外在世界相逢，否則你一定會被存在碾碎。

有一陣風，從天地之初吹颳至今；有一段話，被千萬種語言不斷低訴：「務必讓內心世界與外在世界相逢，否則你一定會被存在碾碎。」如果我們的內在與外在不相往來，我們的生命就會坍塌瓦解。雖然我們常以為把內在隱藏起來就可以保護且拯救自己，事實卻恰恰相反。心靈是一顆神奇的氣球，它的輕盈正來自於它的飽滿。心靈一定要碰觸生活，才不致崩毀消散。

所以，九十歲的獨居老婦要在春日悉心培育花草，十歲的飢貧少年把流浪小貓攬在自己骨瘦如柴的胸前，逐漸失明的畫家繼續畫出更多作品，而失聰的作曲家寫下不朽的交響樂。這也是為什麼，每當我們覺得自己不可能再嘗試一次，我們可以長嘆一口亙古的喟嘆之後，揮卻一切經驗，深吸一口氣，再試一次。

・集中心神、回到自己。緩慢而深沉地呼吸。
・隨著呼吸，感受自己的肺臟像一顆氣球那樣，充滿氣，再洩氣。
・隨著呼吸，了解到自己的心也正以一種內在的空氣在充滿，放空。
・在一天裡，你感到受不了的時候，讓你內心的空氣與世界相逢。

一月二十九日

人煙未至的地方

我在世間太過孤獨，但尚未孤獨得足使每一寸光陰都變得神聖。

——里爾克（Rainer Maria Rilke）

若想感受到生命的豐足完滿，似乎有兩種基本方式，兩者都源於我們彼此關係中的真實。一種方式是我們對生命的愛，另一個則來自我們對彼此的愛。

只要我們敢於獨處，最終往往能發掘生命的奇蹟，見到光芒。這就是一切冥想的酬賞，一如在寂寞的小徑上獨行，走到夠深之處，終於抵達人煙未至的林間空地。

另一個抵達那片林間美地的方式，則是敢於冒險與另一個人在一起。這是愛的酬賞。

但在體驗生命完滿的路途上，最常遭逢的障礙，我自己也數度深受其害，便是猶豫：既不敢從頭到尾一個人，又不願全然與另一人同行。

不上不下，才造成了真正的孤單。

- 靜靜坐著，讓一個你所背負的孤單感進入你的意識。
- 緩慢呼吸，設法感覺你偏愛哪一種做法：更走進自己，或者更走進世界。
- 深呼吸，試著使你的心往你要的那個方向移動。

一月三十日

做一個朝聖者

旅行卻不被改變，是謂游牧民族。改變卻不旅行，是謂變色蜥蜴。

旅行且被旅行改變，是謂朝聖者。

一開始我們都是朝聖者，想要旅行，也希望被旅行改變。然而，聆聽管弦樂演奏不久，一定會被小提琴或鋼琴的旋律吸引，最後便只欣賞樂團中某一特定樂器。同理，對生命的關注也會脫離軌道，我們經驗著人事時地物，卻沒有領受他們的整體。而有些時候，我們感到孤單又沒有信心，便會刻意改變以求取悅他人或逃避他人，並隱藏真實的內在。

有此觀察，並不是要譴責我們自己，而是要幫助彼此領悟到一件事：追求內外的合一，乃是一個永無休止的過程。人性總有疏誤，我們必須不斷讓內在與外在的經驗互相補充，以臻圓滿。

我太了解這些，因我太常在這過程中犯錯。但，我跟你一樣，也把自己視為最深刻意義之下的朝聖者，旅行於一切風俗教條之上，走向那個終於使我們得以領悟的時刻，並且被它改變。那個時刻，不可思議且轉瞬而逝，當我們的眼睛就是我們所看見的，而我們的心就是我們所感受的，那個時刻會讓我們知道，凡是真實的就是神聖的。

· 集中心神。不帶任何批判，想著一個你不願意被改變的時刻。好好感受那個時刻。
· 隨著呼吸，想起你為了讓別人高興或者想躲避他人而改變自己的時候。再一次，好好感受那個時刻。
· 放鬆身體，想著自己向前旅行，並被旅行改變的時刻。感受那個時刻。
· 不帶任何批判，帶著感激之情接受這全部的時刻。感激自己能生而為人。

一月三十一日

練習

像吐出最後一口氣的人那樣，放下所有負擔，每一口呼吸都是一次小小死亡。

呼吸是冒險的最小單位，領我們進入生命的內在。呼吸，是勇氣的原子。隨著每一口呼吸，我們練習敞開，接受，然後放下。是得，老師就在我們的鼻翼之下。惶然失措的時候，我們只需要記得呼吸。

我們致力於改變自己，卻在出現了新的情勢之後，停在舊的反射動作裡。當我們驚懼與慌亂，便出現自然的反射想要抓緊、加速或逃離。然而，這時更應該是需要鬆手的時候。每一次急著加速的時候，都該是我們需要放慢的瞬間。當我們出於衝動想要逃開，卻正是面對自己的機會。深呼吸，冥想著當下，這樣做往往就可以使恐懼為之鬆脫，使心性得以調和。由此出發，我們才可能踏往另外一個方向。

我說的不是外在的緊張情況，而是內在面對真實的時刻。每當發生意外，我們當然需要閃開；當愛人跌跤，我們當然需要抓緊他。我談的是是對於愛、真實與上帝的恐懼，對於改變及未知的恐懼。我想談的是我們如何緊抓自己所知道的不放，不惜在這過程中傷害自己。放下全部的負擔和先入為主的成見，放下心中那張詳列失敗與過錯的清單，放下我們偷偷護持著的負擔，放下一切懊悔與期待，讓我們先前的心態死去。放下過去所構築的制約，我們將可以在無拘無束的純粹靈性中重生。

想到要徹底改變自己，這不免令人感到排山倒海的壓力。該從何開始？如何拆毀我們花費數十年才建成的牆？一口一口呼吸，一次一次小小死去，一刻一刻放下負擔。要相信，只要讓我們所負擔的東西得到解放，它們將可以把我們背負起來。

- 自己一個人坐著，在一個安全的地方，想著上一次使得你慌亂的情境。
- 問自己，確切說來到底是什麼讓你感到不自在？繃緊自己的時候，你在心中緊抓著什麼？
- 把讓你不自在的東西和你所緊抓的事物，放在眼前。
- 在這個安全的地方，觸碰那個讓你害怕的東西。它現在傷不了你。
- 在這個安全的地方，放下你的心所緊抓的東西。它現在幫不了你。
- 重複幾次，一邊緩慢而深沉地呼吸。
- 呼吸。仔細感受，少了不自在和執著之後，你身體裡升起了什麼。

February

二月一日

活得夠慢

活得夠慢，時間於焉只有初始。

跟隨活在當下的一切：雪花飄落，冰霜消融，愛人醒轉，這些純粹引領我們走進正在展開的剎那，每口呼吸都是寧靜的片刻。這樣的瞬間因為持續釋放生命的鮮美而重要無比，放慢步調，就可以遇見它。

遭逢困難的時候，我們得常常放慢，也許是旅行被迫延宕，或者在餐廳外等候座位，這逼得我們打開心四處看看。當我們發覺自己充滿野心，被嚴肅的計畫牢牢綑綁，那種關頭往往迫使我們回到原點，尋找自己的初衷。可惜的是，我們的步伐全都邁得太快，急切地奔向想要抵達的地方，所以只能透過生病和受傷才能慢下來。從這樣的特性來說，人類是如此有趣的生物。如果我們維持一段夠遠的距離觀察自己，或許看起來像一群微不足道的小蟲反覆撞見阻礙：成千上萬個小生命堅定地撞上障礙物，然後搖晃著小小的腦袋和身體，繼續撞上下一個。

生命其實移動得很慢，好比地球承載著我們運轉，慢得理所當然。倘若你在自己的試煉與磨難中覺得撲跌難行、麻木或筋疲力盡，放緩思緒的步調直到那縫隙漸漸變寬，放慢你的心，慢到彷彿大地吸收雨水的速度。然後，等待那鮮美的初衷向你問候。

- 在你的面前擺放一塊乾海綿和一杯水。暫時將它們放在一旁。
- 集中心神、回到自己，感受所有催促的能量來回沖刷。吐氣，試著將它放下。
- 現在，將少量的水滴到乾海棉上，緩慢呼吸，觀察海綿如何舒展。
- 繼續滴水在海綿上，緩慢呼吸，感受自己的心靈舒展開來。

一對跳動的心細胞

從兩個不同的人身上，分別提取活著的心細胞，放在培養皿內，遲早它們會找到第三種頻率，然後持續一同跳動。

——默莉・凡思（Molly Vass）

這個生物學的事實默默掌握了所有「關係」的秘密：在任何足以構成武裝的抵抗之下以及在一切攻擊的意圖之上，生命的本能自有某種結合力。這是細胞告訴我們的證據：活出共同的心跳，是我們與生俱來的聯繫，也是愛的奇蹟。

這樣的力量讓慈悲變得可能，甚至可以說是一定會發生。如果連兩個細胞都能在一切底下找到共同的脈動，那麼一顆完整的心在所有藉口消失之後，究竟能多做些什麼呢？

推動了細胞找到共同頻率的原動力，正是好奇與熱情。因此儘管不自在，陌生人還是會彼此搭話。我們為求新知而勇於冒險。倘若靜靜地在一個生命旁邊待得夠久，便能學會吟唱那首無聲之歌。

不過，我們總屢屢為了抵擋真心渴望結合的東西而耗盡力氣，卻很難明白力量與平靜都來自我們的心與萬物一致跳動。縱使互不相識，每顆心臟都存在共同的悸動等待我們去感受，這實在令人動容。

我不禁想起偉大的詩人聶魯達，他在遲暮之年旅行，停步於智利鄉下的洛塔礦坑。一個粗手粗腳的礦工全身被地底的苦工染得污黑，竟大步走向聶魯達，擁抱他，說：「我認識你很久了，我的兄弟。」詩人呆立不能言語。

或許這就是一切的秘密：每當我們勇敢坦露內裡的悸動，就等於邀請了其他的心細胞一起探尋彼此，並且共鳴。

- 安靜地深呼吸，感受心臟的跳動。
- 冥想你的心細胞所承載的共同頻率。
- 讓這種跳動的聲音化為你所發出的信號。
- 進入你的日常生活，對身旁的人事物發送你心跳的頻率。隨著規律的呼吸，練習這個動作。
- 覺察自己活力十足且情緒滿溢的時刻，就是在這種時刻，你與世界的關係於焉完整。

二月三日

嚮往

在我們眨眼之前，已然認識彼此。

訴說之前，我們已經說了，以唇、以眼神、以我們歪頭的方式、以我們斜倚的姿態恰似一株疲於等候陽光的樹木。早在開口之前，我們已道盡自身的故事，然而彼此卻裝作沒有傳達任何訊息，我們扮成陌生人，否認在言語之前所得知的一切。

我們都由「渴望」與「光」組成，都在尋覓一個出口，也都擔心著是否受困、被剷除，或者被驅趕回到原先出發的地點。

但這已足夠讓我們打開：在所有名字和過去定義了我們到底是誰之前，我們渴望被擁抱然後被放開。一次又一次，被擁抱，然後被放開，直到我們生存並茁壯的過程像一支舞，恰似春去冬來，然後，冬去春來。

．度過這一天的時候，若其他的存在與你擦身而過，領受你所能得知的一切。

．一句話都不要說，當他們走過你，給予他們祝福。

二月四日

內在之門

生命的本質並不會變，是我們在與它連結的時候變了。

——默莉．凡思（Molly Vass）

不論生命的境遇給了我們多少禮贈與傷痕：結了好幾次婚或者從未談過戀愛，家財萬貫或口袋空空，生命的核心課題怎麼樣也不會消失。

世間每個生命都有專屬的內在之門，除了自己穿越，沒有人能夠代替。我們可以改變工作、更換愛侶、環遊世界、成為醫生、律師和專業的登山客，或者擱置自己的生活盡力照顧生病的年老父母。當我們完成這些任務，也許可以很多年都以為自己是有價值的，但那道門檻終究沒能跨越，它還是在原地等我們回到它面前。真實的冒險是無法替代的。

神奇的是，那些我們迴避的課題總會再三回到眼前，雖然換上不同的面貌但本質毫無差異，我們繞了幾圈最後還是被帶回原地。無論我們選擇逃避或者忽略必須面對的一切，到頭來終究會發現，除非以勇氣打開那道門，否則別無出路。「發現自己唯一的出口就是通過」，那或許是最古老卻有效的真相。而我們之所以會重複遇上相同的處境，不見得都是因為往日的逃避，而可能代表我們有某個人生課題尚未完成。

我會遇到一個蠻橫而挑剔的母親，這並非巧合，我在她的身邊掙扎著長大成人，然後三番

解決的背後

二月五日

兩次被推入支配的男女關係，吃力地乞求他們的肯定並恐懼遭到否定。這些年來，我將這樣的情況掌握得更好，卻只是在替那道門仔細打磨上漆卻未曾將之打開。於是費盡心思的我仍註定反覆承受否定的煎熬，直到打開那道自我價值之門。

就算是我懷抱著成為詩人的強烈使命，多年來也只是讓自己從那道門上分心，只因為我滿懷著被否定的認知並且缺乏安全感，我才暗自立志成為知名作家。結果，當我等候那些帶著批判目光的陌生人（也就是編輯們）的回應時，卻等於在自家信箱前重演尋求肯定與恐懼否定的戲碼。我感到訝異卻也鬆了一口氣，發現自己又一次站在那道幾年前逃離的門檻，面對該如何愛自己的課題。

那些門檻哪裡都不會去，是我們在自己的遭遇與準備中不斷回返，只因靈魂瞭解：只有一個方法可以成就自己，那就是全然承受所有真實。

・想著一個你再三遇上的人生課題。
・把那課題想成是一個信差，詢問那信差，可否幫助你打開如此的一扇門。
・若你跨過這道門檻，生活會有何轉變？
・如果不跨過它，你的生活又會如何受影響？

大部分頭痛的原因，是心痛。

二月六日

沿途

在人生必經的路上，我邊走邊學。
——芮德格（Theodore Roethke）

我們往往以為，找一個方法繞過問題，會比去感受那條通過它們的途徑還容易。該怎麼把自己從壞心情裡頭拉出來？要買什麼、刪減什麼、修補什麼，才能舒緩愛人的憤怒與憂傷？我回頭省視過往才驚覺，我竟花了許多時間去設法解決那些其實需要體驗的情緒。過去我一遇到問題，習慣了絞盡腦汁思索「究竟哪裡出錯」，這做法或許是有用的，卻會使人分心，無法全然感受必要的失望與傷心，從而得到痊癒。

人性本欲離苦得樂，誰願意承受痛苦呢？況且我們無法明確指出是哪裡破了洞或開了一個傷口。這是心的洞與傷，沒辦法展現真的裂痕，也無從縫補，然而一切都會受到影響。

也許我們可以滿腦子都在思前想後並且未雨綢繆，這些也可能避免我們下次以同樣方式再度受傷，但什麼都比不上坦露傷口，讓它透氣，然後不帶任何批評與自憐，深深地說出一句：「好痛。」

・靜靜坐著，讓一件最近困住你的事在呼吸之中安全浮現。
・慢慢呼吸，藉由感受，通過這份不快。
・深呼吸，相信自己的心有足夠的智慧處理這個困境，只要你給它機會。

有人說起那兒有個湖，於是我們帶上簡單的東西，麵包、水和香蕉，驅車前往。我們繞著湖畔小徑散步，在光影交錯之處駐足。大顆的松果從樹冠墜落地面，渡鴉立於垂入水面的枝椏上，以喙整理自己的羽毛。

途中，克里絲汀停下腳步，被一塊參天古木的林間空地吸引。我們跟著她，放慢腳步、呼吸漸深，然後，完全不再想往前移動。在這裡，只有我們彼此的呼吸，在鳥兒啁啾疊唱的歌裡，我們聽見一條川流不息的澄澈小溪。

沒有人開口談這件事。路外之路引領我們走向上帝。我們的心只是小小的鳥兒等候著。

· 集中心神。想像自己的生命是美麗湖畔的一條小徑。
· 慢慢呼吸，循著那條小徑，走到你今日所在之處。
· 深呼吸，想像明天要走的路程浮現在你眼前。嗅一嗅那罕無足跡的路。
· 在生活中，敞開心，靜候那意料之外的林間空地呼喚你。

二月七日

悲傷的遺產

沒有人強迫阿特拉斯扛著世界。他只是一心認定，要是他不扛起，世界就會掉落。

很多人會被父母養育成一種承受他們的悲傷的載體。這些孩子通常是生性特別敏感或是兄弟姊妹中最心軟的，他們被選來處理那些別人不處理的事。這是奇怪的命運。

我就是這樣的孩子。從小我就常被說是太敏感、太情緒化、太愛做夢。長大一點，人生的難關降臨我家一如降臨其他家庭，我是那個跳出來代替其他麻木的家人感覺著一切的人，扛起全家人的悲傷。但我的這種感覺能力不曾獲得重視或者認同。

我是逐漸才能了解到，分享別人的痛與承受別人的痛，這兩件事有極大的分野。那些深陷苦痛的人，往往將別人的關愛當作擋箭牌，以此擋掉他們其實應該感受的東西。就像暴風雨時雷電劈入地面那樣，他們誤把自己的傷痛丟給別人承受。太多時候，我們要求別人接住我們的憂傷和苦楚，只是因為不敢要別人在我們受傷時接住我們。

我在長大成人的過程中，困惑於我的哪些感覺確實是我自己的，哪些感覺是繼承而來的。像我們這樣的人，總以為自己必須對別人的情緒負責。

分辨什麼是自己的而什麼不是，這是非常細膩的覺察功課，而且沒有做完的一天。若我們無法與自己和諧共處，就必須與他人相依為命；這樣一來，我們就必須等到身邊每個人的情緒都得到照顧了，才能感到平靜，但這不是出於慈悲之心，而是要這樣做才能卸下我們背負的悲傷。如果往另一個方向反彈，我們會選擇孤立，這就不僅失去對他人的關懷，甚且麻木了自己。

我們應該做的是，在心裡製造一個恰當的入口，既不把他人的感覺封閉在外，又可以接收自己應當感受的深層情緒。雖然我們在無形的訓練之下變得擅長承擔他人的傷痛，但我們被給予的那顆心本身足夠柔韌，足以將我們帶往風中，聽風低語：放下，鬆手，世界將會承擔你們。

・如果你為人父母，想一想如何與孩子分享感覺。如果你擁有情人，想一想如何在愛情裡分享感覺。如果你擁有知己，想一想如何在友誼裡分享感覺。
・冥思你最近一次如何跟上述關係中的某個人分享傷痛。
・透過這個經驗，誠實地看你習慣如何分享。看自己是否企圖轉移或卸下傷痛，或者只是要說出自己的煩惱。
・回想你在分享時的心情。你想要那種從壓抑轉為輕鬆的感覺嗎？或是你想要所愛的人讓你感覺好一點？分享過後，你覺得與自己更親近，還是更疏遠呢？

・如果你認為你把自己應該承擔的東西交給了他們，去找他們，感謝他們幫你扛住悲傷。把悲傷從他們心頭拿開，取回來。反過來，要求他們扛住你。

二月八日

貪心

貪心的人採集所有的櫻桃，而單純的人在一顆櫻桃裡嚐到所有的滋味。

我們常常不知不覺受苦，全都是因為自己想要同時置身兩處，想要比一個人能夠經歷的一切還要更多。這種什麼都要的渴望是貪念，總覺得自己錯過了什麼或遭受別人忽略，於是我們想要全部。但作為一個人，我們不可能得到所有，如此的拉扯將造成沒有終點的追尋，過程中我們一再激起對生命的熱情卻永遠得不到滿足。若被如此的貪念攫住，多少旅程都不夠，多少愛都不夠，多少成功都不夠。

這並不是說我們不該好奇探索、在未知中冒險，我也很想盡情體驗世界，在生命旅途上遇見新的人。然而，匱乏感就像種籽深植人心，總讓我們倍感不足，為了彌補這種不足感，我們在日子裡奔波，一隻眼睛看著已然擁有的，另一隻眼睛望向自己尚未得到的。

貪求之心不僅限於財物，慾望可以觸及一切。一旦以為自己是不足的，我們的「需索」就遠遠多於我們的「需要」，以為伸手去抓取的那些東西可以填補我們的苦痛，而尚未嚐過的東西一定能讓我們感到自己活著。

其實，只要全心喜歡著一個遭遇，就可以滿足我們希望被所有人深愛的飢渴。

- 想一個你想要經歷的事物。
- 冥思它可以帶給你什麼。
- 敞開心，放鬆呼吸，想一想這個你所渴望的東西，有哪一部份早就在你的體內流動？

二月九日

擋在路上的

我們很容易把擋在路上的東西當作是路本身。

我們起了個大早，急著去逛加拿大蒙特婁植物園，這兒是亞洲以外地區擁有最多盆景收藏的地方。我們朝著中國花園走去，那是一處蔥鬱鬱幽靜、涵蓋好幾畝地的園地。此園的原型建造於十六世紀的中國，在一九九〇年移至蒙特婁，一磚一瓦重新修築。

我們抵達它宏偉的入口，竟發現大門上了鎖。我大為驚惶。我們從另一個國家驅車四百英里來到此處，我是非要進去不可的。同行的羅伯特冷靜得像個東方智者，把窘境當作一道禪門公案，必須先挪開迷障才能解決。

他沿著花園的外牆往前走。那牆一看就知道不可能翻越。我徹底心灰意冷。而他繼續走著，花園綿延數畝。「他該不會打算繞完整圈吧？」我不由得暴躁起來。羅伯特不為所動，兀自徐徐而行。

當我們走出原先的視野可及之處，突然圍牆就沒了。原來，除了入口的門面之外，這整座花園根本沒有外牆，我們踏過開放的草坪，踩上迎來的園中小徑。

有多少關卡，在我們第一眼的時候便被障礙上了鎖？真實的生命中，究竟有多少機會是只要我們從習以為常的入口前把自己移開，把心移開，就會發現前面沒有圍牆？

- 集中心神、回到自己。想起一道你正在面對的門檻或阻礙。
- 緩慢呼吸，鬆開你的執念，不要再試圖把門打破。
- 和緩呼吸，用你的心念繞過那道阻礙。
- 耐心點，看看是否有別的入口。

生命的要求

你如何凝視，自己正在浮現的生命故事？

——卡蘿・哈杰德思（Carol Hegedus）及法蘭西斯・方恩（Frances Vaughan）

和許多人一樣，當我選擇不再隱藏自己，便經常充滿挑戰。在許多時候，我必須做自己才能通過眼前處境。

諸如：打破與畢生至交之間失去平衡的相處模式，或是對情人坦白自己沒耐心聽他說話，或是承認自己嫉妒某個同事，或者挺身面對一個竊佔停車格的狂妄陌生人……無論面對上述哪種情形，我都發現「真正的自己」雖然一句話也沒說，但他一定要在場。絕不可抑制自己的完整本能，否則生命將無法浮現。

當我終於能活出自己，便浮出了完整而滿足的感受。做自己，不隱藏任何一丁點，這是必經的門檻。如果不抵達此門，什麼都不會發生，生命將進退失據。

呵護自己的故事，意味著要先揭穿一切的掩飾，活在奧秘裡。我們的躲藏無論多麼隱密，終須釋放，才能好好兒活著。

· 集中心神、回到自己。冥思你的生命故事。
· 緩慢呼吸，感受生命為了要浮現而向你要什麼。
· 呼吸，想一想該如何進一步滿足這些內在的要求。

二月十一日

單純

我有三寶，持而保之：一曰慈，二曰儉，三曰不敢為天下先。慈，故能勇；儉，故能廣；不敢為天下先，故能成器長。
——老子

公元前六世紀，中國智者老子給了我們三個教誨，這裡先談「單純」，往後再分別探討「耐性」與「慈悲」。

我一路跌跌撞撞才發現，這三件事其實是一個整體，明白了之後還必須一學再學，絕對不會只重複一次，當然過程也愈加深刻，猶如一道螺旋梯，每踏一步都讓我更走進自己的生命。

「單純」究竟是什麼？我們活在複雜的世界裡，誤以為變簡單就等於是愚笨。事實上，我們唯有活得純粹、直接，才能看見事物顯現出他們的原貌。

不知有多少次，我看著同事或親近之人的言行舉止，暗自揣測他們真正的意思。多少次，我盡量付出了，卻始終沒有確切說出需要。多少次，我不肯坦白，不肯直接說出我真正的意思，不敢透露我真正的感覺，更不肯讓周遭的生命真正觸動我？

而大自然如此神奇地沒有一絲隱瞞。花豹企圖攀越高山，竭盡全力，毫不保留自己所費的勁道。松鼠怯生生在樹頭顫抖，並不掩飾自己的恐懼。翻湧的浪潮也無所保留，一次又一次向著岩岸彎身，為愛而全然粉碎。只有人類，說這句話卻代表那個意思。只有我們，身在此地，心在他方。

老子似乎在向我們透露活著的秘訣。這秘訣這麼神秘，是因為我們不願意接受它就是真實。而這位古老的智者明白指出：單純，坦率地活著，就是通往眾生之源的途徑。

把它想成是真的吧。懇求你，若覺得迷失或離自己很遙遠，試試看，坦率以對，天地宇宙將不發一語活躍於眼前。

- 緩慢呼吸，喚起一個單純的時刻。
- 繼續緩慢呼吸，喚起一個迂迴而沉重的時刻。
- 隨著你的吸氣，感受那份重量。
- 隨著你的吐氣，感受那份單純。
- 那樣的重量從你身上拿走了什麼？
- 那樣的單純喚醒了你體內的什麼？

泡茶

誠則明矣。
——《中庸》西元前兩百年

泡茶其實是個玄妙的過程。首先，我們看不見的根抽出了芽，長出了這些小葉片，然後滾燙的水浸泡著這些風乾的茶葉，終於流出了好茶。我們飲茶入體內，立即感覺產生治癒的效果。

泡茶的全程，正是我們內在經驗與日常生活互動的原型，就像我們逐一解開生活的大小事件。所謂的「真摯」，不就是把我們最深的注意力傾注於風乾的歲月上？我們沏煮自己的內在與外在，耐心等待，直到這些體會淌過喉嚨，在齒間生香。不就是我們沸騰的誠懇，將這些體悟從生命中蒸散出來？正是這些溫熱的收穫使得我們慢慢啜飲，細細品味。

更重要的是，單單一個元素絕不足以創造出茶。唯有把我們的時光、真誠與耐性一起，才可能沖泡出自己的茶。當然，假如真的真想要收其療效，還非得有飲用生命之茶的意願不可。

- 慢慢地，帶著清楚的覺察，泡一杯茶。
- 浸泡茶葉時，想著你的人生，想著你如何以真誠與耐心承擔每一天。
- 慢慢啜飲，享受那份感恩之情包覆你的喉嚨。

二月十三日

沒有表達的

沒有表達出來，就是被壓抑下去。

表達得越多，似乎就能引出越多內裡的東西，我們也越能感受到自己活著。給苦痛一個聲音，我們活在現實中就能減少一點與靈魂之間的阻礙。反之，若持續壓抑和封閉，我們就瑟縮得愈小。倘若我們不斷在生活與心之間塞滿東西，就需要更努力才能單純地活著。沒有表達出來的東西，會在我們身上堆積成老繭，我們時時背負、時時修磨，從未真正褪去它。這使得所遭遇的一切失去了它原本的新鮮與深刻，使得我們誤以為生命失去意義。我們是不是常常認定這世界再也無法激發活力？殊不知那是自己的心被裹住了，由於那些沒有表達出來的一切而緊緊封閉。

讓我提供一個自己的經驗：基於許多原因（包括自作自受），我一直都被忽視，是家庭或團體中的隱形人。我帶著驚懼，想盡辦法討我那自我中心的母親歡心，長年下來累積的傷害與拒絕在我心中成為厚重的繭。我生性開朗且願意付出，但僅止於到某個程度，卻無法碰觸到我內心最深處。這一切都源自於我和母親的相處經驗，卻深深影響我與所有人的關係。

然而我這樣是不夠的。我後來明白，世界並沒有失去色彩，是我自己把深刻的情感阻攔在外。我現在能用一個句子冷靜寫下我的領悟，但這句子無法描述我是如何經歷過漫長艱難的歷程才能在日常生活裡察覺到這件事，直到我承認並說出背負了一輩子的感受，這一切才漸漸浮現。

至於你，不管你的情況是什麼，你那些被表達出來以及壓抑下去的部份，都與「真」相關。感覺就像花朵，需要健全的根才得以綻放，需要俐落紮根，方可展現美好，以獨特姿態破土而出，在我們身外成長。在表面與深處之間、花與根之間，什麼可以表達出來而什麼應該收起來，不斷決定著我們是否活出了自己。

- 召喚上一次感覺抑鬱的時候。
- 靜靜坐著並向內覺察，看一看是否有什麼東西卡著，擠壓你的意念與心靈。
- 那可能是你所不願意接受的，關於自己或他人的創傷或失望。
- 將你找到的一切當作身上的小尖刺，運用呼吸緩慢地放鬆自己，卸下它。
- 呼吸時，請記得，你遠遠大過在體內壓迫你的東西。

二月十四日

一見鍾情

若兩方都深思熟慮，愛則渺渺。有誰愛過而不是一見鍾情？

——克里斯多夫・馬婁（Christopher Marlowe）

一見鍾情的真正力量往往被誤解了。因為我們認定的「一見鍾情」是指初次遇見的時刻便對某人傾心。然而它有更深的意涵，我們必須重新發掘並定義所謂的「第一眼」，那應該是指本質上的初次看見，而非從事相上而言。

畢竟，我們都帶著習慣與規律，將生活視為理所當然。而擁有那「第一眼」，可以開啟每分每秒的新鮮，不受習氣或規則綁縛。那一瞬間，我們透過上帝之眼看、透過心靈之眼看、透過靈魂之眼看，於焉頓悟，感到合一，深受撼動，一切都不再成為阻礙。

每一種關乎性靈的信仰都提到了一見鍾情。是它讓我們清醒，這般的觀看恢復了生存的意義。矛盾的是，這樣的第一眼竟是循環的，我們每天睜眼醒來，覺醒的靈魂都會如何遵循節奏一般地回到這樣的初次相見。當我們能以最原初的眼光觀看事物，讓自己與周遭的生命毫無阻隔，自然會愛上一切。觀看本質，使我們可以敞開胸懷去愛。愛上本質，世界遂成生機勃勃。所以，一見鍾情是這樣體現的：第一眼，我們發現愛；是因為我們真正看見了，於是被早已存在那裡的愛觸動。

於是，「第一眼」成為了一道門檻，通過它，可以走向存在的壯闊華美。它確切而美妙地發生在人與人的關係裡，當我們真正看見某人，便甜甜墜入他們存在的奇蹟。而這在日常生活中也是可能的，當我們一次又一次真正看見自己、看見世界、看見我們心中的上帝。

我可能每天都和同樣一群人一起工作而毫無感覺，但某一天，痛苦把我敞開，也許某道光線剛好劃過某人臉龐，我可能這才第一次發現他們，而生出愛。我可能每天走過同一株柳樹，一季復一季，直到某天雨後的光澤或微風的低拂，我終於看見以往忽略的它，然後對心中那株柳樹生出愛。我也有可能在夜半鏡中看著倒影萬千次，最後終於在自己倦容裡找到那株樹、那道光、那群別人，那個我們覺察的上帝。

事實上，所謂第一眼的重點不在於第一次見面，雖然也可能是在第一次見面時發生這第一眼的領悟，更重要的是第一次真正看見。當我們筋疲力竭，終於停止說話、停止表演、停止假裝，如同微風吹盡，水面終於無波，我們也變得清澈，而那顆休憩於萬物的心，將在我們的眼前跳動。

· 閉上眼，透過呼吸釋放你心所看見的，過去的視野、未來的視野，以及創傷的視野。
· 隨著每一口緩慢的呼吸，感受到空氣流動來自你最初的視野，你的第一眼。
· 緩慢呼吸，想像你的心跳承載著一切原初的視野。
· 當你得到那原始的感受，無論多麼短暫，就在那時睜開雙眼，帶著愛，對你見到的第一個事物鞠躬。

二月十五日

戰士

直到成為一個入口，心靈才能自由。

世間有悲。其中一種悲來自於感受到事物的崩解、終結與飄散；以及另一種銳利的痛，來自於拿自己認為「事物應該如何」的標準，套用在生命種種必然卻終至失落。這兩種悲傷是不同的，但若以這兩者之一來面對困境，則生命永遠只是敗壞。人生夠艱難了，不必多找證據證明我們非受苦不可。

有一則美麗的西藏神話能幫助我們接納悲傷，將悲傷視為一扇大門，通往生命的永恆不朽。這則神話說，所有的心靈戰士都有一顆破碎的心，而且，唉，還必須要有一顆破碎的心才行，唯有透過心上的裂縫，生命的奇景與奧妙才能進入。

什麼叫作心靈戰士？這不是當一名上戰場的大兵，而是擁有一種誠意要求自己的靈魂日日面對自己。這種活出真我的勇氣，讓人強壯，足以承受心碎，得以領受伴隨心碎而來的覺悟。藉由對生命種種抱持崇敬之心，我們可以從生活中得到最多。閃躲無法讓你活著。我們要用自己的手攪和泥土，而非束手旁觀。

我想起一件事：認識新朋友的時候，我們與新朋友分享的故事會漸漸變得私密。輪到我分享時，我開始談起死去的所愛之人，談起自己與癌症的搏鬥，談起自己婚姻裡刻骨銘心的承諾竟無法久長，談起我常遭否定的創作生涯、我曾經失去一份珍貴的教學工作、我與父母決絕而疏離的關係……講著講著，我正因為坦然面對生命且覺得信賴，正感到一股奇異力量通過自己的時候，對方只是抹了抹嘴巴，回了一句：「你的人生還真慘。」

我花了好一會兒才承受住他的評價和憐憫。我整晚看著他，同時透過我心上的裂縫呼吸。每天，我們為了只有自己才肯定的榮耀被人批判、低估甚至憐憫。然而生命畢竟太過壯闊，也太過艱難，所以我們萬萬不可捨棄自己在這趟旅程上自然而巨大的位置。

· 靜靜站立在水槽旁，讓水流動。
· 閉上眼睛，冥想生命如同你現在所聽見的流水，流過破碎的心，清洗傷口。
· 深呼吸，讓你心中的悲苦被沖刷走。
· 睜開眼睛，開始你的日常生活。

二月十六日

悲慘

如果平靜來自看見全部，則悲慘必起源於失去洞察。

我們心靈清澈、滿懷感激，艷陽高懸天邊，鳥兒引吭歌唱，生命的奇蹟正在上演——忽然我們不小心撞傷腳趾，在那疼痛的瞬間，整個世界頓時縮成我們那可憐的腳趾。現在，可能一兩天走路會有些困難，每走一步，我們都想起它。

到底是什麼定義了我們的日子？是行走時受傷的腳趾帶來的刺痛，還是仍然不斷發生的奇蹟？

臣服於小事，可以使我們向悲慘敞開。事實上，起初我們總是心懷感激，並不把什麼看作理所當然。感激有足夠的食物可吃，感激自己健康而得以進食。但日子一天一天過去，我們的著眼處莫名縮小了，就像按下快門的相機鏡頭剪斷了地平線。然後某一天，我們坐在餐館裡發火，只因為蛋不小心煎得太軟，沒有嚴謹遵照我們的指示調味。

當我們窄化了自己的眼界，就處處都是問題了。我們忘記自己曾經寂寞，夢想身邊能有一個伴侶；我們忘記初次看見他人的美好是怎麼一回事；我們忘記首次被人看見、擁抱及傾聽的快意。一旦我們「看不見了」，我們就會為沒泡水的髒盤子留在碗槽而發脾氣，也會在半夜醒來因為另一半扯走棉被而滿懷惱怒。

當你允許瞬間的苦放大為一切，這就是悲慘。所以，每當感到悲慘，我們必須看得比傷處更寬大。當我們被一根刺所戳，在移除它的過程中也務必記得：還有身體沒有碎裂、還有靈魂沒有碎裂、還有一整個世界沒有碎裂。

- 穩定呼吸，專注於一件讓你心煩或痛苦的事物，也許是車子運轉，也許是某段人際關係，也許是陌生人的噪音干擾你睡眠。
- 深呼吸，凝視那個討厭的事物，然後把專注放寬。
- 徹底呼吸，接受那些在打擾之外的能量。

二月十七日

終局

現在什麼都不剩了，只能繼續跳舞。

我不知道究竟是人性或世事常理：我們在受到逼迫之前，很少真正成為自己。有些人說，體內會有某種東西在受迫後站出來，那是海明威所謂的「壓力下的優雅」；但有人認為，若這樣看待優雅，只是在為困頓與苦痛尋找理由，試圖粉飾悲劇。

拋開那些關於優雅及悲劇的論點，我漸漸相信，每個人註定要被活著的日子敲開；無論喜不喜歡，無論是否自願加入，每個人遲早都要把更深層的、更真切的自己穿在身上，如同換一層新的肌膚。

不論是從來自外部的侵蝕或者是內部的蛻變（往往兩者皆有），我們永遠是被迫要活得更加真實的。只要度過了展開在眼前的混亂，便浮現了真正的選擇：我們能不能繼續活出更真實的自己？

癌症在它最劇烈的時候穿透了我，從此我便努力活得開放，不仰賴災禍作為觸發的扳機。然而，缺少了那些將我們推向懸崖的災禍之後，還可能改變嗎？現在問題來了：那一次跳躍之後至今已經許久，該如何打從心底渴望躍進，而不是被潛伏的危機鞭策前行。

對我而言，突破的那一瞬間也許出現在我坐輪椅上被推去進行肋骨手術的時候。我茫然驚恐，止痛藥使我暈頭轉向，天花板在眼前滑過。在等待擔架時，我反覆念著這些話語：

「死亡把我推向邊緣。無路可退。對我的恐懼來說最丟臉的是，我竟豁出去了，在它面前縱情起舞。我從來沒有跳得這麼自由。然後死亡退開，就像黑暗在乍現的火光中撤退。現在什麼都不剩了，只能繼續跳舞。若能活得比現在勇敢三倍，我也會選擇這麼做。」

我們總是被召喚走向更深處的經歷，比我們願意抵達的地方還要遠。但正是這多跳進去的一步，使得我們置身於悸動的生命，感受活著的真義。

・與一個你所信任、所愛的人一起靜坐，討論某個曾經面臨的不幸，談一談它在你體內打開了什麼。
・現在那個不幸已經在你身後，你內在對生命的視野有什麼改變？
・這些新的內在對你而言有什麼意義？

受困的時候

這股生命的泉水，日夜流經我的血管，也穿過世界，又應節地跳舞。
——泰戈爾

我們執著於成就，以為達到目標就是完成，以至於我們常常錯過了眼前事物的真正價值。其實，使我們完整的是我們的體驗。

如果我們能夠對遭遇的一切放下批判，將會被奇蹟包圍。畫作、音樂、詩詞、流水、花卉、微風、開闊景色無一不觸動著我們，同時喚醒了在我們身體內靜靜活著的相應之物。

十九世紀詩人霍普金思（Gerard Manly Hopkins）將這樣的內在領地命名為「內在風景」（inscape）。就像大地風景若缺乏陽光與水就會枯黃凋零，我們的內在風景也需要不同型態的生活來滋養灌溉，方得一片明媚。

於是，當你覺得困阻，無法與生命的奇蹟產生連結，請試著聆聽、觀看、感受，然後吸收一切。讓生命的能量激醒你體內與之共鳴的部份。

為求完整，請先暫時收起你的批判。生命不在於品味，而在於覺醒；不在於發現事物的宜人或惱人，而在於發現事物如何圓滿及完整；不在於喜歡或厭惡，而在於敞開我們的靈魂版圖。

- 這是一個與音樂有關的冥想練習。閉上雙眼，聆聽一段沒聽過的音樂。
- 和緩地呼吸，放任自己感受對這段音樂的喜惡，然後，放開這個感覺。
- 隨著呼吸，讓這段音樂的純粹與你體內新生的能量相遇。

二月十九日

如果不打破

吹玻璃的工匠都明白：在一開始高溫的時候，吹出任何形狀都是可能的。如果玻璃矽硬化了，只有一個方法能扭轉局面：那就是弄破它。

尚未出世的嬰孩若先天畸形或者帶有缺陷，現代醫學的精密儀器可以做到在子宮內就動手術。這種頂尖科技透露了關於成長與療癒的深刻真理：動過手術的嬰兒出生後，身上不會留有任何疤痕，這是多麼奧秘。

這件事告訴了我們：若能從最深處觀照事物，所有的修補都將融為我們的一部份，半點傷疤也不留。在最原初的流動狀態下做最深層的改變，好過完全長成後將之打碎。

也許你會說，太晚了，我早已經長成了。事實並非如此，因為我們的內在世界成長的時候幸好保有那最原初而最柔軟的模樣，一切都並未真正超出我們的能力所及。

為了面對自己，我們還可以回頭重新開始。如此，我們應該潛入我們所有的防備之下，探尋其下柔和的力量；不要催毀固執的骨幹，而要去滋養受到漠視的骨髓；別去破壞恐懼的骨架，而要去滌淨充滿不安的血液；無須細數世界在我們身上劃下多少傷痕，我們可以抵達靈魂深處，到達那始終守住信任的地方，給它一個深深的吻。

・靜靜坐著，想著你個性裡常常跳出來攪局的那一面，可能是你的固執、猜疑或者嫉妒。
・隨著穩定的呼吸，讓自己探索這個性格，直到它最初柔軟的本質。
・不要試圖為之命名或改變它，只要用你的愛包圍著它。

尼哥底母與真理

豈能再進母腹生出來？
——尼哥底母問耶穌

我時常想起一個聖經裡的人物，尼哥底母，他是個私下信仰耶穌的法利賽人。他總是在夜裡私下去找耶穌進行深刻的靈性對話，而他不透露身分。但每到白天，他便矢口否認自己問過的問題，否認他與耶穌有所聯繫。他這種分裂對耶穌毫無影響，然而卻是尼哥底母下半輩子的折磨。

這個人物故事告訴我們：如果我們不尊重我們所體認到的真理——就算我們所知道的僅僅只是我們的問題而非答案——痛苦將會一直埋伏著。更應該知道的是：每個人心裡都有一個耶穌和一個尼哥底母，也就是說，我們心裡有一個神性的聲音要我們向真理敞開，同時也有一個世故的聲音叫我們不要讓別人看見自己的真實。

知名的英國兒童心理學家溫尼考特（D. W. Winicott），把這兩種人格名為「真我」及「假我」。「真我」讓我們知道什麼是真，什麼是偽，而「假我」則是滿腹懷疑的外交官，讓生活充滿了警戒、秘密與抱怨。

生活中，每當我們覺察到新的真實，我們要嘛就宣揚我們所體認的真實，否則就是隱藏它。在這種時刻，我們得讓原本的模式與新的認知和諧一致，要不然就是抗拒改變。因此，究竟是以「真我」或「假我」活著，端看我們有多麼想要活在真實之中。假以時日，「活得真實」就是我們為了讓自己的外在行為與內在所知的真實合一，讓「真我」得見天日。

我們出於慣性或恐懼，明明知道事理早已改變卻仍採用舊的行為模式。我自己就經常站在某個岔口：必須承認原來以為重要的已經不再重要，而我必須鼓起勇氣讓自己再次活出重要的東西。

當我明明聽到或看到了真理卻仍固守舊的方式，等於是讓生命屈服於心中的尼哥底母。每一次我選擇了舊的，我就是踏上歧途：在夜裡聆聽內在的神性，到了白天卻矢口否認。

不過，每當我們遭遇到這種內在的尷尬，發現自己過著分裂的生活，這也就恰恰是第二次機會可以再次選擇要體現自己所知的真實。無論再怎麼受創嚴重與悲傷難度，都可以在某個真實的瞬間喚醒內在的上帝，顯現自己。無論這瞬間是多麼微小或短暫，都足以復原那昂然的活著的感覺。

· 靜靜坐著，喚起你上一次明知道自己的作為不再真實，卻還是硬撐的情況。
· 想一想是什麼使得你繼續做著不真實的事？想一想如果你真的展現了你所知的真實，會發生什麼讓你害怕的事？
· 如果明天遇上類似的情境，你可能會做出別的什麼選擇？
· 不要責怪那個掙扎的自己，而要安撫你心中的尼哥底母，讓他明白，在白天體現所知道的一切，是很安全的，不會有事。

清理傷口

二月二十一日

倘若我遭遇的一切有所不同，我說出口的也會不同。

我常常由於指出了自己的痛苦而覺得為難，甚至有罪惡感。不知為何，若我說出我認為的事實，譬如我母親要我們以她為中心而做出無情的舉止，或是我無能的父親不敢面對母親，說出這些話使我感覺自己是壞人，彷佛是我捏造苦痛，藉由說壞話來傷害別人。

然而，我沒有捏造，這些是事實。如果我說出了冷酷，那是因為我經歷了冷酷，因此，我的見證是為了確切與誠實。我從來沒有去開口索取這些經歷，從來不曾希望小時候被掌摑，也不希望在人生裡被好友背叛。事實是，倘若我遭遇的不是那些，那麼我說出口的也會是別的。

如實訴說，如實說出自己的痛與自己應當負擔的責任，這樣做最能治癒人心。當你為痛發出的聲音合乎痛，就沒有任何扭曲及假象。真相成為一條乾淨的繃帶，為傷口阻絕了污染及塵埃。

把事情如實說出口，正是順手可得的良藥。

- 集中心神。你在揹著你走那麼久的心裡面是安全的。現在，說出你所背負的傷。
- 深呼吸，然後試著誠實描述所有該為這個傷口負責的人事物，包括你自己，如果你也有責任的話。
- 用最深的呼吸來撫慰傷口。
- 用潔淨的真相來撫慰自己。

二月二十二日

反對的聲音

讓你腦中的反對聲音說話，它們只是要在一首更大且未竟的歌裡找到自己所屬的聲部。

毫無保留

二月二十三日

活著是很矛盾的，各種表面上看起來沒道理的事物不斷混合，如果能讓那些似乎沒道理的事物發出聲音，將非常有幫助。就像管弦樂團在演出前必須調音定弦，心靈、意念與精神也要調音彩排，否則我們永遠無法體驗內在樂曲的完滿音色。

通常，在我們的內在演奏者找到各自的音部之前，如果急著搞懂那些沒道理的事有何涵義，只會導致困惑。唯有體驗一切才能讓我們的心、意念和靈魂練習他們準備演出的曲目。我們的心不正是透過人與人的關係來練習「愛」？我們的意念不正是透過誠實的課題來練習「智慧」？而我們的靈魂不正是透過蛻變的信仰來練習「上帝」？

當萬物合而為一，愛、智慧與上帝不就成為一體，活出共有的一切？

- 集中心神、回到自己。喚起一件讓你猶豫且無比困惑的課題。
- 一開始你會混亂，但請你放慢呼吸，讓反對的意見冒出來，不加以刪改。
- 慢慢來，深呼吸，讓那些相反的能量釋放自己。
- 別用力要搞清楚一切會如何同時進行。只要深呼吸，然後，彷彿每種能量都是一種樂器，感受它們在你的內在嘗試上演二重奏。
- 哼著這個曲調，走進你的日常生活。

每一口呼吸，就是靈魂的修行。

年過半百，我發現「遲疑」比什麼都更是隱形的障礙，把人與喜樂隔開。那些瞬間與它們的意義，總是在我遲疑著要不要進入它的時候，一溜煙離開了。我的意思並不是說我們都該順著衝動而行。更應該說，我再三發現，我知道自己要什麼但是我否認了，就是這樣的小小遲疑，抗拒真實，使得生命無味且遠離觸喜樂。

每一口呼吸都毫無保留，就是活在當下，讓我們所遭遇的一切都能進入內在，並且讓處於內在的一切都有出口。毫無保留，每天有意識地做一個敞開的容器。

我們的呼吸正是簡單卻又意味深長的象徵，指出了生命的可能性就在於毫無阻礙的內在與外在的交流。讓一切進來，感受它們的衝擊，然後放一切出去，感受那份清淨，這就是洗滌心念的修行。

・想著一杯水。
・集中心神，將那杯水喝下，不要遲疑。
・深深吐氣，溫柔地告訴自己：我將毫無保留地活著，我將沒有一絲遲疑。

二月二十四日

緊迫的背後

感到急迫的時候，更需要慢下來。

我在罹癌後多次的病危時分屢屢學到一件事：除非此刻血流不止或者無法呼吸、若不採取什麼行動就會有生命危險，否則迫切感只是個可怕的幻影，只是個一再上演的把戲，因為我們這身皮囊之內與之外永遠是不同的兩個世界。

一個深奧卻也令人謙卑的道理：當你覺得自己無法好好兒端坐，就更應該坐定不動；若感覺得不到對方的認同就會死，就更需要拔除自己對於這種認同的求索。事實上「眼前所遇，即是所需」，如此嚴酷卻也美好，它就躲在糾纏不休的催促中，而我們總是不肯接受，畢竟覺得面對當下很難。

通往下一步的成長途徑，就在這一刻的緊迫感當中。就是這個十萬火急的時候，你需要切斷繃緊的弦線；就是在你覺得重責大任全都鎖在你腕骨的時候，你更不能逃跑或竄動。當你以為山窮水盡，這時你更必須相信所有問題終會柳暗花明；當你深恐「你要做自己」將會傷害所愛之人，此時你更需要堅強別人看不見的內心，因為從你內心將會生出愛，令你所愛之人成長；當你覺得自己引發了痛苦並且為之而苦，你更應該低頭鞠躬，直到連接心靈與天空的古老通道再次打開、直到你記起自己是性靈之風裡一顆受到祝福的塵土。比起任何時候，現在的你都更該一直呼吸，直到每口氣息化為天空。

就這樣祈禱，祈禱自己終能在家族中找到你從來不知道的位置，祈禱你真正的自我能緩緩滲入焦慮與不安。如此，愛自己一如愛時間的空處、愛自己一如愛自己孩子、小狗和最親密的朋友。如此，讓今日帶著它的諸多苦難滿溢至明日，而一切決定將清澈一如冰融的川河。

- 回到自己，感受那些拉扯自己的迫切感。
- 感覺那樣的壓力像繃緊的弦。
- 隨著每一口呼吸，一條一條解開所有束縛。
- 不論多麼短暫，設法自在的呼吸一口，不受任何的急迫感綁縛。

砍出那條路

無論在哪裡挖掘與攀登，總會遇見那把被遺忘的火。

榮格做過一個夢，夢裡的他試圖在森林裡砍出一條路。雖然不知自己究竟要順著這條路走到哪裡，他仍奮力劈砍，累得渾身濕透。然後，他在空地撞見一座小木屋，透過窗戶看進去，有個人在簡樸的聖壇前禱告。門沒關，榮格走了進去。他發現禱告的那個人是他自己，而剛剛砍出一條路的事，原來是那個禱告者的夢境。

榮格藉著這個夢向我們透露了一個永遠做不完的功課：我們到底想將生命交付給誰？真我還是假我？我們的一切奔忙、修補、否認、投射、犧牲，所有帶著目的性的安排、計畫與協調，對於我們的內在而言都只不過是一場不真實的夢。我們的真實內在，始終在我們的靈魂深處等候，等我們砍出那一條抵達它的道路。

我們每個人都像榮格一樣想砍出一條路，抵達那耐心等候的更深處的自己，為此我們筋疲力竭、全身痠痛、氣喘吁吁，然而這條路一旦打通，找到了住在核心的自我，我們就可以與靈魂一同回到世間，找到一種更深刻而寧靜的回家感覺。

- 安靜，閉上眼，隨著自己的冥想走向內在，走到那個有靈魂等待著的小木屋。
- 在門口，丟下你全部的包袱，丟下所有等著你完成或是再度完成的事。
- 隨著呼吸，走進小木屋，展開雙臂，直到屋裡的那個你發現你來了。
- 隨著呼吸，感受你的靈魂擁抱你，你也回抱，並好好品味這個時刻。

真實的步調

絕言絕慮，無處不通。

——三祖僧燦

許多人都承擔得太多、做太多，而且前進的速度太快。我們負荷過度、計畫過度，然後苦苦掙扎。我發現自己更應該更準確而單純地踏著真實的步伐，雖然這樣的步調可能隨時變換，不過每當我的速度超出了所能感受的極限，生命其實空洞而匱乏。

活著就像在駕駛一列火車，飛馳於別人鋪好的軌道，若速度飛快，沿途的景色在窗外就糊成一片。然後我們說我們去過哪裡，做過什麼，不過走馬看花與體驗事物根本是全然不同。

所以，不管有多少千載難逢的機會撲面而來，不管盤算效益的人們表示這些事情有多要緊，我得想個辦法讓火車慢下來，直到可以看見、觸摸、感受沿途的風景，否則我就白白與它們擦身而過，雖然可以把一切寫進履歷表，卻什麼也沒有真正體驗，什麼也沒有真正經歷。

- 想出三件你今天非做不可的事。
- 小心地把其中兩件放下。
- 讓自己完全沉浸在留下來的那一件事裡。

承載我們的滑輪與繩子

美即是真，真即是美，這就是我們在人間所知的和所應該知道的全部。

——濟慈（John Keats）

苦於肺結核而瀕死的二十四歲英國詩人濟慈，吐露了著名的〈希臘古甕頌〉的最後一句。當一個柔軟的生命倏然遭逢人生的嚴峻，這首詩背後的痛楚可想而知。然而，年輕詩人一邊傾訴自己的苦，有了深奧的領悟。

當濟慈說：「美即是真，真即是美」，我們不得不問：兩者真的一樣嗎？我深深以為此二者更像是X與Y的染色體，共同造就了生命最根本的元素。它們的存在如同陰和陽，一個清潔傷口，另一個則療癒傷口。

這些就是「應該知道的一切」。「美」無論在哪裡都像是油膏，讓人保有新鮮與活力；而「真」以其不容妥協而赤裸的陳述，無論多麼嚴苛，都擁有滌煉之美。

所以我們應該如實記住納粹大屠殺及其它暴行，所以我們必須坦白自己的故事，懇切地訴說。

年輕詩人所領受的道理與他遭遇的課題同樣充滿智慧：唯有賦予脆弱與苦痛一個聲音，方能找到如同滑輪與繩子一般承載著我們的深層美好與真實。

- 靜靜坐著，感受活著的柔軟。
- 緩慢呼吸，隨著每個吸氣，感受那份柔軟中赤裸的真實將你洗滌。
- 滿滿地呼吸，在下一口呼吸中，任由周圍的美使你的傷口復甦。

奇馬約之石

我寧可向鳥學習歌唱，也不要教一萬顆星不跳舞。
——康明斯（e. e. cummings）

有個女子在前往奇馬約的途上，看見兩個西班牙裔的農夫為了引導水流而在重新排列河床上的石頭。女子覺得自己非幫助他們不可，她感覺同樣的事情彷彿流傳了幾百年：他們的母親和父親，他們的祖母及祖父，都曾經以各自的方式在各自的時空拾起由於暴雨或乾旱而四散的石頭，再把它們擺放回去，好讓水繼續流淌。

這似乎也是人與人之間永遠不會終結的任務：每一個人都在自己的時空，以自己的方式移開那些阻隔了彼此的石頭，重新排列那些擋在路上的重物，以延續生命活力。

生命的某些處境一如天氣，也會帶來堵塞，而我們必須跟先前的每一個世代一樣，捲起褲管和袖子，踏入河中，疏通水流。當然我們會問：那些造成威脅的石頭是什麼？那些擋路的重物又是什麼？

喔，它們無盡無數，各有其形，但它們往往都是出自於「否定」的習性：不看、不聽、不感覺、不在場、不敢冒險以求取真理、不願把心打開以滿足它需要活出來的渴望。

封閉、堵塞、氾濫、乾涸，這些都是在時間沖刷之下的人生常態。而我們之所以莫名地想停下來，幫助素昧平生的人們移開阻擋的石頭，則是出於那名為愛的衝動。

- 凝視自己心中是否有石頭擋在道路上。
- 這石頭跟你否定的習慣有關嗎？如果有，試著辨認出你不讓什麼在心中流動。
- 如果你不看，就緩慢呼吸，發願去看。如果你不聽，就緩慢呼吸，發願去聽。

- 誠實評估心中這塊石頭的重量。
- 如果你需要人幫忙移開它，你會找誰？在什麼時候？

二月二十九日

誰說的？

誰說，為了真實而努力不是振翅的開端？

誰說，幼鳥的翅骨初初覆蓋的羽毛不是出於牠們內在對活著的衝動？誰說，蝴蝶破繭而出不是因為受夠了困在自己編織的狹小空間？

誰說，紅鶴從北美到非洲的來回遷徙，不是由於牠們渴望吃掉地平線上的金黃絲帶？當我們疲於作繭自縛，誰說熱情的光采這時不會瞬間在我們臉上顯露？當我們因孤寂而發出聲音，誰說下一秒不會前往愛的旅途？當放任自己的感覺在世上覓得位置，誰說你前往平靜的路不會像小翅膀般展開？

是的，那些允許以自己的節奏前進的努力，都將掀起漣漪，直至水到渠成。

- 集中心神、回到自己，然後深深地呼吸。
- 就在把氣吸滿的那一刻，想像那份靜止是一顆靈魂的太陽。
- 每一次吐氣，都讓它用光芒浸透你。
- 進入你的日常生活，邀請某種深刻的感受自你身上萌發。

March

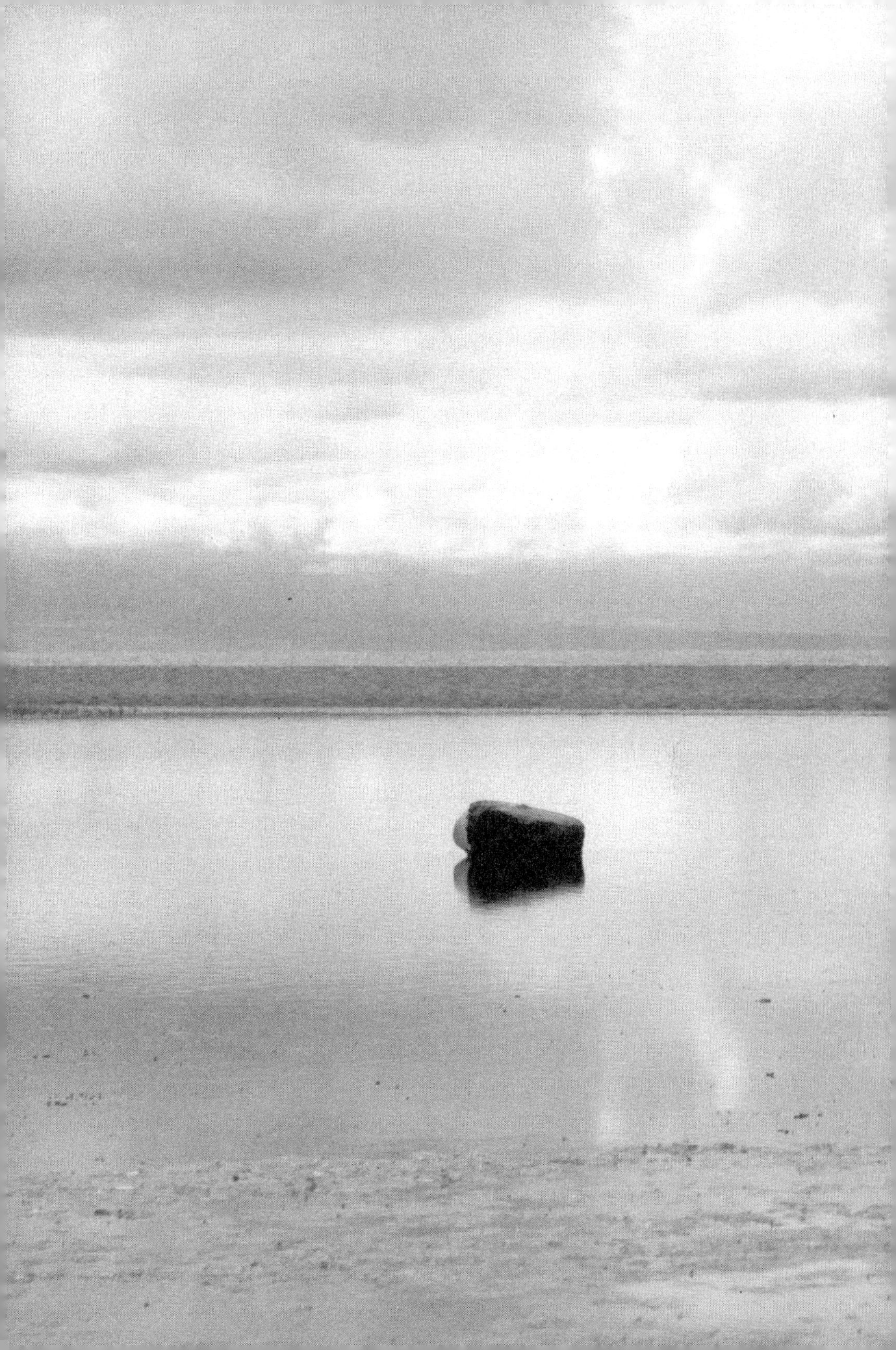

唯一的方向

活得夠深入，便見得到唯一的方向。

有個徒弟發覺：無論跟誰交談，只要傾聽得夠久夠仔細，所有的言語都回到相同的源頭，彷彿某個至大的東西在說話；無論凝望幾雙眼眸，它們都閃爍著同一縷微光，彷彿某個至大的東西在張望；無論撫平了多少苦痛，所有的哭喊為了同一道的傷痕，彷彿某個至大的東西在感受。

徒弟帶著這些困惑去找師父，師父便領著她靜靜走進森林，一起坐在橫倒在空地上的樹幹。陽光灑落，覆滿眼前一切。師父把一顆石頭和一朵花分別放在徒弟的兩隻手掌，說：「同時感受石頭與花的溫熱。看一看同樣的陽光，如何不同地照在它們身上。現在，循著光線，找到太陽。」

徒弟在師父的聲音裡聽見那至大的東西在說話，在師父的眼底看見那至大的東西閃著微光，甚至在師父溫柔的沉默裡感受那道人性的傷痕。陽光變得更強了。師父說：「我們所有人，都只是小石頭和小花朵在尋找自己的太陽。你在話語之間聽到的、在眼神背後看見的、在所有哭喊底下覓得的，正是那唯一的方向。」

・想一想你最近一次放鬆自在的時刻，然後深呼吸，微笑。
・想著你最近一次目睹朋友或是愛人放鬆自在的時刻，然後深呼吸，微笑。
・深呼吸，讓這兩個時刻找到彼此的共同點。
・追尋這種輕快，如同追尋那逐漸超出視線的太陽，然後感覺那唯一的方向。

更有力量了

起初，「力量」這個字指的是「能活著」（able to be），最後，卻縮小成「能夠」（to be able）。我們為了其間的不同而苦。

等候飛機的時候，聽見兩個上班族的對話。其中一個說起自己升職的好消息，另外一個帶著恭賀的語氣說：「你現在更有力量啦。」

以前我就聽過這種講法，這次卻莫名聽出了不同的意涵，果然是奇妙的一句話。作為一個好的恭賀，這句話假設「力量就是目標」，而我們恭喜別人得到的究竟是世俗的力量或是內在的力量？這兩者存有極大的分野：所謂「世俗的力量」是凌駕於人、事與處境的力量，也就是控制的力量；所謂「內在的力量」則是作為某個更巨大的一份子所衍生的力量，也就是連結的力量。

我不敢百分百肯定，但我想那句祝賀指的應該是世俗的力量，也就是更強的控制力。這種想法很常見，卻也讓人不安。無數的渴求總是起因於匱乏，而渴求更多力量，實在是出於更多的無力感。

諷刺而痛心的是，我們在自由的土地上行走，卻逐漸由於缺乏自由而衰弱。然而，尋求更多的掌控並不會讓我們自由，就好像重度酗酒的人無法因為任何的飲品而止渴並排解空虛。

我想起九歲時玩兒的一種遊戲叫做「山丘之王」。七八個人先找一塊小土丘，愈高愈好，然後某個人站上山丘頂，底下所有人用盡全力把他拉下來，好讓自己成為山丘之王。我現在發現這遊戲其實預習了將來如何爭奪世俗的力量。

遊戲裡最可怕的處境顯然就是當上山丘之王的時候。你孤立無援、驚懼多疑，誰都信不得，而且被逼著防守四面八方。這座山丘可能是一份工作、一個女人、或者某處高價的房產，居於頂峰的人可能終日奴役於固守陣地，很少有機會享受高處的遼遠景觀。

我一向厭惡山丘之王這個遊戲。當國王的時候總是緊張到想嘔吐，當不成國王卻又傷心欲絕，若是不想玩，還會遭到排擠。同樣的模式糾纏了我一輩子。但是現在每當我站上某個能夠掌握的小山丘頂峰，成熟而疲倦的我總偷偷希望有人能跟我站在一起。我相信，在一起，會比獨自一人更有力量。

- 靜靜坐著，冥想一個你最近用到「控制」的情境。
- 掌控，帶給你什麼？
- 掌控從你身上索討了什麼？
- 需要多少的控制力才能滿足你的需求？
- 如果讓其他人跟你一同站在你控制力的頂峰，會怎麼樣？

三月三日

過生活

每個人的處境，就是象形文字般的解謎過程，都是在解決自己所提出的問題。在我們明白這是真理之前，以為這就是生活，

——愛默生（Ralph Waldo Emerson）

每個生命都是一種沒有其他人能理解的語言。透過每一次心碎、每一個發現、每一回出乎意料的喜悅、每一波音樂的跌宕起伏，觸動了我們始終以為不可能被觸碰的角落。每一個遭遇

都是生命的密碼，一次解開一個字母。走一步路、學一個字，覺察一種感受，解開一條信息，接納一份真理，翻譯一段譜寫在你心底的神祕。

我們總以為，在進入下一階段的生活之前必須先獲得某種答案。然而，勇敢踏入生活之後我們將一次又一次謙卑地恍然，「過生活」這件事情本身便足以解開問題，也解開答案。從旁觀看，我們仍是待解之謎。走進其中，我們化為待唱之曲。

當生命讓你感覺遙不可及，記住，未被吹奏的笛子也不過是戳了幾個孔洞的堅硬物體，心靈也是如此。火柴在點燃前只是一根木棒，冰霜在消融前無法予人解渴，而問題在實際經歷生活之前永遠成為險阻及障礙。

由此可知，每個靈魂都如一篇篇等待演奏的樂譜。如果不能被奏響，我們的存在何來意義可言？

- 閉上眼睛呼吸，感覺嘴巴是你生命的孔竅。
- 和緩地呼吸，明白只有在生命流過時，孔竅才成為開口。
- 張開眼睛，用心靈呼吸。
- 感覺生命的音樂以寂靜無聲的方式流過全身。

三月四日

為什麼存錢

如果連擁有的愛都無法實現，要錢做什麼？

我們常常基於憂慮、恐懼或義務而先考慮外在條件，以為拒絕刺激就是節儉的典範。四十年前，心理學家馬斯洛（Abram Maslow）提出了需求層次理論，認為人類必須先滿足溫飽的基本生理需求，才可能追求內在需求，例如尊嚴及良好的情感關係。

這理論有一部份是對的，但我仍深信，內在需求的重要性與迫切性並不亞於食物與住所。若不滿足內在需求，我們算不上擁有生命，充其量只是吃得飽住得好的軀殼而已。若沒有愛、沒有真理、沒有慈悲，那麼現代生活所提供的一切舒適就沒有意義，因為我們已降格成為會動的機械，存在的意義甚至遜於動物。

若是沒有這層體悟，我們就不敢冒險去愛，以為自己必須先做準備：先買一些體面的衣服、先將身材鍛練至完美、先搞定所有問題……。我們也常常藉由保障未來而延遲眼前的愛：我現在還不能打長途電話，因為退休後會需要錢；我現在不能跟他們一起聽音樂會，因為六年後必須換一輛新車；我現在不能花錢與伴侶參加心理諮商，因為房子最近要換新的窗戶。當然，人人都需要平衡，得在生活中做選擇，但一個連愛都沒有的房子，還需要新的窗戶做什麼呢？

我生病的那段日子，死亡近在眼前。那些存下來的錢忽然變成一疊廢紙，不論之前積攢得多麼小心翼翼，現在全沒了意義。這讓我明瞭，金錢存在的唯一目的是要幫助我們實現愛。病中，我毫不猶豫就撥打那些早就該打的長途電話，我跟朋友們相約在音樂會買專輯、送花，為老婆和好朋友們買了前往加勒比海的機票，而且我們真的去了！我不想再等待那個完美無缺的時機。

身體好轉之後，我無法回頭再以存錢當作藉口而延遲人生。我仍然存錢，但我更快就付出我能負擔的錢，讓愛實現，讓真實存在，讓慷慨與慈悲綻放。這不僅是無私，而是徹底活著的必要，是心靈之火持續燃燒的柴薪。

我現在不得不問，除了房租和健保，我們到底還為了什麼存錢？如果不能在這一世、這個當下實現自己所擁有的愛，那個汲汲營營所保障的未來可能永遠不會來，就算它來了我們也已是行屍走肉，無法真正活著。因為，我們早在來時的途中，浪費了所有愛的機會。

- 靜靜坐著，冥想你對某個親愛的人的愛。
- 深呼吸，讓自己去感覺那份愛，感覺它多麼想要當下就展現自己。
- 在不造成傷害的情況下，實現你此刻感受的愛。（不要挪用房租，也別花費超出能力的額度）
- 別再延遲，讓愛顯露。打電話、送花、把車加滿油，然後啟程。
- 如果你真的沒有這些錢，就帶著愛大喊，把愛委託給這個宇宙。
- 成為你現在所感受的愛。

三月五日

偏離

感受著石頭而非漣漪，是一件很難的事情。

我們一旦偏離當下，「所在的地方」跟「我們以為自己在的地方」之間就形成一股拉扯，成為阻礙，使得我們感受不到徹底活著的力量。注意力被分散，就無法貼近真實——雖然說，可以同時處理多項事務（善於切割自己的注意力）一向被視為某種能力。

每個人都一樣，從當下偏離之後再回來，，本來就是一道像眨眼與呼吸那般永無休止的課題。我們這樣的關注方式早已融入日常生活之中，很少覺察。然而，一旦我們阻斷了生命的流動，就必會像眼盲或窒息那般踉蹌跌倒。

偏離當下，沒什麼好大驚小怪。重點是「要知道怎麼回來」。

- 集中心神、回到自己。走進眼前這個時刻。
- 穩定呼吸，感受自己慢慢偏離：到其它地方、到明天、到未來或是過去。
- 不要批判及評論，在你的偏離中呼吸，然後，重新回到眼前這個時刻。

三月七日

放下手中的米飯

這世界像是一個緊握的拳頭，慈悲就是帶著張開的手醒來。

攤開手，生命有了太多可能。事實上，固執地緊握雙拳往往是受困的原因，而我們總是抱怨其它所有的人事物，尤其是緊握不放的東西。

一則中國的抓猴子故事說清楚一切：先挖空一顆椰子，上面開一個口，大小足以讓猴掌進出。把米飯放入空心椰子裡，再把椰子擺在猴子經過的路旁。遲早，某隻飢餓的猴子會聞到飯香，將手伸進椰子裡，而當牠緊握手中的米飯時，拳頭就被椰子卡住，那些不願意放下手中米飯的猴子最後就會被捕捉。

一直緊握米飯不放，牠就成了被自我束縛的囚犯。這種陷阱之所以有用，就是因為猴子讓飢餓感成為主人。此中寓意十分深遠，我們必須隨時問自己：我們手中的米飯是什麼？又是什麼讓我們緊緊抓住，不肯放手？

聽了這個故事，我才看透自己與母親之間那種緊繃的否定戲碼。我跟每一個孩子一樣渴望母親的關愛與認同，我現在了解那就是我手中的米飯，份量越是不夠，我的拳頭握得越緊，而想要得到關愛的飢餓感就成了我的主人，甚至蔓延到其他的人際關係。原來我一直是隻被陷阱困住的猴子，遲遲不願把手放開。

那之後，我漸漸在心裡鬆開了緊握的拳頭，然後謙卑地發現，在屈服裡最大的挑戰不只是放手，而是放下我們夢寐以求的東西。

事實上食物到處都有，雖然猴子在餓慌的當下以為手裡的米飯是天下僅存的食物，就算是吧，牠還是應該放手，好讓生命繼續。我們前往愛的旅途也是如此，在餓慌的當下，我們執著並且以為「除此之外別無他者可以取代」，我們仍然必須放開自己殷切渴望的東西，好讓生命繼續。因為，愛，無所不在。

· 靜靜坐著，覺察你拳頭裡的米飯是何物？
· 深呼吸，想想是什麼讓你無法放開？
· 練習鬆開你心中的拳頭。吸氣的時候握拳，吐氣的時候放開。

責任

三月八日

我對朋友生氣。說出憤怒，那憤怒確實消逝。我對敵人生氣。沒說出來，那憤怒越燒越炙。

——威廉．布雷克（William Blake）

真正的內在責任取決於我們是否願意說出關係裡真正發生的事，這對於你和對方都同等重要，如果你不願意真正現身，則對方無從回應，而「愛」只在我們有能力回應對方的世界裡存在。把自己帶進這段關係裡，並且做真正的自己，這樣能讓對方也可以依循著愛而行動，超脫侷限，這同樣是給對方現身的機會。

如果保持緘默，你我之間的不公平或不平衡將無意識地延續。反而是當你表現出傷痛、沮喪、困惑，先前的相處模式才有中止的機會。我會不會回應你，關鍵通常是愛，因為那是唯一能破除舊習氣的力量。

我們也許都被禁錮在一段漸漸窒息的關係裡，直到驅車在夏日的公路上，某陣掠過柳樹的微風打動了你，你忽然說出：「我沒辦法繼續這樣下去了。」我才終於有機會回答：「其實我也不想這樣。」打破了長久以來的沉默，才有機會說：「我們該做些什麼來改變這一切？」

我們往往花太多時間等另一個人趕上自己，並主動看見我們的痛。拖得愈久，我們便愈發無奈，傷痛也愈重。但是人就是會看不見明擺在眼前的東西。

所以，當我們沒有勇氣對彼此坦承自己的恐懼與傷痛，愛，就沒有真實的對象可以回應，也因此沒有被實現的可能。

· 集中心神、回到自己。喚起你在一段重要關係中默默背負的恐懼與傷痛。
· 徹底呼吸，然後在私密空間裡表現出你的感受，但無須言語，讓這些感受從心與意念底下浮出。
· 繼續深呼吸，由於這份感受的真實而感到自在。
· 今天這樣就夠了。相信自己，當時機到來，你會知道該如何對那個需要聽見的人說出你這份真實的感受。

睜開最深層的眼

任何偉大事物的內在生命都是難以理解的，直到我能發展並深化自己的內在生命，我才能理解它們。

——帕克・帕爾默（Parker J. Palmer）

每個人都擁有一份內在生命，端看你有沒有將它開啟。前文所引這句智慧之言告訴我們：我們願意探求到怎樣的深度，那就是我們所能感受的深度。我們也必須打破阻礙，打開精神與心靈，一定要睜開眼睛，才能看見並感受周遭生命的本質。

發展自我的內在生命，無異於睜開最深層的眼睛。我們必須打破阻攔的壁壘，以自我的深度為基礎而活，才得以體驗周圍生命的深度。

與內在生命切割的我們常常怨嘆周遭膚淺無聊，不值得投注關切，但事實上，與真實脫節的是我們自己。

想要往深處探看，必須先打開得夠深。

- 想起某個你不屑一顧的人事物，將他帶到你睜開的心靈之眼前面。
- 用最深的呼吸，包圍這份影像。
- 一段時間後，問問自己：這個人或事物，有沒有哪裡不一樣了？

三月十日

造物主的輪迴

我們活下來……然後我們死去。

——歐及布威族（Ojibway）的長者

沒有任何存在能逃脫造物主的輪迴，植物、馬匹、樹木、飛鳥或人類不能，意念不能、心靈不能、精神也不能。所有的生命浮現、聚集、激盪出新的生命，然後分散、死去，再以新的方式浮現。每個靈魂都是上帝吐的一口氣，散佈於周遭如洪流般的偉大能量中。最終目的絕非逃離死亡，而是透過接納死亡來得到謙卑，帶著這樣的生機活在洪流之中。

如果試圖否認死亡，我們可能活得暈頭轉向，瘋狂追逐心中的執著。反之，另一種極端則是無時無刻都處在死亡的陰影下，眼中只看到死亡，這將開啟可悲的恐懼人生。

無論意圖或欲望，我們就是活下來了。我們對天地展露內在之美，也必報以痛楚和讚嘆，就好像石頭總被不可見且不可止的力量磨蝕。只要我們活得誠實，不管掩藏在內裡的是什麼，無可避免都會被磨穿，終至顯露。充份體驗這過程，是跟逃脫造物主的輪迴無關的。我們往往一意掙扎，試圖免於遭受生命的摩擦與刮蝕。但，正是這種摩擦力將我們的精神雕琢成剔透的寶石。我們遠比自己所想得更具可塑性，更加耐久，更富於變化。

纖細芬芳的花瓣並不躲避風，它們活下來只為了死去，然後再破土而出。在這一世，我們也會凋謝再紮根，破裂、流血，然後重組，成為另一個美好存在並且學會向上伸展。若抗拒這個過程，我們的苦痛將會倍增。若是唱著歌走上這過程，這過程將成為美與智的本源。

・關於死去，你最害怕的是什麼？

・關於活著，你最害怕的是什麼？

・這些恐懼之間有沒有共同點？
・如果這些恐懼消散，你會如何塑造你的生命？
・如果你真的就以這樣的方式塑造你的生命，會怎麼樣？

三月十一日

姿勢的全部

只要沒有徹底活在身體裡，就沒有徹底活在自己當中。

——艾揚格（B. K. S. Iyengar）

只要是修習瑜珈，任何派別的老師都會要求學生在完成某個動作後保持靜止不動，感受那個姿勢。對於生命的一切，這也是很棒的練習。我們以數不盡的方式拼命抵達某處，卻往往與那個目的地真正的回饋擦身而過。

這特別發生在我們觸碰彼此的時候時，我們滿心想著下一步該做什麼甚麼，或者會不會有下一步，甚少感受那種單純擁抱對方的豐厚與滿足。

互相感受那種觸碰的瞬間，本身就是種圓滿，藉此我們練習如何感受永恆。

・跟你的伴：
・靜靜坐著，深呼吸，觸碰對方的手臂。
・感受彼此的生命也存在於這個承載自我的身體裡。

・幾分鐘後，睜開眼睛，緩緩親吻對方。

・現在，繼續輕觸對方的手臂，同時探索彼此的眼眸。

・跟你自己：

・靜靜坐在鏡子前，專心凝視你所在的身體。

・深呼吸，走進你眼裡的曠野。

・緩慢呼吸，感覺自己的靈魂是眼下的一潭清水。

・扎實呼吸，感受靈魂的水拍打你身體的岸。

三月十二日

與萬物的連結

宇宙的所有事物都相互連結，並在彼此之中反射。

——羅德斯・皮塔

這樣的洞見解釋了我們為什麼被特定事物吸引：在所有倒地的樹幹之中，我走向其中一根，是因為它傾倒的姿態讓我想起生命折腰的畫面。在所有能夠回去的地方，你選擇了被風吹蝕的懸崖，只因它讓你感覺到自己未曾展示的被磨蝕的心靈邊緣。

人類似乎習慣從環境裡找到自己，但如此做著我們卻打破事物，要它們都與我們相像。縱使不是出於刻意，我們常常汲取把生命當作食物，將它咀嚼成不可辨識的碎屑，然後囫圇吞下。但我們更應該完整地接納生命賦予的食糧，否則將失去其中的智慧、力量及恩典。

這是我們必須面對的挑戰：不要把一切都變成我們。謙卑的最深作用是它使我們吸收經驗的本身，而非違背它的本質，而謙卑是為了從那些與自己不同的生命得到滋養。我們也因而在自己身上找到回應它們的種子，那是可以支撐我們也屬於萬物共有的恩典種子。

事實上，每個人體內都帶著與生俱來的組成方式，如同染色體構築起宇宙的微小層面。自由的藝術開啟了一趟非去不可的冒險，理解世間各處的秘密和刺激我們內裡的那些細微感受，如此我們才真正活著：向魚群學習如何浮出與潛入、向花朵學習如何綻放與接納、向石頭學習如何碎裂然後讓光線透入、向飛鳥學習翅膀何以比大腦有用。

我們面對的挑戰不是在萬物中找到自己，而是在自己體內找到萬物。身而為人，就是在萬物的相似之中不斷往內演化，塑造自己成為眼見的奇景。最後我們也能像深諳此理的鳥兒，學會單純為了光芒的乍現而歌唱。

．靜靜坐著，想著一個大自然中你最愛造訪的地方，也許是一片開闊的平原、一道瀑布、一條小溪或是一條林間步道。

．在心中前去探訪此處，感受那個讓你流連忘返的畫面，也許是拂過青草的微風，也許是流水的潺潺之聲，也許是穿透葉片的燦爛光線。

．在心中把它放大，然後進入其中，成為那青草、流水或是葉片。

．緩慢呼吸，讓你對此處的愛教導自己你為什麼像是那草、那水、那葉。

三月十三日

向信心敞開

一個男子正要渡河。智者將一片樹葉綁在男子衣角，告訴他：「不要害怕。帶著信心走過這條河，但請小心，你失去信心的時候，就是溺水的時候。」

——斯瑞．郎姆克瑞斯納

我們總想要遠離苦痛，但若是身陷苦痛的時候，唯一的出路就是通過它。我們必須接納自己身處何處，冷靜安住，方可被承載，否則就會像是落水的人，愈是為了浮出水面而掙扎，情況只會更糟。所謂的信心就是把自己交給比我們還要巨大的洪流。就連飄落的葉片都能在湖面上安然漂浮，「臣服」也就足以承載我們。

我們可以從漂浮的葉片學點東西。生命如水，緊縮或掙扎會使人下沉；放鬆並且安頓，我們就可被世間最廣大的汪洋承載：那恩典的汪洋流動於一切事物的騷動底下，我們不太能看得見撐持自己的靈魂，好比魚兒看不見周身的海洋。

一次又一次，痛苦使得我們緊抓然後下沉。而生命教會了我，在痛到彎下腰的時候如何能像第一次敞開那樣地敞開自己，將是痊癒的關鍵。

- 找個機會，在湖畔或池塘邊散步或靜坐，觀看樹葉在水面上漂浮。
- 像飄落的葉片般呼吸，什麼都不想。
- 不管多麼短暫，就這麼呼吸著，讓那你看不見的靈魂，承載心靈與意念。

古老的朋友

爬上去，他就能看見。爬下來，他看不見了，但他已經看過了。活在低處的藝術，就是記得在高處曾見過的事物。當一個人看不到，至少他仍能知曉。

——何內．兜馬勒（Rene Daumal）

公元七百年，中國的唐代詩人李白寫下名詩〈憶舊遊寄譙郡元參軍〉給老友元演。這首詩讓我們知道，這兩人相處的時間不長，卻仍然是摯友。詩的末尾，李白的內心滿溢著感懷，他說：「言亦不可盡，情亦不可極。」

我們不由得想問，這可能嗎？他們聚少離多，然而這樣一個朋友的存在卻可以形塑某人的一生。我們活在世上，如果運氣不錯，可能會得到一個這樣的好朋友，如果我們真的幸運，可能會擁有兩個。李白與元演恰似兩顆星，成為彼此天空中永恆的亮點。而難關永遠會是該如何穿越黑暗，從這個亮點抵達另一個。這就是信心的管轄範圍了，信心使得我們在尚未被照亮的時候仍能保有彼此的光。

這樣的友情本身隱喻了另一種友情：一種存在於我們與真理、愛情、和諧與上帝之間的終生的親近。若無此友，我們可能長時間無知無覺，無從開竅，但真理與上帝的存在可以形塑生命，扮演我們古老而深交的知己。因此，我們內在的課題便是：如何與大於自己的一體維持長遠的友情？而當夜裡沒有星星，我們如何將璀璨的光持守於心？

- 深呼吸，喚起一個多年來引領著你的特殊而真實的瞬間。
- 帶著關愛呼吸，讓那份真實浮現眼前。
- 微笑著對那份真實鞠躬，如同一個多年未見的老友。

·帶著感恩，對它祈禱。

三月十五

象徵的力量

如果真正握住一顆石頭，你便能感受它所來自的那座山。

一個穴居人外出採集野莓，遭到猛獸圍困，一根大樹枝忽然從天而降，野獸嚇得到處奔竄，穴居人因而得救，於是他撿起樹枝的碎片作為好運的護身符。這便展開了象徵的故事。

人們為了記住，總喜歡蒐集經歷的碎屑，保存那難以隨時可見的生命之力。我們放了一顆貝殼在行囊裡，帶著不曾停歇的浪潮的節拍到千里之外，就算離海很遠，仍能感受汪洋。這就是我們為什麼珍視某幾首歌，風乾某幾朵花，以及為何留存某幾張票根。

象徵是一面活的鏡子，映射出無語而深邃的領悟。我認識兩個從越戰中倖存的朋友，他們在義大利復建，返回家園之前，他們把一個銅板折成兩半，各自珍重保存，彷彿那是他們破碎的心，掉落在上帝遺棄的叢林裡。

日常生活中的小東西為我們承載如此貴重的意義，而其中最被珍惜的寶物就像一盞阿拉丁神燈，只要輕輕撫摸它，逝去的感覺便能漸漸甦醒，無法保留於眼前的時光也能再度浮現。

我記得小時候到祖父家玩的情景：他有一個乳白色的碗裝滿M&M's巧克力。對當時的我而言那是一個充滿魔力的寶藏。無論我踮著腳尖伸手拿了幾次巧克力，那個碗永遠不會空。祖父過世至今超過三十年，但每當我感到低落，我仍會把那個乳白色的碗放在膝上，吃幾顆M&M's巧克力。

然後我的心情真的會好轉，這不是幻覺，也不是逃避。我只是在悲傷的時刻把這個裝滿巧克力的碗當作一種活生生的象徵，喚回內心深處曾有的富足與慷慨：它們一直在那裡，卻不一定碰觸得到。

這正是象徵的恰當用法，不是冷冰冰代表某個概念，而是協助我們喚回那些曾經存活於我們之內或關於我們的一切。它們與我們一同見證了生活的苦與奧秘。無論是一個十字架、一尊留淚的佛陀，或是來自被遺忘的大海那破碎的貝殼，它們都幫助我們承受這些日子。

- 喚起一個成長中的特別時刻。
- 冥思那個時刻給你的感覺，直到它慢慢映入眼簾。
- 慢慢感受那個時刻，聚焦於細節之上：一把椅子、一股紫丁香的氣味，或是雨珠遍佈的玻璃窗。
- 帶著敬意掬起這個細節，將它當作活生生的象徵，代表這個特殊的時刻對你而言的所有意義。
- 下一次當你的感受消退了，讓自己再次碰觸這私人的象徵。
- 讓它幫助你敞開，領受那些你不一定記得的禮贈。

三月十六日

自然的餘波

風靜了，樹還在動，一如我的心在彎折許久之後，仍嘎吱作響。

我永遠會因為被觸動而覺得驚奇，譬如受到傷害、覺得失望、領受愛的溫暖，或者因為和緩的動搖而暫時離開……可惜我很少好好兒咀嚼這些感覺，卻準備著要面對下一種心情。生命中的諸多困惑來自於太快將注意力擺到下一件事，用那些全新的經歷掩蓋了對我們而言尚未結束的碎片。

譬如日前我因老友生病而傷心，雖然坦然面對悲傷，但我誤以為傷心至此已然足夠，我更該回到原來的生活。隔天，我發現自己被交通、購物之類的尋常苦惱所困，店員的冷淡態度竟讓我莫名哀傷。現在想來原因非常明顯，只是當下我未能察覺，以至於徒然浪費時間反省該不該改變生活方式，卻不知道自己其實還置身於老友病重的悲傷漣漪。

更深的涵義是大自然的晃動：它接近，它衝擊，最重要的是它留下回響。所有活著的事物都逃不了，因為我們活在感覺與思考的隱形漣漪中。學會活著，是很花時間的。

- 靜靜坐著，專注於一個最近對你形成強烈衝擊的感受。
- 隨著呼吸，注意這個衝擊留下了哪些痕跡仍然影響著你。
- 像一面飄揚的旗子那般緩慢呼吸，讓那些痕跡，如漣漪般盪漾而去。

三月十七日

延燒的大戰

我的靈魂有一場大戰猛烈延燒：我的嘴巴不能變得僵硬，我的顎不能變成保險箱的沉重鐵門，如此一來，我的生命才不至於被稱為「預先死亡」。

——以色列詩人　葉胡達・阿米亥（Yehuda Amichai）

一則古老的希臘神話故事宛如瓶中信，替我們保存了生者所面對的掙扎：奧菲斯是才華洋溢的樂手，他的摯愛尤莉狄斯被冥王所奪。傷心欲絕的奧菲斯於是前往死者的世界，懇求冥王歸還他的愛人。冷酷的冥王深思之後開口道：「你可以重獲所愛，把她帶回生者的世界，需時三日。但條件是你必須全程背著她，在抵達光明之前絕對不可以看見她的臉。如果你看了，她將永遠歸我。」

不幸的是，奧菲斯不知道冥王對尤莉狄斯說了相反的話：「他會背著妳一路回到生者的世界，而在抵達光明之前，妳必須看見他的臉，否則你將永遠歸我。」兩人的掙扎終究沒有結果，尤莉狄斯永遠失落於冥界。

而我們繼續面對人性的掙扎。每個人心中都住著一位奧菲斯，相信自己一旦看了便難逃一死，同時卻也住著一位尤莉狄斯，相信逃脫死亡的唯一出路就是一看。在「活，還是死」之後的大哉問便是「看，還是不看」？最終找到的平衡決定了我們能不能逃離幽冥。

每個人各自具備看或不看的本能，雖然也許一生裡會數次改變，但多少各有傾向。我也是偏向尤莉狄斯那樣的觀看者，相信唯有一探究竟才能逃脫死亡，這也許跟我期許自己成為詩人的使命感小有關聯，我坦承自己的偏見。有時我們為了保存視力而必須選擇不看，就好比直視太陽太久便會目盲，但更多時候，我們為了生存而非看不可。

我跟多數人一樣在兩者之間掙扎：要當秘密的保守者？還是真相的發掘者？就算沒人能給出明確的指導，我們仍須一再下場作戰：從冥界逃離，然後回返生者的世界。

- 集中心神。穩定呼吸。想起你現在之所以在此，仰賴的是哪些一連串的生命抉擇？
- 隨著緩和的呼吸，試著弄明白是哪個抉擇定義了你在世間的生命：看的需要，還是不看的需要？
- 當你和緩呼吸，試著去感覺你現在的需要是什麼？看，或者不看？何者將把你更徹底地帶入生者的世界？

三月十八日

看護者

請接受這份禮物，好讓我視自己為施予之人。

看護者的生活跟酗酒一樣會上癮，讓人熱衷的是當所照顧的人提出了需要的時候所造成的短暫情緒舒緩。這不能持久，但當我們有能力滿足別人的時候，總能感到被愛。這當然能帶來許多好處，尤其對於被看護的人而言。然而，若「看護」本身成為一種飲品，使得我們揮之不去的無用感得以麻痺，於是酗飲一杯又一杯的名為「自我犧牲」的酒。

然後，你開始期待他人的需求能超過他真正所需，在真正的需要之餘，開始造成焦慮，覺得自己非得主動付出或者做點什麼不可。這焦慮的核心源自於錯覺：除非我為別人付出，否則不可能被愛。他人的需求恰似一瓶一瓶靜立在吧檯後方的酒，不管看護者如何把持意志，終究難以抵擋誘惑。

我在一件小事上出現類似的體會：出門時，該不該打電話給你愛的人？就算沒有人盼望聽到我的聲音，我仍然掙扎於打與不打，受不了那種「無法為我的愛提供證據」的不舒服，因此我就算千辛萬苦也會打一通電話回家。

看護這件事看來無私，實際上是為了滿足自己。為了自己，卻阻絕了真正的慈悲。實話實說，若要戒除這樣的癮，需要一種相當於戒酒療程的過程，又特別需要有人願意支持我們最初的模樣並且愛它。

在我看來，解救靈魂的良藥乃是真正的付出，而真正的付出就在於相信：相信我們每個人都有資格以本來的模樣被愛。

・集中心神。想一個你特別關照的親愛的人。

三月十九日

軟弱

・想著你為什麼願意多為那個人付出？
・想像你什麼都不做，這個人還是愛你。
・想像你什麼都不做，你還是愛你自己。
・什麼都不做，只是呼吸，直到一股對自己的愛從內在升起。

只要我們給自己勇氣去感到軟弱、害怕、容易受傷，我們就會繼續有力量。

——梅樂蒂・碧媞（Melody Beattie）

這篇歷久彌新的禱文，幫助我們從精神層面定義軟弱。軟弱是一種心靈慣性，使我們無法看透事物本質，無法領受萬物的完整。它使我們目盲，看不見真理、一體與慈悲。

我們都很脆弱，且都會犯錯，並淪為各種情緒與誇張的犧牲者。但如果我們願意直接面對這些，它們將會使我們豐足而非軟弱。擊敗我們的從來不是人性種種的展現，而是拒絕接受自我的本質，拒絕包含著缺陷而活。

這樣的盲目以各種方式不斷回返，衍生出大量的殘酷。就在我們自以為看得清楚的時候，我們打碎了無可取代的東西，並且渾然不知它的珍貴價值。

我在打碎了生命中許多東西諸如真心、傳家之寶以及知更鳥的蛋之後，不得不謙虛坦承：堅強與軟弱的差別在於我們能否誠實面對自己、接納自己、分享自己，包容一切的瑕疵與傷疤。

・拿一張你在一的人的照片。你自己的照片也行。
・閉上雙眼，集中心神。再睜開眼睛時，全神觀照這張照片，看清楚你與照片裡的人之間的本質。
・再次閉上眼睛。這次睜開眼睛時，還是注視照片裡的人，接納這個人的一切，包括他的瑕疵與傷痕。

三月二十日

撓水

以智生患，以智備之，譬猶撓水而欲求其清也。

——老子

自己生出了各種憂慮然後又加以防範，這個循環恰似拉扯衣服上脫出的線頭，越用力去拉，整塊布料越容易解體，到最後非得重頭編織不可。這也像是在太短的時間內計畫太多事，對太多人做出承諾，然後為了實現一切，將自己和周遭人搞得筋疲力盡。

我們都這麼做過，而它最難覺察的是我們願不願意接納自身的掙扎。我們由於缺乏價值感與安全感，訂立許多目標，渴望在達成它之後能稍稍對自己感覺良好。於是，為了得到更大的成功，就展開了種種的計畫與策略，並由於害怕失敗而防範未然。這等於攪動著水，卻同時期盼它平靜清澈。

一直以來，心靈與精神的深層資源屢屢被誤用。我們不就是因此才投入其實不適合自己的職業，走進不能真心擁抱我們的情感？而且，把孩子帶到世上，希冀他們能令我們心靈澄澈。

人的心念是一隻蜘蛛，若放任不理，它便會纏繞糾結，然後把一切都怪罪到連自己都想掙脫的網子。我也對夢想與愛情做過一模一樣的事，希望在水中看見自己清晰的倒影，卻不斷翻攪它。也許，我所學得最困難的教訓（且至今仍在其中掙扎）就是：不一定要完成，也可以完整。

- 靜靜坐著，想著一條你最近拉扯的絲線，它如何讓一切解體？
- 深呼吸，思考自己在重新編織的過程中扮演什麼角色。
- 和緩呼吸，然後停下來。也就是說：脫落的絲線、解體的布料，都隨它去吧。

三月二十一日

隱藏或釋放

如果你不讓生命流動，你如何遵循它的路徑？

花粉不斷匯聚，直到雨水沖走所有不能當作種子的；青苔在石塊與樹墩上滋長，直到被動物的足跡磨除；覆蓋小徑的樹葉即時分解，向人們展示迷途。

生命也一樣。我們的夢想如花粉般聚集，直到汗水與淚水沖走不再可能的一切；我們的依戀在石上長成柔軟的草叢，悲喜皆有，直到能食用的被吞吃，不能食用的被磨除；我們的回憶也如同落葉，覆蓋道路，直到它們超乎存在而被記得，才將我們釋放。

有時，因抗拒而生的傷痛使我們如鐵一般生鏽了。為了重返生命，我們必須被刮磨回原本的樣貌。情感若未經釋放，就會像沙礫那樣隱忍於心中。我們像是被風雨染污的窗戶，等待一雙慈愛的手抹淨。經驗把我們覆蓋，而表達內在的旅程則又將我們放在光潔的桌上。

所有存在的事物都參與了這個循環。對人類而言，生命的過程反覆讓我們為了活著而隱忍，帶著心痛、失望以及生而為人的尖銳。若是隱忍著這些，我們非傷即病；釋放了它們，我們才得以完整。比起其他的生命形態，我們更擁有這種偉大卻也沉重的力量得以選擇要隱忍或者釋放經驗所帶來的衝擊。

我們被要求在接收與釋放之間讓生命維持真實。要記得自己就是個活生生的入口，我們只需記得如何呼吸。經驗進來了，感覺出去了；驚喜與挑戰進來了，心痛與喜悅出去了。生命如永恆不歇的浪潮襲捲而來，我們在一遍又一遍的釋放之餘，也必須讓一切回流。地球因為海洋而壯麗，我們也被那讓人自由的性靈之海雕琢成挺立的姿態。

- 今天從家裡跨出門走進世界時，深呼吸，問問自己：對於你生而為人，你最感激的是什麼？
- 帶著這個問題渡過一天。
- 今晚當你再次回巢，再一次深呼吸，然後問自己：對於身為一個人類，還有什麼持續使你感到驚奇？
- 帶著這個問題入眠。

三月二十二日

安息時光

有工作的時候就工作，疲憊的時候就休息。寧靜地做完一件事，勝過在慌忙中做完十件事⋯⋯不休息不會使我成為英雄，只會讓我累。

——蘇珊．麥漢瑞（Susan Mchenry）

需要重新恢復活力的時候，我總回到敞開的心靈之門，走到那株柳樹旁，等待它以熟悉的擺動與我說話。我會讓感覺舒展，重播那首鋼琴曲，它曾經流入我心底的疼痛。我會沏一壺茶，坐在最愛的椅子上，拿出那本翻爛了的康寧斯詩集，朗讀那句「為了這最神奇的一天，我感謝上帝……」。

我試著以溫柔與靜謐這兩條通往感恩的道路來打開時光，並等待奇蹟回來。對我而言，那就是每個微小元素復甦的安息之日。在衝撞、裂痕及噪音襲來之前，在衝突與困惑繃緊我對事物的觀感之前，我試圖以如此簡單的美好片刻開啟每一天。

心靈有如瞳孔，能收縮也能擴張。一旦收縮了，就沒有休息，世界變得窄小刻薄，充斥著艱難險阻。而安憩的時光遂成為一種不可或缺的練習，讓我們鬆開緊繃的一切。這些私密的片刻修補了我們，在休息中提煉出晶礦。藉由把心放慢，解開世間的糾結。

休息時，我總能記起將我綁在世上的東西是從未被看見過的。例如前幾天我處在收縮的狀態，心跳猶如在雜草堆中驚醒的蒼鷺頻頻撲翅，卻沒有空間可供移動。我被意念的雜音所綑綁，慌張地摔跌於名為「寧靜」的那片湖。如果你問我，我會說：所謂平和就是湖面上疲憊的羽翼終得安歇後，那愈發溫柔的心跳。

- 雙手掌心朝上，置於膝頭，練習鬆開心裡的結。
- 隨著每一次吸氣，握緊雙手。
- 隨著每次吐氣，放鬆雙掌，直到它們如同一對疲憊的羽翼，安穩休息。

不知道飛往何處

鳥類知道如何飛行，但從不知道飛行將帶牠們前往何方。

鳥類藏著深刻且謙卑的課題。牠們的雙翼伸展、包覆空氣，先小心翼翼試探，然後帶著信心攀升，振翅、滑翔、降落。對於鳥類，飛行這個動作本身就是目的。牠們也會遷徙覓食，但當展翅高飛，你會覺得身處高空是牠們唯一的嚮往。

我們跟鳥類不同，一次又一次因為執著於目的地遂使得活著的時光迷亂而困惑，終於挫傷了自己的飛行能力。為了確保所付出的努力一定可以帶我們前往它處，我們習於壓抑對愛情、智慧與真理的需求。種種的交換、遲疑和「但是」、「如果」，使得身為人類的這趟旅程本末倒置，使得本為羽翼的心靈無法展翅。

然而鳥類的飛翔並不經過思索，也毫無保留。純粹的光就足以讓牠們歌唱翱翔。牠們不懂壓抑本性，不會僅限於有回報時才願意付出。從這個觀點來看，人類是唯一尋求保障的生物，卻也正因如此往往捻熄了發現的火光。

因為不敢在滿是風險的愛中飛行，多少次我們竟把自己弄傷弄殘？多少次，不敢讓熱情的羽翼敞開天賦以至於心靈停滯？多少次，我們尋覓引領的歌曲，卻不明白那樂音只能來自內心？

這些年來我為了成就自己，因為恐懼因為期待，我的心蒐集了許多應該到達的地點、貯存了應該擁有的事物，以及自己應該成為的模樣。但，現在我就在這個當下，沒有前面所講的那些東西，而把一切目標與想望都用來學習愛。

所以，儘管我想像並構築自己將被領往何處，儘管我計畫並思考活著而感受的意義，然而直到「我真正感覺到它了」，這才提升了我的靈魂。羽翼不會為了配合東南西北而長成不同形貌，生命無論經過什麼訓練，仍比任何世俗的野心更加趨近本質。我們和鳥一樣，生來就是要歌唱飛翔，而一切的規劃與計算就像是築成鳥巢的細枝，等我們大到它難以容納的時候，我們就會飛走。

- 冥思幾個你不敢投入的渴望。也許是跳一支舞或彈鋼琴，也許是想前往召喚你的地方旅行，也許是想要認識某個人，甚至就是自己。
- 呼吸，讓這些感覺浮現。
- 呼吸，專注於你的遲疑。那也許來自失敗、否定或是未知的恐懼。
- 在你的遲疑之間呼吸，了解到唯有拍打翅膀才能飛翔。在嘗試中不斷成長停，你方能深刻活著並與其它生命連結。

三月二十四日

就算在黑暗中

自己被打破了，不能構成你也將一切視為破碎的理由。

白翎海葵生長在海底，很少被看見，它是一朵似水的花。在濃重黑暗之下，它的白色蕾絲飄展，彷彿沐浴在陽光之中，但它離陽光如此遙遠。

這難道不是保持幸福的秘訣？就算在黑暗中仍感受到陽光。就算真理遠在視線之外，仍守得住真理。口渴時，知道清水的存在。在孤單中，知道愛情的存在。在苦難中，知道世上仍有平靜。然後，一如往常地生長

這一切無法消解痛苦，卻能使我們更有力量回返光源。

・閉上眼睛，感受太陽存在的事實。當你再度看見的時候，太陽一定在。

・透過你心靈封閉的地方深深吸氣，感受到愛存在的事實。當你可以再度感覺的時候，愛一定在。

・緩慢呼吸，透過自己的質疑，感受生命存在的事實。當你打開自己，如同出生嬰兒呱呱墜地，生命一定在。

三月二十五日

耳朵即花瓣

耳朵就是從心中長出來的花瓣，當我們彼此傾聽，就生出一座花園。

到底什麼叫作傾聽？沒有保持覺察時，人其實都容易分心，雖然我們仍能一字不漏地重述別人剛才說的話語。

真正的傾聽來自更深層的所在。我們能聽見多少，取決於自己的經歷有多深：我們能感知苦痛與喜悅到哪裡，取決於我們讓生命觸動自己到什麼深度。如果說耳朵是從心中長出來的花瓣，那麼就像根部必須吸收陽光和雨水才能綻放花朵，我們的心靈也必須吸收歡樂和淚水，才能養成一對真正傾聽的耳朵。

我曾經看著從外國移民至此的祖母在病榻上齜牙皺眉，當護士將她生滿褥瘡的腳踝裹上紗布。我記得有位同事為他所養的狗死去而哭，而我難以理解他怎能愛一隻狗勝於人。我也記得我岳父堅定的眼神，當他苦心經營三十年的穀倉付之一炬。

在我不得不讓生命從頭來過，在我割下雙腳以求存活，在我救回了溺水的黃金獵犬之後，我才理解他們當下的苦痛，更重要的是我才理解他們真心關懷一件事物的喜樂。確切說來，我們不一定要有相同的經歷才能接收彼此，但我們確實必須經歷所該經歷的那些，然後生命才會顯露它的根。

為了真實傾聽而需付出的是什麼？是必須拆除阻於彼此心間的所有東西。倘若我能勇敢聽見你，我會把你當成陽光，朝你的方向生長，而你也朝著我的方向來。因為，當彼此傾聽，這裡就是一座花園，一切都可供滋養。

- 跟你信賴並深愛的人坐在一起，分享一個這些年來由於傾聽而愈發理解的故事、苦痛或者喜樂。
- 說一說為什麼這個故事使你念念不忘？
- 你對這個故事的理解，是如何日漸加深的？
- 緩慢呼吸，花點時間，對著一個你上星期不願關注的人性時刻，把你的心再打開一點。

三月二十六日

感覺著感覺

通往自由的最快方式，就是感覺自己的感覺。

——吉塔·貝琳

這聽起來似乎很容易。其實容易的是知道自己「有感覺」，知道感覺的輕重、騷動不安、瞬息萬變。然而微妙的是「真正去感覺它們」，任其穿透你，如一陣風吹拂過飄揚的旗幟。

這是必須的。倘若沒有徹頭徹尾地感受過它們，它們將永遠糾纏你。為了從中脫逃，我們做盡種種反常的事，造成很多成癮的主因。

我為了分心，曾多次專注於痛楚與悲傷的周圍的事，卻不直接感覺那些痛與傷。因此每當有人問起我的感覺，我總滔滔不絕說起周圍的事，籌劃著下一步行動、期待別人的反應或者沉浸於憤怒，不敢潛向傷口的底部。

雖然我們對此總是驚恐與懼怕，但若要將心靈從苦痛中解放，「感覺自己的感覺」是唯一清楚的直達的路。

· 冥思你可能用來迴避自己感覺的方式。
· 在靜默中，不再以話語、藉口或忙碌來推遲那些感覺。
· 化成一片海岸，讓感覺如浪濤般打在身上。

三月二十七日

生來就要唱

歌唱並不是一種奢侈，而是生存在世上的必要方式。

不知道為什麼，我們傻到以為歌唱只是娛樂，是甜點一般可有可無的東西。其實歌唱賦予了內在聲音，造就了一切可能。我們初次抵達這個世界的時候，就唱著歌，大家誤以為那是哭嚎，但若缺少這個深層的反射動作，我們的肺部就無法開啟長達一生的換氣功能。

我動了肋骨手術後，初次單獨在家。幾個月來的起伏都靜止了，晨光填滿我肋骨原本所在的空間。我開始流淚，終於放聲大哭，而一切恐懼、苦痛和筋疲力盡隨之竄出。這樣的釋放確實是一首歌，而我當時不懂後來才能領會的是：一經釋放，這趟旅途中的累積與負擔遂有了出口，而生命終於帶著千萬的能量與溫柔進駐。

秘密就這麼簡單：藉由釋放東西出來，我們也能讓東西進去。所以，每當你感到隔離、痛苦、疏遠、痲木，這時就唱歌吧，就賦予一切事物聲音吧。不好聽也無妨。很單純、很勇敢，不顧困難地敞開自我，讓裡面的出去，外面的進來。歌唱，然後生命將會繼續。

- 回到自己。找到一個堆在你心裡的苦痛、恐懼或疲憊。
- 透過呼吸，進入那個情緒裡，以吸氣進入那些負擔，以吐氣讓它們出來。
- 了解到你的呼吸就是一條通道，連接內在的累積與外在的新鮮空氣。
- 了解你的呼吸聲就是最靜默的歌。

三月二十八日

蛻變的恩賜

從最開始，重生的關鍵就是褪去舊皮。

先民們深信：「透過蛻落，長生不老並非不可能。」這是一件我們在現代的擾嚷中已經遺忘的事。幾百年來，北婆羅洲的杜生人始終相信，上帝在創造世界之後宣布：「能夠脫卻舊皮的人，將永生不死。」

這究竟是什麼意思？它的本意並非要一直活下去，而是令我們接近生命的脈動，持守那神性的事實，使萬物皆有意願改變。然而要改變什麼呢？改變我們內在早已停止作用的東西，那些早已沒了生命卻被我們一直攜帶著的東西。蛻去死掉的皮，因為它無法感覺。死去的眼不能觀看，死去的耳朵不能傾聽，沒有了感受就不可能完整。而完整乃是在破碎之下倖存的最大希望。

對人類而言，死皮以很多形式出現。最嚴重的那些死皮是看不見卻令人窒息的，很可能是死硬的思考方式、觀看方式、連結方式，以及信仰和遭遇。

從本質來看，蛻變引領我們步入變化。諷刺的是，那些不肯以蛻變來重生的人，遲早都得改變，終究會遭到侵蝕與扯碎。其實，我們由內主動蛻落，也由外遭受摩擦，兩者同時進行。

・集中心神。冥想那些對你來說早已成了死皮，你卻一直帶著的東西。
・清楚地深呼吸，問自己：你應該要蛻下什麼？應該要讓什麼停止，才可能抵達生命的完整？

三月二十九日

蛻變的阻攔

時常，我們放棄了重生的權利，只是為了容納身邊眾人的憂懼。

活著本就不易，想要打開心胸而活，雖然美好卻也危機四伏。實際上，無論蛻落是多麼有益而且無可避免，它終歸是痛的。不幸的是沒有人能不成長，這就難怪會產生各式情緒，讓人不願蛻下早已停止作用的東西，例如恐懼、驕傲、對過往的眷戀、對熟悉的安適、對他人的取悅……我們往往放棄重生的權利，僅為了容納身邊眾人的憂懼。

新赫布里底群島的美拉尼西亞人主張，人們正是因此失去長生不死的能力。詹姆士・佛雷澤爵士記下了他們的故事：人類一開始似乎不會死亡，只會像蛇或蟹一樣脫去老舊的皮，在青春中重生。但是有一位漸漸變老的女人，到河邊去脫掉她的舊皮。她是掌管世間蛻皮的人，烏特瑪拉（Ul-ta-marama）。她將舊皮扔進水中，看見它被樹枝絆住。她回家找孩子。但孩子不願相認，哭著說他們的母親是離家的老女人，而非眼前的年輕陌生人。女人為了平息孩子們的哭泣，便趕往河邊，拾起舊皮，將它穿回去。從此，人類便不再蛻落舊皮，開始老死。

當我們為了安撫他人的恐懼而不肯蛻落內在死去的東西，這時我們就不再完整。當我們為了避免衝突，而不讓自己最敏感的那層皮膚浮現，我們便從真實中移除了自己。當我們為了撫慰所愛之人的無知，而保存理應被丟棄的一切，我們就放棄了通往永恆的道路。

・靜靜坐著，問自己：是什麼聲音要求你保留舊皮不要改變？
・集中心神。問一問：不肯重生，斷絕與永恆的連結，將使你付出何種代價？

三月三十日

真實的力量

不要尋求任何儀軌或膜拜的方式，只要說出那受苦的心所選擇的事物。

——盧米（Rumi）

「瑪那」一詞，出自波里尼西亞和美拉尼西亞文化，形容一種寄宿於人體或物體之中的超凡力量，那是一種心靈的電流，誰觸碰到它都會被它改變。其後，心理學家榮格將此詞定義為「一個人對另一人的潛意識影響」。榮格想表達的是，真實的力量超越了說服、論證或意志。他更暗指，做真實的自己可以釋放超凡之力，不需要任何意圖與計畫，便能影響任何一個接觸到這份真實的人。

觀察太陽，我們可以理解這份美好而單純的真理。太陽並不抱持任何企圖、意志、計畫或原則，它只是發出光芒，徹底且永不間歇。循著自己的本性，太陽用自身的光亮散發溫暖，毫無保留，從不獨獨照耀地球上某些事物。太陽恆久地朝所有方向散發能量，萬物得以生長。同樣地，如果我們也能保持真實，朝所有方向發出光和熱，身邊一切也將因生長。當我們的靈魂如同一枚一枚小太陽發出真實的光亮，就能散佈耶穌所謂的愛、佛陀所謂的慈悲，群體共用的根也將得以延伸拓展。

用這種方式，不帶任何形塑他人的意圖，只需要保持真正的自己，則「瑪那」的光和熱將從靈魂散溢而出，讓他人生長；不是朝向我們而生，而是朝向流動於彼此之間的力量。藉由做自己，我們不僅體驗了生命的所有活力，也同時以純真的方式幫助別人更徹底地做他們自己。由於我們的真實，由於致力於追求這份真實，我們幫助彼此生長，朝向那唯一的生命之光。

- 集中心神、回到自己。任由感覺之河流過自己。
- 過一會兒，當出現某種感覺，透過每一口吐氣，說出那份流過你身體的感覺：悲傷、恐懼、困惑、平和、無聊、喜樂。
- 一段時間之後，當你漸漸回到靜默的呼吸，讓感覺的河持續流動。
- 現在，感覺著你身邊的物件，地毯、椅子、窗戶、牆壁，感受它們往你的方向靠過來。

練習真實

我們無法壓抑真實的感覺，一如太陽無法壓抑自己的光芒。

地球日復一日繞著太陽運轉，我們也別無選擇，除了繞著規矩與訓練旋轉，還要繞著真實的感覺運轉。若非如此，我們早成了黑暗中兀自轉動的冰冷行星。

經常如此，當我長時間陷於困頓與悲情，這往往是出自於不再繞行真實的光芒而轉。這種時刻，我總需要從自轉的黑暗中踏出簡單的一步；而這一小步，對於繞著自己旋轉的我而言，感覺起來卻是巨大又痛苦：我必須藉由說出自己的感覺來練習保持真實，不是一次，而是持續練習。

終其一生我都為此掙扎，為了在世上生存而學會壓抑真實的感覺。當某件事發生了，譬如某人的言詞或行為對我造成傷害，我已經學會了吸收這份衝擊，假裝什麼都沒有發生，一切如常。但每當我這麼做，就等於將能量用在偽裝，讓自己在黑暗中獨自轉動。

受傷的時候，說出自己的傷；悲苦的時候，說出自己的苦；感到害怕了，就說出自己會怕，如此輕而易舉，卻也需要勇氣。以這樣平凡且直率的方式，那真實的力量——瑪那——將會改變你的處境，即刻顯露出真實感覺將釋放生命的光和熱，而這就是我們的靈魂閃耀的方式。

- 集中心神、回到自己。再一次，讓你的感覺之河流過自己。
- 一段時間後，當某種感覺產生，直接說出那份流過你身體的感覺。注意，這次要以自身為出發點說出這些感覺：我感到悲傷、我感到寒冷、我感到輕鬆、我感到疲倦。
- 在一天當中，試圖覺察真實的感覺如何變換。
- 試著繞著它運轉。

April

蟲的勞作

蟲所吃的，餵養了根。

來自歐吉布威族人的故事：造物主創造天地，為了該如何連結一切所造之物而煩惱。小蟲自願幫忙，吐出了難以察覺的細絲，將萬物包裹在看不見的網裡。於是造物主賞賜小蟲永生，讓牠包覆自己之後，能帶著世上最輕薄的繽紛翅膀，破繭而出，羽化成蝶。

這故事告訴我們：所有的造物都因為地表最卑微的生命而相連，只要我們願意直接將自己投入看不見的網，永恆並非毫無可能。而且，只要我們在這個包羅萬象的網中靜待夠久，便能領受變化的輕盈。

謙卑如小蟲的我們，該將自己的苦痛、沮喪、困頓、惶恐都紡成縷縷細絲。自由如小蟲的我們，可以選擇連結萬物，再從中造出一顆繭。最後我們鑽進那連結一切的繭，如美洲原住民在原木小屋裡流汗，如瑜珈師以第三隻眼探看，如僧侶死守緘默的誓言，直到我們的深處穿上彩衣，才破繭而出。

不可思議的是，整個宇宙都被細絲連結，而我們持守這張連結之網，靈魂得以從個人進入生命的中心。無論如何短暫，做自己就等於帶著盎然生意進入造物之網。

不論在我們的想像之中他人是多麼舉足輕重，但正是因為彼此以渺小而謙遜的方式擁有著一切、過著日子，世界才能因而連結。從我們各自的特質中紡出連結之網實在是個奇蹟，這般謙卑的行動無法阻攔，乃是蟲的勞作。

- 找機會，看著你所親所愛的人在沉睡中呼吸。
- 看著他們猶如看著一朵花，單純到只因他們的存在而心生感恩與讚嘆。

・靜靜觀看，如果可以做到，伴隨他們無意識的呼吸節奏而呼吸。
・感受你們彼此呼吸間所流動的空氣，了解當下片刻就是連結一切的共有絲線。

四月二日

共享同一條河

那條河此刻在我這兒。

在南非旅行時的某個早晨，我感到莫名地脆弱。當我哭泣，朋友金過來看我，她問我是否還好？我告訴她：「這只是生命的水拍上了我的岸。」同一天稍晚，我發現她竟然也泫然欲泣，於是問她：「還好嗎？」。她告訴我：「那條河此刻在我這裡。」

我們對望，了解到原來我們共享同一條河。它在我們的底部流淌而過，穿透每個人，從一顆乾枯的心流到下一顆。我們共享同一條河，而世界化成一個大生命。

縱使我們不願意，生命的完整仍擁有力量將我們軟化敞開，灌溉靈魂。而這些時刻，眼淚這從內在湧出的水是如此神祕又澄澈，是我們共同的血液。我們可能說著相異的語言，過著不相干的日子，但每當這深處湧現的水浮出表面，彼此總能更靠近一些。

我們共享同一條河。當這條河流入，我們不再固執，而如拳頭在愛的水流中漸漸舒緩張開。

・看著一條河流或小溪，冥想將著生命連結彼此的感覺。
・如果無法待在河流或小溪旁，就看著雨水落在街上，也請以同樣方式冥想。

·注意這樣一條河如何觸碰所有東西，然後繼續往前流走。

·隨著呼吸，感受萬物的生命穿透並且湧過。

四月二日

滔滔不絕

在心裡活得夠大聲，就沒有說話的必要。

讀大學的時候我總是滔滔不絕，這每每讓別人與我保持距離。一段時間後，我的健談反倒讓人們與我疏遠。我許久之後才明瞭，我說話越來越快、越來越大聲，是因為那時我無法傾聽自己的內心。是呀，我製造的吵雜越多，真實就沒有機會進入身體或者從我體內萌發，於是造成惡性循環。

太多時候我們把「需要聽見什麼」錯當成「需要被別人聽見」，而一切言談不過是心靈向外伸出手，說穿了都是出於恐懼：以為若是不透過無數的言語、手勢、問句把整顆心掏出來，我們便會孤單。我花了好多年才懂：其實只要敞開自我，世界就會奔湧而入。

向外伸展、表達自我依然是重要的，但本質上我們仍須保持真實並且能夠被滲透，世界將穿過我們打開的心匯湧而入，如同海潮填滿岸邊岩最微小的孔洞。這是最靜默無聲的奇蹟：只要單純做自己，世界就會一次又一次將我們填滿、淨化、洗禮。

·透過平穩的呼吸吐納，集中心神、回到自己。

四月四日

修正

・腦中浮現一件你想伸手拿取的事物。隨著吐氣，不要移動身體去拿取，而是讓那事物將你的身體打開。

・腦中浮現一件你需要對外表達的事物。隨著吸氣，不要開口說話而去感覺，讓那件事物將你的身體打開。

世間有愛也有傷，將我們日日翻轉，如同烏龜滾下山。當我們四腳朝天，只能奮力再向前滾翻，讓自己更貼近海灣。

被暴風吹散的石子鋪疊成小徑，連根拔起的斷枝殘莖集結成鳥巢，接踵而至的危機與災禍將我們向彼此扔擲。活在世上，你會受傷，也會造成別人受傷。

無心的傷害如細枝在風中應聲而斷，但尚未被承認的傷則留下了疤。我們若要彌補對他人造成的傷害，就要承認自己的作為並收拾殘局。補救跌倒的唯一方式是爬起來。這就是所謂的「修正」：一個發自誠心的單純卻偉大的行動可以重建信任，而信任是包覆人性根部的沃壤；一旦失卻信任，世間的生命將漸形枯槁。

究竟是什麼使得我們傷害彼此？這問題很難回答。生而為人，我們本就難逃生命中亙古而強大的相對力量，例如光明與黑暗、好與壞，而恐懼與平和尤甚。我們因為恐懼，才需要孤立自己、控制他人，將自己擺置高處的過程中往往傷害了別人，同時傷害了自己。反之，若恐懼散去，身處平靜與祥和，我們就忽然覺得自己應該要連結其他生命，甚至要隸屬其他生命，而就在如此真實的擁抱之中，我們學會愛人。

沒有人可以逃離恐懼與平靜、傷人與愛人，就像生活中沒有人可以免於醒和睡。世界得以

完整，仰賴的是那能克服恐懼（即使只是短暫克服）的人。那些以純真和勇氣修補疏離與孤立的人，足以為生命的血液注入生機，

縱使我們在多年後才明瞭自己當初造成的傷害，若能承認自己做過的事，那麼即使是短短一句話語或彌補的舉動，都能重新打開一顆心。

・靜靜坐著，心中浮現你一手造成的孤立與控制曾經如何對別人造成傷害。
・深呼吸，試著看見孤立與控制背後的恐懼。
・緩慢呼吸，在你心中做出修正，也就是：承認你是出於恐懼才那樣做，你知道那造成了疏離與控制，而且最後造成了傷害。
・為了自己，寫一封信或一張卡片表達你的修正，給你所傷害的人。
・回到你的日常生活，讓心來決定要不要將你的修正寄出去。

四月五日

種子的勇氣

所有深埋的種子都在黑暗中迸裂，它們臣服於自己看不見的過程。

春天給了寶貴的一課：所有深埋土中的小東西，都臣服於一切被埋之物都看不見的過程，而這份臣服的本性使得一切芳香可食的都能適時破土而出，進入我們稱為春天的生命之光。

大自然提供了無數典範讓我們看見，如何順服於看似黯淡的事物，最終結果卻超越了想

像。這種從黑暗無光到綻放開花的過程，即是通往上帝的門。

深藏在土裡的種子，無法想像自己原來是一株蘭花或風信子。滿載傷痛的心，難以想像自己能得到關愛或平靜。種子的勇氣在於：一旦迸裂，就無悔地迸裂下去。

· 這是一個走動的冥想練習。尋找一顆未開的花苞，觀察它。
· 冥思那個深埋地底、未被肉眼看見的開端。
· 緩慢呼吸，讓你心中含苞待放的事物浮現。

四月六日

發出聲音

你上一次唱歌是什麼時候？

——美洲原住民醫者問病人的問題

一次手術過後，我平躺在大病房的擔架上被推進開放的恢復室，那裡有其他四個病患。我們看著彼此，空氣中瀰漫著深深的沉默，只有機器微弱的運轉聲、液體清脆的滴落聲和老舊暖氣的嗡嗡聲。突然一個比較年長的病患笑了。我們一句話也沒說，眼光互相張望，然後一個接一個笑了起來。這是一陣充斥著咳嗽的笑聲瀑布，不時穿插短促的呻吟，因為每笑一次，傷口或褥瘡總是刺痛著我們。但我們就這麼笑著痛著，再笑著痛著，像一群殘缺的鳥夢想下一趟飛行。

那笑聲是原始而粗糙的歌，以最根本的方式賦予苦痛聲音，卻具有驚人的療慰效果。我從那場出乎意料的和聲中感悟了偉大的真理：就算徹底的無能為力，我們仍可以說出自己的痛與希望，仍舊可以說出自己還活著的這個微小卻進行中的事實。

我們常常低估發出聲音的力量，那力量是一切歌曲的發端，真確而足以支撐人心。所以囚犯會齊聲歌唱；所以就算沒人在聽，藍調仍然被哼唱。這是所有聖歌與頌咒的靈魂。

它的療癒與撫慰之效並不在於被人聽見，而在於賦予內裡一個聲音，就算只是發出幽微的低語，精神世界也就能緩解我們的痛。這樣看來，氣若游絲的病榻呻吟在本質上是一首搖籃曲。且讓我們的感覺發出聲音，最幽暗的哭嚎也可以是最聖潔的樂章。

- 靜靜坐著，緩慢呼吸，直到你感覺呼吸中有一點隱藏的困難。
- 專注於那種呼吸的困難，感覺一下是什麼在壓迫你的心靈。
- 把你的手放在心上，深深吸氣。
- 吐氣的時候，讓那壓迫發出聲音，就算你不知道那到底是什麼。
- 就算你所表達出來的只是一聲輕嘆，也已經是歌的開端。

為人所塑

且舉世而譽之而不加勸，舉世而非之而不加沮，定乎內外之分，辯乎榮辱之境，斯已矣。

——莊子

這幾句話出自公元前四世紀的莊子。我十五年前讀到後，將它們貼在衣櫃上，時時提醒自己不要為了別人的意見而輕易改變。

那之後我變了很多，包括行為、居所和我這個人。事物來來去去，貼有莊子語句的衣櫃放入了別人的衣衫，但那幾句話深烙我心。我仍然努力不被別人的想法左右。

這是最澄澈卻最難以持守的心念：如何敞開自己面對別人的感覺，而非面對別人的想法？活在世上，不可能不受人影響。但唯有讓真理與愛從內在形塑我們於外，我們才會是真實的。我們被自己想要討人喜愛、避免衝突、得到諒解的渴望蒙蔽，以至於無法認真看待內在的聲音。

地球被一切生命觸動，卻從不停止繞著它的內在之火運轉。我們被陌生人的故事或是鳥兒失落於風中的啁啾所觸動，但只能循著自己內心聲音找到方向。我們虛耗太多光陰等待別人來認定我們的感動就是真實。

- 隨著呼吸，感受腳下承載你的地球，它正繞著自己的中心運轉。
- 深呼吸，感覺自己就像地球。
- 俐落吸氣，感受你所承載的諸多事物。
- 俐落吐氣，繼續繞行自我的中心而轉動。

四月八日

眼的中心

讓自我的中心保持空無一物，生命的奇蹟才得以進入。

瞳孔，人類的眼睛中心，是個空無一物的黑穴。透過這份空洞，世界被我們感知。從精神層面而言，自我也應當是個空無一物的中心，透過這份空無我們接受一切。瞳孔的英文是pupil，此字另有一意：小學生。瞳孔也是小學生，這雙重意義多麼具有啟發性！我們唯有清空自己產生的吵雜與虛幻，才能真正接受教導。

佛教與禪學的諸多門派都提到這種牢不可破的空無，由它產生了一切觀看、浮現一切生命。印度的《奧義書》也說，泥拘律托樹的種子內部空無一物，卻生出了巨大無比的樹木。這提醒了我們「人生在世，生長如樹」，樹的精粹在於種子內的空無，生命的精粹也在於靈魂內在那份無形的存在。

因此，人類的主要工作之一便是誠心努力，讓那份中心成形於我們的內裡，而一切形式的冥想與禱告，目標都是要清空它，好讓生命的奇蹟能伴隨著恩典與無限，進入並療癒我們。

・閉上眼睛，把所有浮現的思想與影像都抹除，彷彿你的心靈是一塊黑板，而你的呼吸是抹淨一切的板擦。
・如此持續，直到訊息浮現的速度趨緩，然後睜開眼睛，如同第一次醒來。
・緩慢呼吸，吸收你第一眼看見的東西，觀看並好好感受那在身旁組合的木頭，別馬上說它的存在是椅子。

活著與旁觀

一個雕像能以多少方式活著？每次我向你伸出手，生命才真正開始。才真正開始。

活著與旁觀，這兩者的界線薄若蟬翼。一停頓下來思索，這瞬間立時拓展成厚實的猶豫之壁，我們會發現竟然很難對某人伸出手、說幾句話，拿起電話撥打出去。只不過是要找人聽我們說話，卻彷彿必須攀越巨大的高牆。

我們就這麼孤立自己，寂寞地在自家院子挖掘獨處的坑洞，翻出來的泥土在洞口堆疊成山，將至親所愛隔絕在外。我們習慣只因自己的忙碌而暫緩打電話給某人，然而延宕過久，漸漸形成無法跨越的鴻溝。其實，電話一直在伸手可得之處，困難的是，在一切漸行漸遠之後還沒有忘記電話就在手邊。

孤立的感覺是人類旅途的一站。當我們屈從於隔離與猶豫大過於對人的愛，我們開始麻木與失落。然後漸漸變成一尊雕像，以為自己能做的只有冷眼旁觀。

這樣的時刻，我們必須突破。即使很難也必須去做，去對某個東西伸出手，無論它多麼微不足道，近在咫尺。秋天時，拿一片樹葉輕撫臉龐。冬天，捏碎一塊冰。春天到了，碰觸一朵花。

- 用珍貴的小東西包圍自己：一塊小石子、一根羽毛、一片貝殼。
- 集中心神。沉思你跟這些小東西之間的空間。
- 當你吸氣，感覺自己是一尊雕像，正透過每一口呼吸慢慢復活。
- 當你吐氣，對眼前的小東西伸出手。

四月十日

在自己的皮膚裡感到自在

精神生活的重點，就是在你的皮膚裡變得自在。

——帕爾默（Parker J. Palmer）

任何事情只要能移除心靈與生活之間的隔閡，皆能成就精神的提升。也許看著愛人攪拌咖啡，發現早晨的陽光照亮了那人惺忪的睡眼。也許發現知更鳥築巢，領悟自己原來不過是世間短暫的過客。也許在冰上滑了一跤，想起缺陷裡的謙卑。

如同帕爾默表示，無論從何處起源、無論嚴苛與否，所有精神道路的終極目標都是要幫助我們在這個被給予的生命裡活得更加完滿。任何來自恩典的東西，只要能將我們與生活中的其他人連結起來，那就是精神生活。舉例來說，前幾天我待在咖啡店裡，在擾嚷之中聽見陌生人的一句金玉良言，而我連那個人的臉都沒見著。

我沒聽到她那句話的上下文，不清楚她的故事，也不知道她正在向誰掏心掏肺，我甚至沒有轉頭去看她的模樣，因為那個瞬間美好莫名。雖然她並不知情，但我深刻而單純地感覺到那句天外飛來的智慧，讓我在自己的皮膚裡活得更加自在。

精神生活隨處可得：在期待陽光的塵埃裡、在等著被聆聽的樂音裡、在等待被感受的日常之中。比起那些關於書本所教育的東西，親身活出精神的生活更有直接而立即的效果。

- 集中心神。隨著呼吸，了解你的精神充盈生命，就像骨骼與血液充滿雙手。
- 隨著呼吸，了解你的生命合於這個世界，一如那溫暖而充滿活力的雙手合於手套。
- 伴隨呼吸，感覺自己的精神充盈皮膚，感覺自己的皮膚合於這個世界。

化光為食物

我們可能餵養著體內那背光生長的黑暗，直到我們奔赴另一方向綻放。

每個春天，植物世界裡的一切靜靜朝著光的方向緩緩生長，它們的根卻往地下愈挖愈深。植物一旦破土而出，奧妙的事默默發生了：朝著光線成長的植物，靠著將光轉化為食物而活。葉片透過「光合作用」這過程把陽光轉化為糖，餵養根部；根部受到滋養，繼續支持著莖葉的成長。

植物世界裡最微小的生命向我們展現了以人類之姿作為靈魂的挑戰，以及往內在生長所需的沉靜勇氣。我們最深刻的使命就是學著把光轉化為食物。

常聽人說：「你不能靠空氣過活。」但當我們走出戶外，便不自覺被空氣與陽光吸引。我們無法克制自己，好比一株尚未破土而出的嫩芽，體內的某種東西就是知道光的方向，就算我們尚未見到光。

對此，我最深刻的經驗來自於最絕望的迷霧：當我被診斷出腦部有一顆腫瘤，滿心驚懼與悲傷，醫生與醫護人員告知了最壞情況，而我自己也往黑暗深處挖掘，彷彿地底下固執的根，可是我生命中的某些重要血管，不顧上述種種，持續向著光線生長。

我現在可以告訴你，你能靠空氣過活。光，就是我們的家。

- 在早春時節，選一株小植物，看著它生長。每隔幾天關心它的狀況。
- 當你注意到它的轉變，留心它與上面的光和下方黑暗之間的複雜關係。
- 當你看著這個小生命成長，把它想像成一個鏡子，映照出你內在即將破土而出的某個東西。
- 這個小小的綠色植物教導了什麼，關於你自己呢？

說出口之必要

光是透過說出口，我就能突破自己搭建的牢籠。

——珠恩・辛格（June Singer）

我們很常把自己假定在存在之外，想像如果把自己心裡的話說出口，一定會遭受拒絕或漠視。

有一次，我看著一個男人打電話給他的朋友，他急於分享令他震懾的想法，但隨著電話鈴響，我看著他想像對方冰冷的回應，還響不到第四聲，男人就像洩氣的皮球般嘆口氣，掛上電話。

表達是重要的，無論結果是誤解、歡迎或被拒絕，他不撥那通電話的代價就是一部分的自己將會死去。魚游泳，鳥飛翔，牠們的動作即是天性，正是游泳與飛翔使得牠們成為魚和鳥。

同理，正是說出心裡話的這件事讓人類成為人類。就算沒有人聽見，藉由說出口，我們仍釋放了自己，讓靈魂在世上泅泳與飛翔。

・靜靜坐著，任自己如無風地帶的湖水一般平靜。
・緩慢呼吸，望入自己。一路望向最底部。
・深深吸氣，感受從那底部升起的東西。
・清楚吐氣，就算你獨自一人，把你所感覺到的說出口，說給自己聽。

更深的垂首

百川歸海，江海所以能為百谷王者，以其善下之。

——老子

有一個瑜珈體位是要修習者跪著，把頭移到胸前，兩手向後、向上伸展。透過這個體位，我們練習把頭放在心的下面。在這個謙卑的姿態中，我們不可能不累，最後非得把手放下。當你把頭放在心的下方，你終究會停下來。

領悟了這個道理不久後，我遇見一個當過修女的女子。她告訴我，她會連日以類似的姿勢修練，搭配格列高利聖歌：傾斜、垂首，然後把頭垂得更低，每一次動作都把頭更垂向地面。

此中藏有深意：一次復一次，我們的頭一定要被帶到心之下，否則自尊會太過膨脹。如果你不彎腰，生命會折下你的腰。謙卑，就是接受自己的頭在心之下，讓思考臣服於感覺，讓意志屈服於更高的指令。這份接受，就是領受恩典的關鍵。

把你的頭放低，將開啟生命中世界的一切喜樂。

- 靜靜跪坐，然後隨著呼吸，向前傾斜。
- 一段時間之後，深呼吸，一邊和緩吐氣，讓你的頭垂到心的下方，一邊把手往身後伸展。
- 一段時間後，讓頭觸碰地面，為了剛剛領受的謙卑而感謝。

自信

也許根本與我無關，但每當愛人或朋友悲傷或憤怒，我總偷偷想著：我做了什麼？我可以做什麼？為什麼我不一開始就做得好一點？

沒有安全感的我，總以為自己必須為身邊的過錯與苦難負責。每當偏離中心、故態復萌、筋疲力竭而沮喪失落，我馬上膨脹成為天下一切錯誤的原因。

我知道，不只我這樣。也許這是情緒氣象的法則之一：突然的低壓造成孤立的暴風。多年來這發生太多次，我不得不承認這是種負面而「自信」的力道。說起自我中心，我們想到的通常是：自以為是、自我膨脹和自私利己。但更多時候，自我中心源於自怨自艾，尤其當我們不確定自己是與萬物合一的，那樣的疏離感造成了幽暗，使我們自責為什麼不修正事情讓它好轉？怎麼可以放任壞事發生？這些對自己的鞭策底下，隱藏著浮誇的假設：以為自己一開始就有辦法去影響那些根本無法影響的事。

我們當然是可以影響彼此的，也確實常常對他人造成影響。但是，一味假定別人的內在情緒是因我而起，這只會陷入犧牲與罪惡輪迴的自我中心。另外，假定別人在世上的存在狀態與方式是因我而轉動的，這是相互依賴與自我壓迫的開端。當負面的自我中心走到極端，我們擅自扛起一部分負擔，甚至深信所愛之人的病痛或不幸都是因為自己不夠好、不夠完美、未能時常陪伴在側。

此時，心理學家麥可馬霍尼對自信（self-confidence）所下的定義，對此應該有所幫助。他指出，信心（confidence）的拉丁字源意思是「忠貞」（fidelity）。所以自信乃是對自我的忠貞。確實，唯有全然投入沒有安全感的神聖底部，我們才能再次與心靈和諧一致。那顆心也同時是千萬生命的中心，這就是印度教所說的「阿特曼」；共同擁有永生不死的我。

於是，現在每當我跌入低潮，覺得自己需要對風雨及陰霾負責，我便試著去感受地球在腳下的運轉，感受浮雲飄過頭頂，感受歷經苦痛的心緩緩舒張。當這些步調對齊了，我習以為常的意志遂被削減，而奧秘的力量在我的覺醒之中浮現，超越任一心靈，超越任何一日的天氣，超越任何單一生命的情緒。

- 靜靜坐著，集中心神。喚起上一次你感覺到所愛之人的心情在你面前變差。不要移開這份不舒服的感覺。
- 試著放下所有對自己的質問。透過呼吸，回到你還沒想起這件事之前的平靜。
- 深呼吸，想起你在這個人身上所看見的心靈深度，那是你愛他們的原因。試著感受存活於一切情緒底下的愛。

四月十五日

通往健全的下一步

吶喊愈加深刻，選擇就愈加清晰。

一個朋友思量著他應該愛哪一個人。這問題開啟了滿山遍野的複雜，生命頓時成為可能性與忠貞之間的無盡衡量。

而在那張愛人的清單之下，他的靈魂從深處向外吶喊，透過他的苦惱與煩憂，他在最莫名其妙的時刻又聽見那遙遠的吶喊浮現。他很快了解這聲吶喊絕不僅僅是「該選擇誰」這麼簡單，他的靈魂乞求著想要感覺。比起在諸多女性之間抉擇，這似乎更加嚴重而迫切、更加令人膽顫心驚。

他開始努力面對真實的自己，從而領悟了一件事：所有關於時間人物地點的選擇，對於那深層的吶喊而言都只是離題，分散心神。在模稜兩可與評估的痛苦中，靈魂正因失卻生命的感覺而下沉，近乎溺斃。一旦聽見來自內心深處的吶喊，抉擇才忽然變得根本而直接：該如何重拾活著的感動？該怎麼做才能救起溺水的心靈？

一次又一次，我們在別人靜默的勇敢中看見，只要不去壓抑那來自深處的吶喊，清晰映入眼簾的將會是通往健全的下一步。

- 集中心神己。想起一個你需要做出的複雜決定。
- 緩慢呼吸，讓靈魂這個決定底下放鬆。
- 俐落呼吸，不要壓抑那來自深處的吶喊。
- 在最深處感受自己最根本的生命位置，然後承認，這就是在通往健全的路上，你的所需。

四月十六日

一次一滴真理

只要對身旁任一事物投以完整的關注，就會讓上帝之口吐出飛鳥。

包覆彎曲樹幹的寒冰消解，雪化為水，枝葉從如死的長眠中轉醒。迎接春日的植物教導我們如何在放手之後重生。這就是讓包裹心的冰雪融化的訣竅。在世界的另一端，精緻小巧的魚嘴散佈沙岸，吸入食物、吐出殘渣。這是牠們梳理地表的方法。這些沒有四肢的生物教導我們如何受苦，然後繼續吸收能夠滋養的，吐出殘餘的。在崇山峻嶺之巔，無人視線可及之處，一個小小的洞穴正一滴一滴收集清水，那滴落的水聲如同山的心跳。地球的中心藉此教導我如何活著：在靈魂的濕潤中心默默收集，一次累積一滴的潔淨與澄澈。

以上只是幾個小例子之於生存的萬物本質。實際上，只要我們以完整的生命去注視任何東西，植物、樹木、人心、空無、魚兒，甚至是手錶內部的陳舊齒輪，就都會有一種超越一切文字和話語的語言，浮現同樣的深刻教誨。無論是人工建造或自然形成的世界，似乎都是滿載課題的一張網，它的千絲萬縷隱藏在眾目睽睽之下，等待覺察。只要拉扯這些絲線，我們就會看見那萬物共有的、鑲嵌於本質的深刻道理。

所以，當困惑與苦楚繃緊了可能性，當悲傷與失意窄化了幸福感受，當憂慮與恐懼攪亂一池春水，請示著關注一件最靠近你的事物：看塵埃如何在吐出的氣息中揚起又落下、看鄰居的獵犬行過的腳印如何組成意外的圖形，看你三年前從海邊攜回的貝殼如何現形為一張繼續加油的臉孔。把你完整的注意力放在最接近生命的路上。一段時間後，你關注的小事物將會揭示另一條回返中心之途。

- 這是一個走路的冥想練習。集中心神，緩慢呼吸，踏入附近的世界。
- 感覺自己居於中心。環顧四周，注意那個似乎和你感受著相同節奏的東西，可能是灌木叢的搖擺或是被風吹落的翻滾紙杯。
- 緩慢呼吸，把你完整的注意力投在其他搭配你心情的節奏上。
- 繼續呼吸，直到你所看見的節奏與你所感覺的節奏一起顯現他們共有的真實。

信任的智慧一瞬

如果活著跨不過了，那死了怎麼跨過？

——卡比爾（Kabir）

我們需要一腳踏入恐懼，才能擊敗恐懼的束縛。對此，電影《印地安那瓊斯之聖戰奇兵》詮釋得淋漓盡致。瓊斯千方百計尋覓聖杯，最後站在絕壁邊緣，眼前是無底深淵，聖杯就在深淵的另一頭。瓊斯受傷的父親等著得到聖杯的治療，在一旁吶喊著關於眼前情景的諸多可能與解釋，好讓瓊斯拿到聖盃。

度秒如年，內心百般爭論，恐懼節節攀升。終於，瓊斯不顧任何知識理論，毅然一腳踏進眼前的黑暗空無，說時遲那時快，一塊巨大的石坪就在他腳下浮現。原來，那裡始終都有一座橋，只是沒人看到。

這是風險與信任對立的一瞬，在生活中不斷以或大或小的形式重現。每一次我們想要從那古老之杯飲取療效，就面對著一道我們不敢跨越的深淵。

長輩或愛人的吶喊往往把我們逼到邊緣，然後我們在崖邊驚覺無理可通、無路可走。此時風險一再閃現。

當所有已知的作法都無用了，我們必須鼓起勇氣踏入眼前的虛無，無論那虛無是自尊與目標的深淵、是人與人之間的溝壑，或是上癮與沉迷的峽谷。如此一個既瘋狂又睿智的步伐，從風險中踏出，在信任裡落腳，將揭示一座始終存在卻沒人看見的橋樑。它現在被看見了，只因為我們願意用新的方式思考，並膽敢一腳踏入恐懼。

・深呼吸，了解風險與信任的瞬間是極其困難的，無論多麼微小都困難無比。

·集中心神。喚起一個自己造就的深淵，它可能是一己的固執與驕傲、孤立自己的苦痛回音、不敢向別人傾訴內心而慢慢構築的空虛，或是堅持枯等而自作自受地迷失信仰。
·溫柔地往那深淵斜靠過去，直到恐懼退散。
·踏入那個深淵，透過呼吸，獻出一份無言的慈悲，給自己及其他敢於在風險中伸腳，在信任中著地的人們。

四月十八日

完整的關注

去找一千種方法讓自己被穿透而趨於完整，這就是始終進行著的完全的關注。

這是我在移除肋骨時的痛楚與掙扎中學到的寶貴功課。連續好幾個禮拜，每一口呼吸都被劇痛勒緊，但我反覆觀看冬天的河流融化流動，終於領悟到：想要撐過疼痛就必須變得更像水，更不像冰。

當樹木落入凍結的河川，冰川便會粉碎。若樹木落入了流動的溪流，水便在其周圍竄流擁抱這份重量。冬日的樹木與溪流教導我們：緊繃堅硬如冰，痛楚只會更加劇烈，然後每一口呼吸都會被擊垮。但如果能融化擔負的恐懼與壓力，痛楚將被吸收，而我也可以如融冰後的河水，繼續往前流動，雖不是毫無苦楚，至少沒有粉身碎骨。

大自然如此。只要我們向經驗敞開，便能看見周遭生命的彈性與不屈。感受自己的傷口，向樹木的殘根學習如何萌發幼小的新芽、感受自己的傷悲，向風中亂飛的落葉學習如何臣服放下、感受自己的柔軟，向毛毛蟲學習如何承受羽翼出現前的顫抖。但，唯有顯現出自己，不作任何否定，世間生命才會對我們展現他們的生存之道。相較於那句古老的「以眼還眼」，在通往完整的方向裡有一份更深刻的法則：「以生存的真理還諸真理」。完全關注的目的便是透過臣服，邀請身邊各種生命向我們展現自己：以生存的真理還諸生存的真理。

沒錯，當你疼痛，就要學習一條流動的河。當你在底層受苦，就要模仿那深海的魚類，把能吃的都先吞食，再把無用的吐出；當你感到負擔沉重，請觀看小鳥如何展翼飛起；當你覺得一切都完了，就凝視新生動物睜開濕漉漉的小眼睛，仿效它們的純真。一旦獻出完整的關注，你將能回返——一次一滴地回返，再次化為生之浪潮。

- 這也是一個走路的冥想練習。喚起一個正困擾與侵犯你的特定苦痛。
- 四處漫步，穩定呼吸，透過這份苦痛的鏡頭來看世界，不是要你把一切都化為自身的苦痛，而是要你找出在苦痛中可能教導你的東西。
- 找尋與你的苦痛有相似之處的東西，可能是被丟棄的一個破碎瓶子，一根斷裂的細枝，一道陷入泥裡的籬笆。也可能是痛苦掙扎著想要開花的灌木。
- 穩定呼吸，藉由一邊觀看一邊感受苦痛，邀請那份生命對你揭示秘密。

四月十九日

不畏浮雲遮望眼

半開的花蕾，等浮雲散開。

有些日子我一早醒來就覺得心上纏著一朵雲，除了我擔負的重量之外，一切都遲鈍而不鮮明。今天的我觸碰不到光，並不代表光消失不見。地球被變幻莫測的大氣覆蓋，我們的心靈也在「我是誰」與「我如何活」之間被雲霧遮蓋。

浮雲遮眼的時候，我們更可以稱信仰為「一種對光抱持信念的努力」。我們有時覺得太陽永遠不會探出頭了，其實它從未停止燃燒自己散放光芒。事實是，這個當下，太陽就在浮雲後方，光熱正炙，是我們被浮雲遮蔽。

但願我們能在雲霧纏繞心靈的時候暫緩批判。因為，懷疑的論調都生於雙眼被遮蔽時所做的結論。我們甚至以為，只要理解，就能阻止浮雲反覆來去。

然而，地球及其上的所有生物都明白：沒有雲能夠永恆存在；儘管苦痛持續，心靈和生長於其上的一切也同樣瞭然，苦痛不會永久。

- 坐在戶外，看雲朵飄動。
- 緩慢而和緩地呼吸，感覺頭頂的天空開合或封閉。
- 注意到所有的花草樹木，並不在浮雲蔽日之時枯萎崩潰。
- 從中得到力量。

鳥與鳥類學家

鳥兒不需要鳥類學家也能飛翔。

我們花了好多好多時間想被別人認同，讓他們覺得我們聰明、善良、帥氣、美麗、成功、受歡迎或者大智若愚。但靈魂從不知道自己是靈魂，譬如流水不知道自己是一條河。我們的心從不知道它正慈悲地擴張，恰似展翅而不知道自己是鷹鳥。凡是從愛出發的，未曾知曉自己正在行善。

從小我們就被教導，若要生活美滿，我們就得被接納，為了被接納，必須先被看見，所以我們的成就甚至愛情都出於被看見的努力，為了要在芸芸眾生間脫穎而出。

然而我們往往發現一個令人心酸的事實：要以那種連結我們與世間生命的方式存活，就必先在苦痛中學會如何接納。

這並不是要大家保持被動。不論萬物看來與自己有多少相異之處，我們仍有能力看見並辨認共有的脈動，我們更應棲居於這份能力之中。

當我們這麼做，就不再需要展現與眾不同以尋求價值，不再需要被眾人接納以求對愛的認識。一言以蔽之，我們不需要觀眾也能飛翔。我們只需要在恆長的日子裡綻放誠意，就能與所有價值觀合為一體。

心靈等候著關愛一如花朵等待甘霖，縱使我們極力想被看見、被認識，但能讓我們真正保持清醒的卻是付出去的關注。付出關注，就是對著愛打開自己，相信世界，接受彼此之間如種子般等待的深層力量，以接納來把自己喚醒。世界會讓我們像青草般發芽。

・靜止不動，閉上眼睛，讓心思沉靜，直到感受自己呼吸的空氣。

· 吸氣的時候，面對著得到關注的感覺敞開自己。
· 吐氣的時候，面對著付出關注的感覺敞開自己。
· 隨著呼吸，感受此兩者漸漸合流，進與出、受與施。
· 隨著它們的融合，查覺到清醒對你的意義。

四月二十一日

意外之禮

上帝有個名字，叫作意外。
——史坦德‧拉斯特（Brother David Steindl-Rast）

你趕著去完成你不曾對任何人提起的計畫，可能會在路上不小心與某人撞個滿懷，雜貨掉落四散，而就在伸手撿起番茄醬時也許就陷入愛河。你大學二年級，正邁入爸媽所期望的將來，在圖書館用功時無意間翻開一本關於史懷哲的書，發現自己非去一趟非洲不可。或許，專攻幾何學的你，突然發現自己能夠享受創造風景的無窮樂趣，於是決定當個園藝家。又或許，你祖母的過世打開了妳心中渴望歷史的那一部分。我呢，由於癌症而失去一根肋骨，讓我找到體內的亞當。

任何興趣、苦痛或逆境都可能出乎意料地帶領我們進入更大的生命，讓我們突破當下的限制，有機會以更寬廣的意義重新定義自己。我們就這麼被打開，既突然卻也常見。這是靈魂在世上舒展的方式。

面對任何事我們都無法預先準備，任何人也無法預料生命的一切。其實，過度的準備往往在我們與生命之間築起高牆。更應該做的是，遇上意外之禮後，該如何反應得比本能的抗拒還更快。

生命充滿了意外與驚奇，感謝上帝。而上帝就住在意外裡，讓我們認識合一的機緣。上帝很少出現在計畫之中，卻常出現在沒有計畫的地方。

· 集中心神。禱告自己的靈魂能得到對意外敞開的力量。
· 隨著吐氣，試著放鬆你對於意外的抵抗。
· 隨著吸氣，為每一件大於你的事物創造通道。
· 展開你的一天。

四月二十二日

足矣

若看不見你的所求，先看看這裡有什麼。

世上最難以接受的事實之一，就是儘管有幻滅與失望，但我們其實呼吸於豐足之中。置身痛苦的我們很難相信，一切所需其實就在眼前、在周圍、在內在。

我們的唯一任務只是耐心紮根，好比無葉之樹等待清晨，讓偉大永恆的地球承載著我們緩緩繞光運行。

這個道理，在我第一次化療之後以最痛也最真實的面貌顯現。早上五點，我人在旅社房間，癱軟於地，摸著三個禮拜前那根肋骨還在的地方，每二十分鐘嘔吐一次，長達二十四小時。我的妻子憤恨、恐慌、絕望，吶喊著：「上帝到底在哪裡？」一個聲音從我蒼白垂軟的軀殼內部升起，於是我回答：「這裡，就在這裡。」

上帝的存在從來不曾消弭苦痛，只會讓我們比較能承受苦痛。現在，當事情無法盡如我意，我試圖親吻那守候在一切底下的東西。當車子拋錨，我還是會憤怒，但試著去看那溝渠裡的野草指出天空的方向。當手中的花瓶掉落碎裂，我還是會慘叫，但試著在地上的水灘中觀看自己的倒影。當我受到傷害，試著感覺穿過尋常反應下的糾結，找到那存在於一切經驗底層的靜謐。

不論處在苦痛、亢奮或任何其他處境，我們所希冀與索求的全都在這裡。我們什麼都不缺。作為人類的挑戰不在於認同或反對這份真理，因為那就像辯論重力是否存在一樣不具意義。若能謙卑地打開自己，我們該做的就是在那些夢境與藉口中紮根。然後一次又一次超越希望與渴求，發現其實這裡有的已然足夠。

- 選擇一棵你最喜歡的樹或植物，看著它生長。雖然應該什麼都看不出來。
- 當你看著它生長，覺察著地球正把它帶向陽光。
- 把自己想像成這株植物。
- 閉上眼睛，覺察到你正在成長，雖然可能完全看不出來，每個大於你的東西，正把你帶向陽光。

四月二十三日

縮小

若把自己縮小，就沒有「我們」。

——雪倫．普利斯（Sharon Preiss）

但丁的《神曲》中，在煉獄受折磨的戀人與找到通往天堂之路的戀人之間，只有一個差別：在煉獄的那些人沒有自己，所以必須不斷在對方身上尋找認同。

雖然很艱難，但仍要盡力不在一段關係中縮小自己，否則，相對於較有主導性的對方，我們就會淪為觀眾或龍套。我也終生在此中掙扎，害怕說出自己的憂慮與需求之後會有什麼後果。然而，一旦我說出來了之後，我很訝異的是，雖然過程不一定輕鬆，結果也不見得皆大歡喜，但我總能做我自己。

而我也更能看見並感受周遭的世界，更能投入生活，也從日常經驗中領受更多生命力。

偉大的哲人馬丁・布伯深信：透過人與人之間的關係，最能認識上帝。他為這份矛盾提供了一針見血的說法：必須先有兩個能夠互相認同的個別存在，才能出現一段真正的兩人關係。我們的生活經驗可以為此作證。先努力成為真正的自己，才能真正認識別人，才能認識我們所居住的神聖世界。

・呼吸吐納，不要消失。
・靜靜坐著，隨著吸氣了解到，自身精神的擴張使得你認識世界。
・在一天裡，當你感到自己漸漸縮小，緩慢吸氣，再次將自己呈現給世界。

愛如潮水

只有義無反顧的愛，能軟化苦痛的尖銳。

水以自身的溫柔填滿所遇的每一個坑洞。水並無懷疑，亦不抱怨任何一道溝壑太深、任何一片原野太寬廣。愛的奇蹟如同潮水，它讓所有被觸及之物生長，卻不留一絲觸碰的痕跡。海岸的面孔與懸崖的邊緣常被水侵蝕，然而這不是水的過錯，那是生命的進程，水，只是其中一個元素。

因為抗拒，大部分的東西都會摧折碎裂而非轉化變形。若我們不加以干涉，愛的靜默一如流水，接納所有被丟過來的、跌落的、擺放進來的東西，全然地擁抱它們。

身而為人，如果付出愛卻不得回報，或是回報的量不夠豐沛，難免感到失落受傷。但我們已把太多珍貴能量耗費在衡量何人何事值得以愛相待。從本質而言，這些並不在我們的掌控之中，就像雨水無法掌控自己將灑落在什麼東西上頭。

確實，作出抉擇仍是必須的：我要把時間花在誰身上？要向誰學習？和誰一起生活，跟誰結婚？然而愛的元素從未失卻它的本質，它從來沒有停止覆蓋面前的所有事物，而一輩子過去，若壓抑著這份偉大卻靜默的力量，所帶來的痛苦與傷害將遠遠超過遭受拒絕或沒得到等量的回報。愛如同水，我們的確能夠架設水壩攔阻，但是，為什麼要呢？

事實是，我們越是任憑愛意奔流，就越需要去愛。世世代代的聖賢先知都明白並共有這份內在的幽光：他們的愛流過眼前一切，不僅及人，也推及花草鳥石與空氣。

愛，在眾多的決定與選擇之下流動如潮水，透過我們回流，再進入這個世界。這是人人皆可得見的偉大秘密，然而我們常常誤以為，壓抑愛才能避免傷害。實情卻恰恰相反。愛能撫慰傷口，好比水能濕潤疤痕。只要敞開自我，愛將接納一切挾帶憤恨而擲來的石子，我們的淚滴將在廣闊的淚海中失去它的刺痛，而射向河底的利箭也將失去它的尖銳。

- 找一個安靜的地點，冥想。對著奔流於萬物底部的精神之水，敞開自己。
- 讓愛的能量從你體內升起，流向你眼前的單純事物。
- 在環繞椅子、杯子、鉛筆或是一塊破窗的空氣裡，感受到那份愛的能量。
- 想像自己就是那隻鉛筆或那塊破窗，感受那木頭或玻璃上的空氣，看待這件事物如同看待一個愛人。
- 不用辨認它是什麼，感覺從體內升起一股高度的專注，它沒有目的地。

四月二十五日

參與的勇氣

真正的故事來自愛的源頭，無法以智力理解，只能如同一個人那樣被認識。

——柯爾曼・巴克斯（Coleman Barks）

現代生活把人們都變成了旁觀者，在我們與我們所遭遇遇見的事物之間放入距離和阻隔。這份旁觀使得生活無心，讓世界失色，時光的歌曲變得索然無味。

美洲原住民在這方面的觀點令人寬慰。帶著對天地造物的崇敬之心，人們應榮耀一切所見之物，石頭、雨水、籬笆或陌生人。

藉由彰顯萬物一如我們的家人，參與宇宙的勇氣成了靜坐時都可能發生的生存之法。若能如此認知世界，則世間再無所謂隱喻。風聲不再像是上帝的話語；風聲「就是」上帝的話語。記憶不再猶如親愛之人回頭探訪的影像，記憶「就是」親愛之人的靈魂探訪我們。

若欲移除那層習以為常的距離與阻隔，需要極大勇氣，但報償是一整個活生生的世界。就是如斯勇氣，讓世界的津液流動。

・靜靜坐著，集中心神。
・一段時間之後，想像身邊的事物——窗戶、樹木、地毯、床鋪、門扉，都如同植物般具有生命。
・隨著你的呼吸，感受它們的能量也在呼吸。
・透過你的心跳，找機會迎接並擁抱它們。

難走卻暢通

這路最難走，卻最少險阻。

自然主義者兼環保人士凱文・斯克里布納（Kevin Scribner）說過，鮭魚逆流而上會一再去衝撞重重阻礙，去找一道最強勁的水流。鮭魚出於天性就知道，強勁的水流代表這條道路較無障礙，值得投身其中，雖然辛苦，前方卻會暢通無阻。

此中道理難免令人卻步，卻受用無窮。面對內在或外在的逆流，真理之路總是挾帶最猛烈的原動力而來，只因它的源頭暢通，所以真理之流最猛烈之處，正是我們最應投身之處。

從人類的角度看，險阻的通道以很多形式出現，可能是避免發生衝突，可能是不敢放膽去愛，也可能是無法收下靈魂的呼喚去更投入生命……對我們來說，道阻且長，撲跌尋覓似乎比躍入逆流來得容易。

反觀鮭魚，牠們天性裡就有這份執著，執著於尋覓真實之路；一旦找到，便投入更多，逆流而上，直達目的地。

有些人說，這種行為對鮭魚而言是簡單的，回返出生地是它們的本能，裡面沒有那些讓人們遠離真理的權衡與算計。但是，我們的心靈也有一種本能，就是無論跌撞得多麼鼻青臉腫，都可以掙扎爬起，這代表我們的內在也藏有類似的動力。我們的生存之道如同鮭魚，不只是迎面衝撞水勢而已，還要拖著整個生命，逆流而上。

・集中心神。想一件你迴避的事。可能是做出一個決定，或是提出一個要求。
・和緩呼吸，尋覓你在那份迴避裡的能量。你撞上什麼東西？辨認出那些阻礙。哪些來自於你自己？哪些來自於他人？
・穩定呼吸，在這裡面找到真理之流。感受那份強勁與暢通向你襲來。
・今天的課題，先學會感受暢通之道的力量，把它持守在眼前。

四月二十七日

要有光

相信自己，你會知道該怎麼活。
——歌德（Goethe）

愛迪生發明燈泡時，先是努力想像如何控制流動的能量，然後將其轉化為光。「想像」先進入他的腦海，了解自己的點子究竟是什麼之後，又花了好長一段時間，才找出可以做為燈泡裡的燈絲材料。

之後，每當有人問他是否曾感到灰心或覺得浪費時間，愛迪生總是回答不會，他在每一次失敗的嘗試中學到重要的東西：還有材料是他沒試過的。

這道理簡單明白，而且容易運用，尤其適合用在我們對世間使命的追求與對愛的尋覓。最重要的是想像「需要」的意願，在尚未找到歸屬與摯愛之前，知道自己終將成功的信心同樣不可或缺。當然還要不斷嘗試，擁有持之以恆的動力。

然而，愛迪生的故事裡最具啟發性的部分，也許是他從來不把徒勞的嘗試視為任何形式的失敗，而將它們看作發明過程中的必經路程。

於是，科學家與戀人們都受到相同的挑戰：善用自己找到的，並藉此活在光裡。

· 集中心神。隨著呼吸，想像一下如果要活得更加完滿，你需要什麼。
· 隨著吸氣，努力嘗試在今天找到這些東西，但不要對結果做出批判。
· 隨著吐氣，不管你找到什麼，都去善用它。

四月二十八日

吳鳳

只去思考我們所知道的並不夠。我們一定要把它們活出來。

我們擁有將所知化為具體的能力，以生活引領出內在，好比溫熱溶解寒冰而灌溉土壤。如此正直完整的古老行為，使愛得以成為最深刻的重力。

有一位安靜的男人以這種勇氣改變了生命。他叫吳鳳，是位被派駐於台灣的清廷官員。他為了管理原住民部族，與該部族的長老結為好友，而這個原住民部族遵循砍下人頭作為獻祭的古老風俗。

每一年，吳鳳秉持對生命的悲憫與崇敬，懇求長老停止這項習俗。長老總是恭敬傾聽吳鳳的話語，聽完，鞠個躬，傳喚被選中的祭品，毫不遲疑地將那人的頭顱斬去。

二十五年後，與此部落共同生活的吳鳳再一次向長老提出懇求，只是這一次，當被選中的祭品來到長老跟前，吳鳳頂替那人的位置，說：「如果你還是堅持要砍頭獻祭，請砍去我的頭吧。」

這些年來已與吳鳳培養出感情的長老，盯著老友的雙眼許久，無法動手。從那天起，此部族再無砍頭獻祭之俗。

吳鳳大有可能當場受戮，但他的勇氣讓我們看見，在某些時候，內在生命會站出來優先於一切。在某些時候，言談揮發蒸散，話語不足以讓愛在眾人眼前現形，唯有以自己的靈魂挺身而出，方能感召他人的靈魂。

· 隨著呼吸，對自己誠實。也就是說，在你的生命中，見山是山，見水是水。
· 在某些處境下，你的某些部分是否就像原住民部族用來犧牲的祭品？
· 在一段關係中，你是否一再被要求否定自己的真實面？
· 如果是這樣，你心中的吳鳳能否停止以言談說服，改以靈魂挺身而出？
· 如果可以，你就知道自己也擁有如此將靈魂具體化的能力。
· 今天問這問題就夠了。相信自己的靈魂之力會知道該在何時何地出手。

在嫩葉裡

裹在嫩葉裡的，是流水的聲音。

——夏目漱石

這位日本詩人的精妙觀察，滿溢著我們天性裡的靜默希望。從最開始，那本是已拆封的禮贈，種子裡鑲嵌著盛開的花蕊；子宮裡鑲嵌著長成的嬰孩；在關懷的衝動之中鑲嵌著實現愛所帶來的平和；在風險與恐懼的邊緣，鑲嵌著值得此生一活的真實。

在嫩葉裡，鑲嵌著不久之後即將滋養它們的流水之聲。這聲音早已存於其中，激勵它們開枝散葉。若要相信這種可能性，先要對於超出任何想像的洪流存有信心。然而這不如想像中那麼難以接受。身為人類的我們應該承認，激勵我們延展生命的是某種環繞周身的、遠大於我們的存在，就像塵埃的流轉端賴風的吹動。

有一種精神的重力總能將本質拉入存在之中。我們的任務無異於其他生物同胞，那便是尋覓充足的陽光、空氣和水，然後，讓早已鑲嵌在我們體內的得以開枝散葉。

- 靜靜坐著，想像自己是一片嫩葉，翠綠柔軟，把自己包裹起來。
- 隨著呼吸，感受早已流動於血管中的生命之水。
- 現在，一邊呼吸一邊站起，伸展你的雙臂，感覺自己正開枝散葉。

不斷的抵達

乘一葉輕舟漂蕩，牽一匹馬步向遠古，每天都是一趟旅程，旅程本身就是家鄉。

——芭蕉

十二年前，我還不知道自己已罹患癌症，但我相信當時我祖母已經自知離大去之期不遠。我去醫療中心探望她時，祖母總是坐在床沿，望著遠方那只有她看得見的東西。她九十四歲了，我能感覺她是在想像彼岸，一如她十歲那年在擁擠的輪船上跨越大西洋的浪。

對她而言，生命是不歇的遷徙，不斷抵達新的土地。也許這就是我成為詩人的原因，遷徙深植於我的血液裡。也許正因為如此，我總把經驗世界理解為一片汪洋，我們在洋上不斷跨越，至死方休。

把你在世間生命想像成無盡的遷徙，一次又一次抵達新的土地。帶著這個想法，我們就能接受，無論前方的海岸是什麼，波濤的翻騰將永不止息。當我們踏上一陣浪頭眺望，遂能看見永恆，靈魂也擁有遼闊視野。但當我們深陷浪底，每一個人都暫時迷失方向。人生在世，便是乘著肉身的竹筏，浮沉於洶湧莫測的汪洋，永恆也因此在我們的眼前忽現忽滅。所以，每當我們落入生活的漩渦，內在的朝聖者務必以心靈的視野，繼續持守永恆的影像。

- 靜靜坐著，想像自己在我們從未停止跨越的經驗之海，安全地載浮載沉。
- 深呼吸，把每一個日子想像成一陣波浪。
- 以自己的節拍去感受今日的波浪。
- 如果今天你踏上浪頭，環顧四周，盡可能吸收你在生命中所能看到的一切。
- 如果今天你跌入波底，承認並接受你所面臨的困境。

·緩慢呼吸，提醒自己下一陣波浪就要打過來。想起上一次站在波峰的感覺，還有那些你看見的東西。

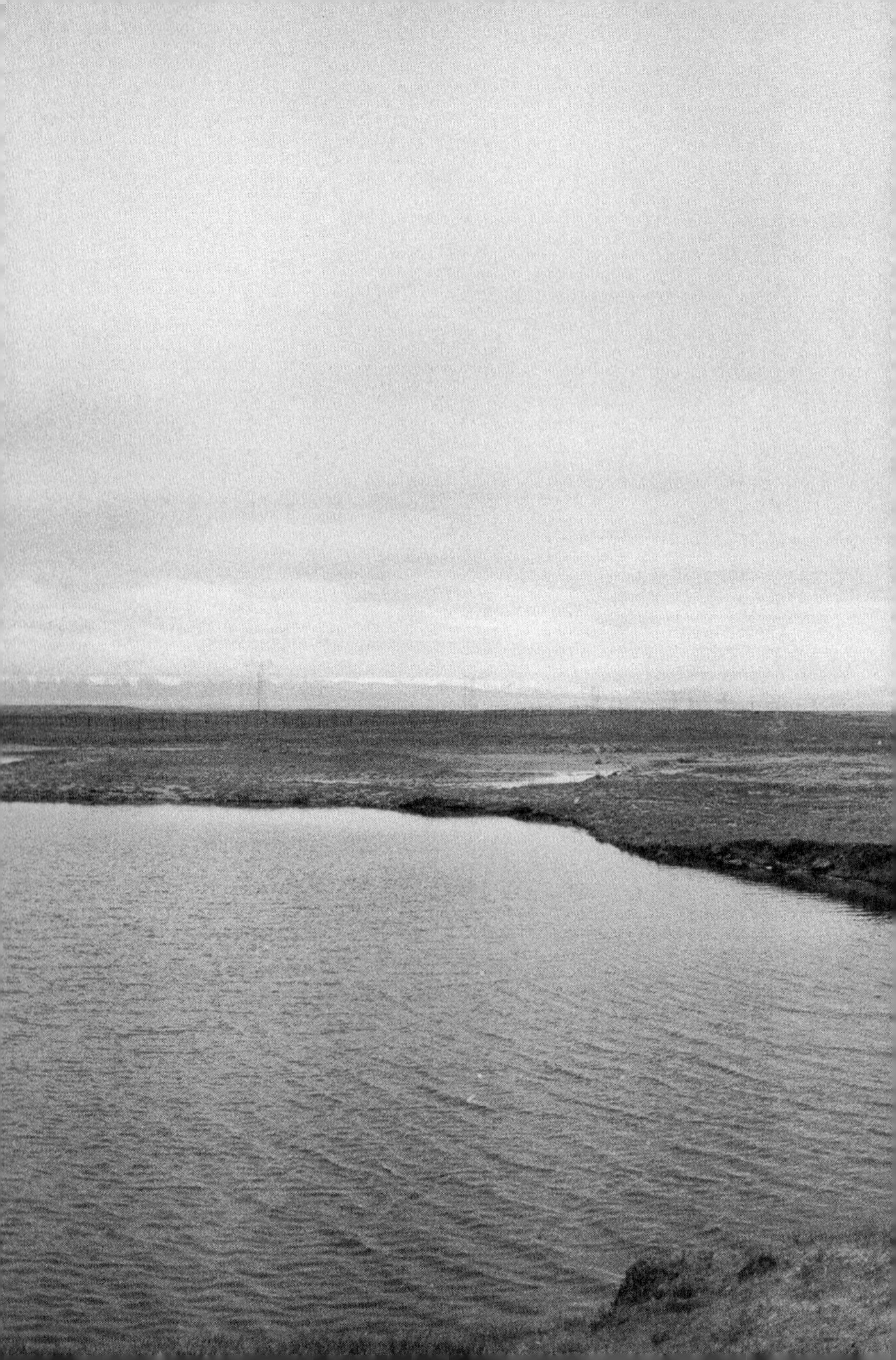

May

掩埋與植栽

一段愛情、一個夢、一個自我的巔峰，都是下一個匿名的種子。

掩埋和栽種之間只有細微的差別。我們安葬已死去的事物，讓新生命成長。被掩埋的無論是一個愛人、一個夢想或是一個錯誤的觀點，都將成為肥料滋養即將成形的生命。隨著老舊事物化為沃壤，逝去的愛情栽培了日後的愛，破碎的夢想灌溉著新的夢，而那些禁錮我們於世上苦痛的生存方式，開展出更為自由的心。

這個道理無比受用，畢竟一生當中我們棲息於眾多的模樣，某個樣子承載著我們直到極限，然後死去。我們必得安葬這身曾經被愛的皮膚，讓它歸於塵、化作土，如此一來，它才能滋養即將承載我們到達明日的嶄新自己。

逝去的永遠帶來惋惜，出生的永遠帶來驚喜。但生命中許多苦痛來自於穿著老死而無用的皮膚，拒絕安葬它或者掩埋的時候故意隱瞞，都不是心甘情願放手。

每個初現的新生命，舌下都含有上次的失敗。每一株破土的嫩苗，地底都隱藏搏動的老枝。一個喜樂的瞬間即將抽芽，就有一個掙扎的時刻正在紮根。

我們活出珍愛之物，擁抱它們，然後將之掩埋，看待自己亦復如此。唯有這般，我們的生命才能以全新的姿態復活。

- 找出你生活中某個已經舊了的模樣，諸如思考、感覺、言談或是與人連結的方式。
- 試圖了解自己為何仍舊穿著這層皮膚。
- 找張紙，記下這舊了的模樣，以及自己不願放手的原因。
- 把這張紙埋在某個特別的地方，感謝舊的模樣如何幫助著你走到今天。

・溫柔對待這次安葬後你心中空出來的位置。
・定期在此處澆水，並讓它一直受到陽光照耀。

五月二日

活在雙手中

活在你的雙手中，然後你的心靈，將學會低垂如根。

幾年前，我在紐約市進行一場讀詩活動時，遇見一位憤怒的年輕人。他剛剛目擊一位女士遭到搶劫，憤怒讓他當下為此寫了一首詩。然後，房間的另一頭傳來一個沉靜的聲音：「很棒啊，寫詩比實際去阻止搶劫有用多了。」我無言以對。這個故事令人沉痛。活在思想裡頭往往讓我們遠離真正的生活體驗。永遠站在旁邊分析、思考、觀察、批判，這種習性將我們的腦袋磨出老繭。過度訓練有素的理智不但不能讓人敞開自己，只在面對生命的奧秘時，成為真實經驗的緩衝。

我有一個朋友讀遍關於心靈、意志及相關心理學的理論，並因為這些研究而遇上一位年長智者，這位哲人給她的指導只是簡單一句：「活在你的雙手中。」我這位學者朋友瞭然之後，去一座山丘旁開始搭建石造教堂。她對砌石工程一無所知，但她終於奉獻出那座在心中等候許久的教堂。

另一個朋友，每一次見到花一定要俯身觸摸。無數次，我看著她用手指輕觸鮮黃的花瓣，非要親手觸碰那份美不可。當她這麼做，我感覺到那份美也同時觸碰她，然後她內在某個部分也隨之更加盛開。

雙手之中的生活。讓思想謙卑，接受自身以外的事物。這就是我們療癒自己與別人的方式：透過觸摸心頭的點字，我們才能得到生命。

- 選取某個吸引你的小巧物品，在冥想之中，把它擺放在面前。
- 一段時間後，慢慢把它拿到手裡，用手指仔細檢查，感覺它表面的每一處。
- 穩定呼吸，透過你的雙手，把這個小巧物品的本質放入心中。

五月三日

剛與柔

如果我們不能食用，收割就沒有意義。如果我們不能感受，行動就沒有意義。

很多人在討論「陽性能量」與「陰性能量」，討論著我們為什麼常常過於偏向某一邊。我相信這些理論大多為真。當我們被陽剛面支配，過度理性、堅忍、毫不表露感覺，那麼陰柔面的特質諸如深層創意、善於接納的能量等等便被壓抑扼殺，在一旦有機會浮現的時候往往呈現失控狀態。

可想而知，無論男女，那些習於克制的人會被那些順從直覺、敢於表達的人所驚嚇。反之，那些容易受感覺影響的人也會覺得，喜怒不形於色的人非常沉悶。兩種不同的人一定會遇上；當熱情的人熱過了頭，那些慣於壓抑的人總會坐立難安。這是生命。我們撞上彼此，然後相互扯拉。旋轉的想要讓靜止的動起來，安靜的想要讓鼓聲噤默，狂亂奔放的想邀雕像共舞。

除了人與人之間的衝撞，這兩股力量也在我們的體內拉扯。我個人的例子就夠明顯了，平時的我積極進取，決絕果斷；然而作為詩人的我，卻受陰柔之力的引導，往內尋求直觀的生命感覺。一旦面對外在的世界，我長久以來被訓練得實事求是，不能在一種感覺上停留太久。

熬過了癌症和以前過度追求成就的生活方式十年之後，我逐漸將自我整合，以不同的方式運用陽性力量，而它與陰性力量更加和諧。

以前常被教導「要理解並描述」，現在我選擇「去體驗並感受」。以前被教導「在一段距離之外架構分析」，現在我選擇「擁抱並吸收眼前的一切」。我這種站在遠處架構並定義世界的態度，早在童年就以一種陽性的觀點植於我心，然而，這種失衡的作法毫無生命的深情。

描繪一隻飛鳥是一回事，描繪真正展翅飛翔是另外一回事。理解情感在腦中作用的位置與真正感受狂亂的心跳，這兩者有極大差異。太多時候，我們由於種種虛幻的外在而必須準備周全並且成熟穩重，竟然把旁觀看得比生活重要、將描述看得比感覺重要、將理解看得比經驗重要。但是，好比雙掌合併方能掬水解渴，我們需要陰陽調和、剛柔並濟，才得以在生命中淋漓暢飲。

- 集中心神。緩慢呼吸。
- 把一隻手舉在眼前，掌心朝上，冥思這一隻手所擁有的，諸如神經、血液、記憶，以及舉起與碰觸東西的能力。想一想這隻手的單獨存在有多完整。
- 把另一隻手舉到眼前，掌心朝上，冥思這隻手所擁有的一切和它的完整性。
- 深呼吸，把兩隻手合在一起。冥思兩者的完整性相加可以造就多少。

五月四日

把日子填滿

我要遲到了！我要遲到了！快趕不上一個重要約會了！沒時間說「嗨」！沒時間說「再見」！我要遲到了！我要遲到了！我要遲到了！

——瘋帽客《愛麗絲夢遊仙境》

一早起床，神清氣爽，晨光灑進房間，這一天漫長而自由。但是泡咖啡的時候，我發現三張未繳的帳單。淋浴之後，我想起自己該剪頭髮；反正都要出門了，不如順道去洗衣店拿襯衫。可是我又非常想曬太陽。所以我想，這些事情辦妥後，就找個公園待著。開始思考去哪個公園最適合。我決定去某個四十分鐘路程之外的公園。而且我為了要更有趣一些，就打了電話給朋友，約好看六點鐘的電影。

現在，我得趕場才能準時抵達各站。幸好，踩下油門的剎那，我聽見小鳥鳴叫。我一抬頭張望，瞬間雲開日現，陽光灑進我心田。就在地面染了金黃陽光的同時，我決定取消這一天的所有行程。

我不禁嘲笑自己，竟然輕易就成了行程的奴隸，但根本沒有哪一件事情非得在今天完成不可。於是我拋下一切，隨那隻鳥兒去了。

・想著你今天必須做的所有事情，感覺它們對你產生的擠壓。
・集中心神。在吸氣時緩緩吸入每一個任務，在吐氣時吐出它們的急迫性。
・站起來，走進今日，彷彿這是你的第一天，也是你的最後一天。
・現在，拋下一切不必要的。

本質清淨

困境與問題如浮動於水面的雲，常讓我忘記我本是清澈的。

水，反射它遇到的一切。這現象太過平凡，以至於我們始終以為水是藍的，但其實它沒有顏色。柔軟流動的水，無論是江河、海洋或雨後水窪，承載了整個世界的影像，卻不失卻本身的清澈。

這對我們來說並不容易。作為情緒的生物，我們每每在經歷的種種影像中失去自我。而水的本質有助於我們參透人性的掙扎與拉扯。

我跟很多人一樣，從小承擔家人的壓力與情緒，漸漸學會當一個解決問題的人，一個救難者、看護工。我在兩段婚姻與無數友情中，正是因為能承載他人陰暗情緒而被人所喜愛。

他人情緒所堆積的壓力令我看不見自己的幽深與澄澈，我的生命遂陷入亂流，時時掙扎著想把頭探出雲影之上。

但是水，那遍及各處的神聖的水，教會了我一件事：我們並不只是自己所反射的或者所愛的那些。澄澈地擁抱一切，不強加自我於他人，也不因他人失卻自我。這才是真正的慈悲。

這是永無止盡的挑戰任務。縱然我們永遠不可能清澈如水，但還是要記得，雖然我們面對的是非處理不可的困境難題，但它們絕不代表我們本質的生命之流。在層層浮雲底下，水只渴望自在奔流，而在我們的諸多壓力與困頓底下，人類的精神只渴望真誠的擁抱。

- 下次當所愛之人說出他們的挫折、失望或苦痛，注意你自己的反應。
- 你試圖解決問題，還是接受他們說的話？
- 你試圖鼓舞他們，還是見證他們的經驗？

· 你離開的時候仍然抱著他們的苦痛，還是透過分享的過程深化自己？

· 如果可以的話，將這份痛當成一顆小石子，落入你深邃且流動的自我當中。

五月六日

樹枝與鳥巢

我想我可以轉身去和動物居住，牠們從不因為自己的狀況抱怨，任誰都沒有心懷不滿。

——華特・惠特曼（Walt Whitman）

分享一件小事：我瞧見一隻知更鳥，叼住一根對牠的鳥巢來說太大的樹枝。牠嘗試使用這根樹枝，一次、兩次。然後，依靠那顆小小的腦袋，牠了解到多試無益，於是就飛走，去尋覓別的樹枝。

我走過去拾起那根沒有任何痕跡的樹枝，把它放在手上滾動，想著自己為什麼每每要拼命去運用其實太大的東西。很多時候，我們想要的，就像這根樹枝一樣，太大了而不適合，為了緊握某個建築巢穴的東西，我們困在自作自受的不快樂之中。

觀看一隻小鳥總能讓我感到謙卑。牠一邊歌唱一邊工作，遇到不合用的就讓它以原貌留在原地。但願我們也能以如此的善良對待彼此。

· 把自己的生命想像為一個正待被構築的巢。

‧想想自己恰似一隻頑固的小鳥，正追尋或攜帶什麼大而無用的東西。
‧如果叼起東西的較小版本，或是比較適用的其他東西，你能不能更完整地蓋好你的巢？

五月七日

日常技術

在修復你所看見的之前，先檢查你是透過什麼在觀看。

那是美好而陽光普照的一天。我開了四百五十公里的車去探望九十四歲的祖母。我是她的長孫。她在這個房間裡待了將近八個月。她見到我很高興，但是噓寒問暖過後，她抱怨：「日子都是灰的。」

我注意到房間裡僅有的一扇窗戶已經快一年沒擦拭了。當我告訴她這件事，她笑了起來，一種九十多歲老太太獨有的笑聲。然後她帶著熟悉的俄國腔說：「眼睛髒了，看什麼都是髒的。」

套用於我們的意志與心靈，這份道理仍舊不變。因為，自我就是我們面對世界的唯一窗戶。太多時候，我們因為髒汙的窗戶而心情頹靡，誤以為多彩斑斕的世界全是灰的。

也許真實關係中的最終目的，就是要幫助彼此保持一塵不染的意志與心靈。也許最重要的內在課題，就只是擦窗戶的日常技術。這樣的技術，足以讓那一天成為更完滿的一天。

‧靜靜坐著，直到你感到自己集中心神。

・現在，用你的呼吸，洗去意志上的諸多想法。
・和緩呼吸，洗去心上那層遮掩。
・深呼吸，洗去眼上覆蓋的諸多結論。

五月八日

公不公平

只要把發生的事情看作不公平，我們馬上成了「本來可以如何」的囚犯。

這恐怕是個難以探討的痛苦議題。我們看待世界的方式繫乎我們的公平觀和正義感，這高貴的人性掌管了我們如何對待彼此。

但自然世界中的經驗法則卻不依此運行。置身更大的宇宙裡，人類渺若微塵，各種生命形態來來去去，經過無數次的爆炸重組，這個世界是無限可能、無盡循環。

印度教供奉一位名叫毗濕奴的神祇，祂同時為世上帶來毀壞卻又給予生命。在人與人的交往關係中，雖說公平與正義是美好的重力，但暴風雨、病菌、吃垮房屋地基的白蟻、砸破擋風玻璃的石子，以及讓小船傾覆的海浪等等這些組成經驗世界的分子，並不明白什麼叫公平與不公平。它們只是在宇宙無盡的生命之舞中持續發生，持續轟炸我們。

我跟癌症奮戰之時，不斷被迫釋放我對於自己罹癌的不公平感與憤怒。老實說當時我的確有很多感受，恐懼、痛苦、焦慮、沮喪、不確定、筋疲力竭，但是我並不視它為不公平。我，乃至其他任何人，何時被允諾能擁有完全不生病的健康？一隻螞蟻啣著食物好不容易移動了幾尺，卻可能被某根無法繼續懸掛的枯枝壓扁。人類憑什麼認定自己有權豁免於這樣的事？

現在我明白，多年來我唯一吶喊的不公平，就是無人逃脫得了這樣活著的苦痛。這聲吶喊雖然很有道理，卻讓我分心，無法好好感受為了生命為了重組而突破的苦楚。吶喊著「不公平」，只會讓我更陷在痛裡面難以自拔。

我把從苦痛中得到的驚奇跟大家分享：生命並非不公平，它可以有無數種方式改變我們。慈悲是公平而且正義的，我們不必對於降臨自己身上的事負責，我們應該負責的是如何領受它們、並在領受的路上相互扶持。

- 坐在戶外，觀看乘風而行的花粉。想著它們之中有一些會長成花朵，這些花朵會凋謝，釋出未來花朵的種子。
- 冥思人生這齣戲，它帶著許多未知的轉折，也以未知的方式開展。
- 深呼吸，把你生命中的夢想、錯誤、喜樂與苦痛看作花粉，有一些會在更巨大的風中繼續生長，有一些不會。
- 不要否認你所感受到的苦，但也不要將它們標誌為悲劇或是不公平以增強那份疼痛。
- 試著透過慈悲而非正義，來持守你那份轉變之痛。

五月九日

害怕不同

把心靈導向萬物根本的一致，讓它免於遭受「不同」的掌握，祝福就存在其中。

——特茹賓度《奧義書》(Tejo-Bindu Upanishad)

眼睛可以看見共同擁有的，也可以只注視差異。心靈可以感受萬物的連結，也可以一再重播自身的傷痕。口舌可以讚美微風，也可以警告暴風，可以讚美海洋，也可以恫嚇洪水。

不是說世上沒有不同，世界本由多樣性組成，只是，「不同」對我們造成的控制以及我們對「不同」抱持的恐懼，使我們無法真正感受恩典。

矛盾的是，萬物都透過自身的獨特性觸碰同一個中心，就好比沒有兩個人是一模一樣的，但人人都呼吸著相同的空氣。

當我們被幻象所欺，誤認為某個造物更優於他者，就等於在生命的奇蹟裡移除了自己，落入公元六世紀的智者僧璨所言的心靈惡疾：徘徊在「想要」與「不想要」的抉擇，掙扎於支持與反對的戰爭。

- 點一根蠟燭，靜靜坐在一扇窗前。
- 放鬆心靈，深呼吸。
- 覺察映入眼簾的諸多不同事物：樹、風、雲、震動的窗、走過的人。
- 注意那支蠟燭，以及從中生出的靜默火焰。
- 沉靜呼吸，想像同樣的靜默火焰在你所看到的事物內裡升起。

中心的邊緣

所有的暴風都形同一顆肚臍，肚臍中間有個洞，在裡面海鷗靜靜穿梭。

——佚名，十四世紀日本

幾百年來，這個無名的聲音在告訴我們，只要能夠抵達掙扎的中心，那裡有一個永恆的平靜空洞。所有的智慧教派都肯定這個事實。

然而此間仍藏著一個生命的奧秘。海鷗雖然能靜靜飛過那個中心，但並不棲居在裡面。我們的課題似乎是從那個永恆的中心汲取支撐的力量，但並不否認暴風雨。

一次又一次，我們被扔進暴風，也被扔進那個中心。在暴風之中，我們的苦由於身為人類的事實而更苦；在中心裡頭，我們的痛，由於靈魂在萬物一體中的位置而稍減其痛。所以，張開殘破不堪的翅膀找到那個中心，就是去感受我們內在的上帝。

我們無止盡的掙扎，是因為活在這矛盾的兩端。抵達那個中心之前，我們不能不經過環繞其外的暴風，而要承受暴風之時，我們必須知道海鷗所知道的：「暴風的唯一活路就在它的中心。」學會如何經過彼此，穿越外圍的暴風、進入中心，然後再回到暴風之中——我們就能覓得愛的試煉與禮贈。

- 閉上眼睛，透過吸氣，把靈魂的海鷗引領至你的中心。
- 深深吸氣，引領那海鷗，從你的中心前往一切的中心。
- 深深吐氣，感受暴風的邊緣以及中心的邊緣。
- 明白你的呼吸就是邊緣。

告白與擁抱

想著我愛你，夢就醒了。說出我愛你，生命就開始了。用愛去擁抱，喜樂如血液流動。

生命有時始於腦袋，然而那裡無法體驗到完全的喜樂。人人都感受過其中的差異。回想年少時，第一次被觸動心弦，某個人的存在讓你不再是宇宙的中心。回想那莫名卻動人的感覺在腦中迴盪，而你無法清除心版上他或她的面容。回想那真實又令人混亂的生活，彷彿得到氧氣的火焰在一句話語中開始燎原。

夢想的方式、愛自己的方式和信仰上帝的方式都是這般，如果只任憑想法在腦海中漂流，那缺氧的火焰永遠無法將我們點燃。我花了一輩子才明白這個道理。愛在我們體內無人聽見的地方發出樂音，一如音樂的火花喚醒作曲者的靈魂。我們必須歷經掙扎才能讓愛發聲，就像作曲家總得與旋律和文字掙扎一番才創出樂章。最後我們才能夠在樂譜前高舉雙手，彷彿頁面點燃的火焰。

在這個對心靈如此嚴格的世界，告白與擁抱是多麼困難的挑戰。倘若沒有辦法透氣，麻煩只會加劇。在活著的每一刻，想法與述說、述說與擁抱之間那原本幽微的縫隙會驟然變得像不可跨越的峽谷。這就是為何幾百年來人們樂於傳誦愛神邱比特的神話故事。那撲舞的悸動終究會刺穿我們思考的限制，促使我們開口表白，張臂擁抱。

那把愛神之弓就在每個人體內，那羽箭雖伴隨疼痛，但以射穿思慮的盔甲令人心神震顫。對，沒錯。我承認：自己曾想出很棒的想法，也唱過動聽的歌，但這些都只是為了被深深擁抱而努力彩排。

・握著一顆石頭冥想，邀請一切大於你的存在前來。

- 緩慢呼吸，讓這樣的存在形塑你的思想。
- 深呼吸，讓這樣的存在被裹於你顫動的喉頭。
- 用一個字眼，命名這份存在。大聲把它說出口。
- 在那瞬間練習將它具體化，藉由你感受手中的石頭的內在宇宙，讓思考、發聲與觸摸全部同時進行。

坦率

頭髮底下，每個人都是禿的。

——蘇珊．麥漢瑞（Susan Mchenry）

我們浪累了太多精力隱藏自己真實的樣子，每個故作姿態底下都涵藏被愛的渴望；每個義憤填膺底下都有期待被撫癒的傷口；每個傷心欲絕底下都是害怕時間不夠的恐懼。當我們遲疑而不敢坦率，就為自己罩上了保護膜，無法直接感覺這個世界。寂寞正是來自這層薄膜，倘若長久無法放下寂寞，終將滅絕一切喜樂的機緣。

這就好像戴著手套摸東西，是我們自己忘記戴上手套，卻還抱怨怎麼一切摸起來是假假的。因此，每日挑戰不再是穿戴整齊出去面對世界，而是在面對世界之前先脫下那雙手套，這樣，門把摸起來就會是冷的、車把手摸起來是濕的，而吻別之時才會感覺到那人的雙唇，柔軟且獨一無二。

・隨著呼吸吐納，讓每一口氣幫你的存在脫去一件東西：態度、心情、往事。
・隨著呼吸，感受你衣服底下的肌膚。
・隨著呼吸，感受你肌膚底下的存在。

五月十三日

徹底的感覺

最底層，從來都只有一種情緒。

以前我常常苦於反抗悲傷或逃脫焦慮，最後我終究明白了，一旦憂鬱與不安在心上，要逼自己另外去感覺別種情緒，這只是一種否認。心念如同一條長長的吉他絃，既經撥動，無論力道多麼輕微，也只能靜待它的聲音放盡。

我們都曾經喜極而泣或者淚中含笑，經歷過粉碎沉寂的憤恨，冷漠到了極限終究崩潰，顯露出潛藏的恐懼。萬千種花朵都來自同樣的土壤，而情緒的花園帶著它細緻的形狀與色澤，都來自同樣的心靈土壤。

難以接受的事實是，最底層只有本源，那被所有感覺認定為「家」的唯一情緒。儘管我們都追求快樂而非悲傷、想要平靜而非焦躁，希望變得明白而非困惑、善體人意而非忿忿難平；儘管我們總是雕琢我們的反應，從一種情緒逃到另一種，對某些感覺心存恐懼，但我們唯有徹底體驗每一種情緒，我們在那活生生的痛感之中降落於生命最底層，也唯有到達這裡，心靈才得治癒。

然而我們很難去親近名為悲傷的不速之客，或者放任焦慮的顫抖大加肆虐。對我而言，我抗拒不舒服的感覺，是因為我害怕：如果臣服於這些悲傷、焦慮、困頓或苦楚，我將會溺斃。害怕這些情緒會佔據我的生命。我更害怕，除了這些悲傷、焦慮、困頓或苦楚，我將一無所有。

可是我一次又一次領略到，只要感覺足夠深入，便會看見一切感覺的共有源頭。在那個源頭，沒有任何單一感覺可以長存。因此，通過感覺而非繞過感覺，我們將遇上那無以名狀的情緒之源，讓它治癒任何情緒所帶來的痛。

・緩慢呼吸，知道你在這個自己的空間裡安全無虞。
・感覺自在之後，去感受你帶在身上的某份悲傷或焦慮。在這份感覺過去之前，試著與之共處。注意這份悲傷或是焦慮的逐漸減輕。這就是平靜的開端。

五月十四日

蹺蹺板

最強的防衛就是做自己。

我們經常陷入與他人敵對的狀態，確實在某些情況下難免會起衝突，諸如只有一個停車位、只剩下一個麵包、只有一個工作職缺。

但大部分的時候，若從內裡觀看，凡事都足夠分配。敵對與衝突比較像是一場蹺蹺板遊戲，為了讓自己高高在上，或是為了讓自己感覺是高高在上的，我們總是要讓對方下降。

這只會讓我們偏離應行之道，耗盡所有的能量於根本不重要的競爭上。事實上，無論這世界的資源如何重新分配，我們都不會真正感受到自我價值。對於逆境或誤解的唯一應對方式就只是更完整地做自己、更樂於分享自己。否則，我們將終其一生忙於反應與反擊，無法真正活著。

看看花草樹木，它們從不壓迫彼此。縱使在擁擠的地方也只是盡情展現自己往四面八方生長，迎向陽光。

- 靜靜坐著，冥思一個與你立場敵對的人。
- 和緩呼吸，感受那股逼著你去破壞那個人和那個立場的力量。
- 現在，緩慢呼吸，找尋你心中的一條絲線。就是這條絲線，讓你覺得自己的立場與對方的立場有所關連。
- 用你最深的呼吸，斬斷那條絲線。

五月十五

開花的風險

這一天到來，緊縮在花苞裡的風險，大過於開花的風險。

——艾納伊斯．寧 (Anais Nin)

當那一刻驟然來臨，抵抗自己內在的洶湧遠遠比縱身跳進未知還要更加劇烈與痛苦，我們將一再遇見這個轉捩點，且無人指引跳躍的最佳時機。只有內在的神能喚醒這份必須，令我們勇於走入生命。

我們頑固地緊抓熟悉的事物，卻只為自己帶來滯礙。花店老闆將不開花的玫瑰喚作「子彈」，將之丟棄，因為它們緊緊封閉，永遠無法釋放自己的芳香。

肉身裡的靈魂也能夠重複緊閉與綻放。然而靈魂如果過度蜷縮，也終究會習慣閉合的狀態。幸好人心與玫瑰花不同，人心在閉鎖多年後，只需要一口出自真實的氣息便能盛開。

這總是讓我感到驚奇而謙卑。開花的風險起初看來如此艱難，但當我們跨過苦痛的門檻，開花就又變得理所當然，如此自在。

我在康復的過程中結交了一位好友。每次有人問他為何戒酒，他總回答：「喝酒的痛苦已經超過不喝的痛苦了。」大家都能說出類似的話。只要不開花與不去愛的痛苦超過了開花與去愛的恐懼，我們就能在一瞬之間綻放。

- 試著想一想，在世上「做自己」最可怕的地方是什麼。
- 冥想你內在的上帝，讓恐懼化開，使之舒展。
- 就算只是一瞬間也好，讓你的心在最安全的地方坦裸。記住這種感覺。
- 不要跟任何人說，在你的生活默默回想這種開展的感覺：在書桌前、在公車上、在超市排隊的行列裡。
- 有別人在的時候，就算只有一瞬，在安全情況下坦裸你的心。記住這種感覺。
- 當你覺察自己對於事物的觀感正要閉合，請重複這項冥想練習。

不需要被批准

我們有上千種方式，跪下來親吻土地。

——魯米（Rumi）

一位年輕友人形容他為女兒唸故事的時間是「一段不需要別人確認的時間」，這裡面有很深的智慧。它的意義是，我們都需要反覆降落於生命的本源，以足夠的明亮繼續前進。我們接觸本源的方式可能透過聽音樂、冥想、繪畫、愛人、唸故事給孩子聽或給我們自己聽。當意念閉上如疲倦的雙眼闔起、當心靈乾渴如雙唇張開找水，我們便遇上這份生命的共同本源。在那裡，沒有什麼需要被肯定或接納，無需克服任何否定或批評。我們唯一需要的確認，唯獨體會和感覺本身。

重生的瞬間恰恰在我們忘卻自己的時刻開始。彷彿戴著眼罩的馬匹因恐懼而顫抖，一路嗅聞，直到找到可以飲用的深池。那一刻，我們得到了救贖。

事實上，我們每天都飲用這份偉大的矛盾，縱使世上所有人與你共享活著的當下，但無人經歷過此時此刻更像你的「你」。只有你知道以「你這個人」活著是什麼感覺。有些事不需要任何批准，諸如活著、繼續生活，諸如用自己獨一無二的手掌撫觸地面並感受那份喜樂。

- 走到一顆樹下，集中心神。之後，往上看。
- 隨著呼吸，感受從土地上升的穩固能量灑向每一片葉子。
- 樹木的生長不需要任何人的許可，不需要任何的掌聲鼓勵。
- 觸碰那棵樹，隨著自己的緩慢呼吸，向那棵樹學習。

追蝴蝶

放手，才開始。

六歲時某日，我追著一隻蝴蝶跑了大半片水塘的距離，然後用握成杯狀的小手捕住牠。我擁有那個美麗的小東西卻無法看，如果要看就必須把手打開。我把手繼續握成杯狀，鼻子癢腿癢了都不去抓。但那羽翼在黑暗中撲擊我的掌心，終於我放開了手，目送那繽紛的顏色翩然飛起。

晚餐的時候，這個故事似乎太微不足道了，而晚餐後又有書要讀、有作業要寫、有模型玩具車等著組裝，還有爭執與憤怒，我忘了那隻蝴蝶。四十年之後這份回憶才甦醒，恰似朝聖者手裡早已握有天啟，卻直到此刻才有足夠的智慧去相信。追蝴蝶似乎隱喻著某種生活態度：害怕失去，害怕被冷落，我們追尋並且緊握，然後在緊握中迷失。

身陷病痛時是憂懼或者抱有信心，是驚恐還是相信上帝的存在，其分野便是如此。我躺在醫院病床上，試圖抓住一切脈動，將它們放進心裡，用握成杯狀的雙手守住，把頭埋進去。我的確捕住了美麗的東西，把它們困在我體內就像那隻蝴蝶拍動翅膀。如果我繼續把那美好和那生命力握在我的胸口、臉龐及手心裡，我便無法看見它。想要看見它，就得放它走。

我就像小時候那樣把手拱起握住它，直到它的搏動使得我鬆手，然後瑰麗的生命翩然飛起。我才恍然，原來自己一直緊握著不放的是上帝的存在，它一旦被困住，就成了痛楚、憂懼與驚恐。

四十年了我才學到這極端重要的課題：內在搏動的深層事物，總因為我們的固執緊握而變得幽暗無光，只有在放手的剎那，它才能翩然飛揚。

· 靜靜坐著，冥想某一份在你體內搏動的痛或恐懼。
· 在胸中，把手握成杯狀，包住心靈。
· 感受那份痛或恐懼在胸中如蝴蝶般撲打翅膀，像是等著被釋放的美麗小動物。
· 隨著呼吸，打開雙手，將之釋放。
· 讓它從你的體內飛向空中。
· 注意不再被緊握的它，現在給你什麼感覺。

五月十八日

友情

除了友情，人世間再無任何事物能讓我們如此熱切地凝視上帝。
——西蒙娜．薇依 (Simone Weil)

我何其有幸，在此生擁有幾個深交的好友。當生命荒蕪成沙漠，他們化為救命的綠洲。當生命在烈火中焚燒，他們是沁涼的流水。當處於病痛，當我起身便會出血，其中一位朋友以毛巾幫我擦拭額頭，另一位立於門口鞠躬，告訴我：「我會變出你需要的東西。」

而其他朋友保住了我的自由，當我出發尋求真理，領我回來的是他們對我的思念與惦記。我曾在高處吹著孤寂的風睡去，等待上帝的隻字片語。儘管沒有人可以幫你過你的人生，然而，在絕頂的巔峰獨自引吭高歌，和置身於承載你的人群中呢喃低語，這兩者稍有不同。

誠實的朋友是幫助我們通往靈魂的門扉；慈愛的朋友替世界鋪上柔軟的草皮。在德文裡「友情」的字根意指「極度安全的處所」，那實在一點也沒錯。正是這份安全，讓我們對上帝敞開自己，如同西賽羅所說：「朋友就是第二個自己。」亦如聖馬汀所說：「上帝透過朋友這種存在，將愛施予我們。」

再也沒有更偉大更純粹的心意，勝過於作一個真正的朋友。

- 集中心神。對著那無以名狀的高度安全，敞開自己。
- 一段時間過後，看看你的心靈周遭，是誰在那裡。
- 溫柔呼吸，對你所擁有的真正朋友獻上感激。

五月十九日

蜜蜂自來

花朵並不夢想著蜜蜂。它盛開，然後蜜蜂自來。

生命裡有幾次我太想要被愛，所以選擇去重新想像自己、創造自己，只為了變得更值得被愛。但我一次比一次明瞭，唯有更加觀照自己的靈魂才能讓自然的愛情綻放。

猶記得初次墜入情網，我像自戀的水仙花神納西瑟斯看著倒影，迷失於透過那女子的美所反映出的一切，掩住自己的價值，拱手把掌管喜樂的權力全給了她。

這些年來若要說我學得了什麼，那就是：縱使我們與別人共同發現並且獲得喜樂，但感受喜樂的能力其實是貯存在胸口的花蜜，而我們最重要的天職就是在生命裡深入紮根，才能打開心靈，對著經歷的光芒盛開綻放；在這盛開之際我們才能吸引別人。徹底活出自己時，內在的芳香才會散逸而出，別人才會受到吸引，前來採集花蜜。然後，我們才能被朋友跟伴侶所愛。

存在的課題似乎就是要讓自己面對這樣的愛做足準備。透過關懷自我的內在成長，成為真正的自己，我們的自我實現如同鬱金香盛開的花瓣，也將吸引超越幻想的真實的愛我們的人。以這樣的方式，盛開的靈魂們繼續在宇宙相遇匯集。

所以，請拋下你對別人的想望，專心做自己。然後，十有八九，當你正要開始愛自己的時候，愛就來了。

- 指出你的一個特色使得你喜歡做自己：你的笑聲、你的笑容、你傾聽的能力，或是你靈魂的聲音。
- 下次當你展露這個優點，注意你的真實自我如何影響別人。
- 這些剎那就是愛的開端。它們尚未被定義。
- 用一點時間感謝自己的優點，感謝別人可能會給你的愛。

五月二十日

打破模式

如果我自相矛盾，那我就自相矛盾。我包含甚廣。

——華特．惠特曼（Walt Whitman）

人創造出了相互依賴的模式，但萬萬沒想到的是我們都會成長並改變，而為了保持生命的動力，就得打破原本所造的模式。

本質上來說，這是稀鬆平常的事，沒有什麼過錯，也沒有什麼好責怪。看浪潮與海岸跳著堆疊與粉碎交錯的舞步，你就能明白這種事情天天上演。

當聽到某人說：「這不像你」或者「你的個性不適合這樣」，我們就知道自己來到門檻了。轉捩點的難關在於是要選擇不再順從別人的期待，或者不再壓抑自己的本性。

我從來不擅長這樣的拉扯，但我一直努力告訴愛我的人：「我不只是我展現給你們看到的那些，我也不只是你們所願意看到的那些而已。讓我們好好在愛裡努力，認識更完整的彼此吧。」

・這是一個覺察的冥想練習。在你一天裡與人相處的過程中，注意自己是在順從別人的期待還是壓抑自己的本性。

・每一次互動之後，緩慢呼吸一到兩次，回到真實自我的完整。

五月二十一日

當被切成兩半

被切斷的蚯蚓原諒那塊犁。

——威廉・布雷克（William Blake）

蚯蚓是極少數在身體被切割之後還能成長的生物，實在不可思議。當一條蚯蚓被切成兩截，兩截各自成長，成為兩條獨立的蚯蚓。

究竟是什麼存於蚯蚓之中，讓牠們能因苦難而生長？我們又能如何將之轉移到人？其實不需要看太遠：蚯蚓緊緊貼著土地而活，事實上牠們吃土為生，並且活於腐植質的土壤之中。也許，從創傷成長的秘密就在於身心都能貼近土地生活。讓我們的心靈、意念與肚腹，全貼著比我們更厚實寬廣的東西而活。

我們被切成兩半，那是謙卑的生活態度，那是敢於冒險的勇氣，以經驗與土壤融合，治癒了我們，並且像新的一樣好。

・集中心神。帶著慈愛，冥思一個讓你感覺被切成兩半的地方。
・深深吸氣，把世界共享的空氣，帶到這個破損脆弱的地方。
・徹底吸氣，讓空氣裡的新鮮的原子，浸潤你的傷口。

五月二十二日

超越疼痛

承受對立面之間的壓力，直到知道「夠了」，才能從擺盪於兩極的緊張中解放。
——海倫・路克

有時候想起曾經傷害過我的父母，我試著拉出冬日天空一般的冷靜距離，從他們的角度看事情。然而這份同理心總會轉成一種熟悉的模式，使我失去了我曾受傷害的事實，只剩下他們的感覺。

這種掙扎很常見。我們為了同情他人而失去自己，或者是隔離他人以求保留自己。這好比一次只能轉播一個電台的收音機，明明所有的電台都正播放著，我們卻只能接收事情的單一面相。

在選邊站的拉扯之中，慈悲在更深處靜靜等候。慈悲從不要求我們拋下感覺的真實和這個世界的現實，它也從不允許我們輕視那些傷害我們的人，忽略那些傷害的嚴重性。反之，真正的慈悲是要盡力認識自己，直到可以對於別人的真實敞開，縱使那些真實（或是他們無法實現的真實）曾經帶給我們傷害。

這不代表要移除生命裡的情緒，更不是要我們一直抱著受傷害的感覺。其實慈悲是向天空敞開的山，足以承擔所有天氣。

- 靜靜坐著，想起一個與你不合的人。
- 深呼吸，讓你的立場的真實浮出來，而不只是想到你感覺的真實。
- 緩慢呼吸，讓那個人的感覺的真實浮出來，而不只是想到他立場的真實。
- 用呼吸舒緩傷害自己或是傷害他人的緊繃壓力。

醒了

存在裡總有目的，目的裡不一定有存在。

我們很容易用自己跟身邊的人的相對關係來下定義。小學四年級時某天，放學回家，我看見一個不是很欣賞的同班同學羅伊在街的對面，跟我平行走著。我原本沉醉於放學的歡喜，還沒被捲入家中的喧囂，而且又已拋開了學校的事。但看到羅伊之後，我悶著頭加快腳步想趕在他前面。他發現了，也加大了步伐。當他走在前面，我由於落後而不悅，於是把步履踩得更急。回過神來，我們倆都盡全力衝刺，想要比對方先走到前方的轉角。我覺得，如果不能比他早一步到達那個轉角，我就是可憐的失敗者。

在這世上我走得夠遠了，知道野心就是這麼增長的。先是在自己做的事裡感受到單純的快樂。然後不知為何，沿途總有別人出現，我們氣喘吁吁地陷入這場名為「比較」的賽跑，為了不被貼上失敗者的標籤，只得無可救藥地狂奔。

這樣的競賽裡，我們習於抓住眼前最近的目標，把它稱為計畫。如果沒找到，就會被批判為隨波逐流。但我們最恆久的目標其實就只在呼吸裡，在存在裡頭。如同人道主義者卡羅・哈吉德斯的提醒：「所謂目的，就是關注最深層的自我時最熱切的那個我。」

所以，在一切關於工作、生涯與退休等等煩憂之下，我們的目的其實可以就是完全地活著。在諸多別人賦予的或我們想望的稱號與頭銜底下，以真實的自我煥發光芒。

想像佛陀在頓悟的瞬間點亮了內在。當下的他應該不知道自己正散發著光芒。當佛陀從那株菩提樹下起身，據說有位僧侶驚訝於佛陀周身發光，遂走近探問：「喔，神聖的存在啊，您是誰？想必是一尊神明吧。」

佛陀認為自己除了當下的存在，不覺得還有其它定義。於是回答：「不，我不是神明。」然後繼續向前行。

但那目眩神迷的僧侶不願放棄，說：「那您一定是個提婆。」佛陀停下腳步回答：「不，也不是提婆。」然後繼續走。

僧侶追了上去，說：「那您肯定是梵天本尊了！」

對於這個追問，佛陀只回了一聲「不是」。

僧侶求問：「那麼您是何方神聖？拜託您告訴我，您究竟是何方神聖？」

此刻的佛陀難掩自己的喜樂，回答：「我只是覺醒了。」

無論遇上什麼人，無論被傳達以什麼樣的話語，我們的終極目的會不會其實只是——醒著？

- 靜靜坐著，冥思那些漸漸將你定義的事物。
- 感受你一天所做的事情，然後說：「我不只是我的工作。」
- 感受你晚上睡覺的處所，然後說：「我不只是我住的地方。」
- 感受你愛的人，然後說：「我不只是所擁有的關係。」
- 感受你吃過的苦，然後說：「我不只是我的過去。」
- 感受你自己的名字，然後說：「我不只是我的名字。」
- 感受你的呼吸，走進你的心靈，然後走出來，不帶任何過去與名字的負擔與累贅，說：「我是活在這個身體裡的生命之火。」

五月二十四日

重要的理由

如果你不知道我是什麼樣的人，我也不知道你是什麼樣的人，就會有一種別人所創的模式在世上橫行，而我們跟著錯誤的神回家，也許錯過了自己的星星。

——威廉・斯塔福德（William Stafford）

長久以來，我以為只要我知道自己是怎樣的人，這就是做自己了。後來我發現那是誤解。俗話說：「水能填滿孔洞。」如果我們不先以自己真實的存在填滿生活，那麼別人也將填滿那原本屬於我們的空間。

並不是說每件事都要用言語說出來，但是我們確實需要完整地存在，彷彿崖岸接納浪濤、苜蓿朝向林中僅存的光照、無人看顧的玉米釋出鮮甜的汁液。

事實上，做自己永遠有兩個重要的理由：因此我們才能找到愛，或者因此，我們才能保存自己，不被他人掃開。

- 這是一個走路的冥想練習。在一天當中，找機會緩步五分鐘。
- 一邊走一邊感受風中的空氣如何流動於身畔，以你的臉完整接觸那空氣。
- 繼續你的日常生活，想一想該以相同的方式，用心去接觸別人的風。

五月二十五日

穿過火牆

我們必須相信自己將要躍入的廣闊的海，能夠澆熄一切著火的事物。

在世間走得夠遠之後，我們會發現自己周遭的一切在燃燒，老舊的存在、思想與愛人的方式正在熊熊燃燒。在這樣出乎意料的時刻，我們恐懼，感覺自己深受習性所困。但生命若要繼續開展，這正是通往重生之路，一個由舊至新，短暫而痛苦的過渡期。

我們極可能在烈燄的牆垣前躊躇，不敢面對四面八方的火光。老舊的方式可能就這麼延燒，而待它自行熄滅也很不是辦法，因為光是等待可能要好多年。

譬如一艘失火的船上驚慌無措的人，我們必須相信自己將要躍入的廣闊的海，能夠澆熄一切著火的事物。這，就是信心的真義。

我曾在踉蹌中跳過許多烈焰的牆垣。第一次是離家時，已是非走不可，我卻害怕無法從憤怒之火生還。不久，我遇上初次失戀。我心崩碎，幾乎想乾脆被活活燒成灰燼，判定自己無路可走，世上不可能存在任何事物可帶來撫慰。與其說我躍過這面烈燄之牆，不如說是跌過牆去。然而，一旦墜入生命汪洋，世界持續運轉，我也終得治癒。

也許，癌症的痛苦與死亡的陰影是我所需要越過的最高最大的烈燄之牆，整個海洋似乎都在火裡燃燒，縱使一度跳離了船，漸漸漂離火焰，我還是覺得自己隨時可能溺斃。該怎麼肯定這片大海就是子宮，孕育更深層的生命？所有掙扎著打破任何形式的成癮、病痛或是失衡關係的人，都一樣痛苦。

但最難以覺察的狡猾火焰，是以其煙霧企圖令我們窒息的自我中心思維。無論去到哪裡，自我中心的火燄都在體內悶燒，它依賴著我們生存，以我們的生命為食。那麼，如果那艘著火的船就是我們自己，該如何跳出來？我們必須做的是從自我的船上躍入靈魂的海。我們要有勇氣放下固執與掌控的虛妄，焚盡自我意識的骨架。然後，跳過去。一旦躍過，我們不僅能從火裡逃生，還會被帶往無以想像的海域。

- 集中心神。冥思是什麼阻隔在你與完整生命之間？可能是陳舊的存在、思想或愛人的方式。可能是隱藏已久的秘密、責怪的本性或者是對於感覺的恐懼。
- 深呼吸，想像一下，若要穿越這些陳舊的方式，你必須怎麼做？可能是允許自己更加隨心任性，打破一些成規慣例。
- 緩慢呼吸，想像自己穿越周身的烈焰牆垣。
- 穩定呼吸，藉由一次又一次的想像，練習躍過這些火牆。

五月二十六日

悲傷

「悲傷的最大好處，」梅林回答：「就是學到東西。」

——懷特（T.H. White）

重點不在於轉移悲傷，而是給予傷感更多的情境。不同的生命狀態也能讓悲傷發酵，好比薑在麵包中一起烘烤會失去它原有的苦辣。

悲傷或受創的尖銳刺痛有助於容納新的東西，讓生命之泉澆淋心中的火焰。

所以若你已經疲於表達你的傷心，就去聆聽未曾享受的音樂吧，請別人講一個你出生之前的老故事吧，或者前往某塊你一直想要登臨的崖邊眺望吧。

用悲傷的雙眼看一些未曾觸碰的新事物，令你與你的悲傷有事可做。悲傷是一支畫筆，必須為它找到一張畫布。

- 靜靜坐著，和緩呼吸，讓你的悲傷溫柔浮現。
- 清晰地吐氣，讓你身邊悲傷之外的事物教你一些什麼。
- 就這樣單純呼吸，讓椅子教導你關於木頭的事、讓牆壁教導你如何坦蕩，讓窗戶教導你如何讓光線透進來。

五月二十七日

從旋轉木馬下來

再多的思考也無法停止讓思考停止。

過度思考，是身而為人的反射動作，但這令人討厭。我們常常過度分析問題或不斷重複自己要說的話、要做的事，這就像隻母牛用尾巴揮趕怎麼也趕不走的蒼蠅。

我們都會這樣。由於沒有安全感，我可以無止盡地重覆感覺良好的事，但在同一時間，自尊仍持續散落崩壞。

所以該怎麼做呢？我想起愛因斯坦的見解：我們不可能以製造問題的思考方式來解決問題。簡而言之，當我們感到天旋地轉，唯有從心靈的旋轉木馬走下來才能不再暈眩。雖然這一切如此不容易。

這該算是信心的領域了。在思想中半途剎車，跳入未知的風險，相信某種更深層的感知將會沖刷洗滌我們。事實上，再多關於自己的想法都不能給你信心，只是想著太陽並不能給你溫暖；再多關於愛情的思索都無法給你擁抱。信心、愛情與世界的光芒，就在思考之外等候。

- 靜靜坐著，集中心神。
- 放任你的意念去做它的工作。
- 穩定呼吸，隨著每一次吸氣，練習在思想的中途剎車。
- 隨著每一次吐氣，練習從思想底下回到自己。

五月二十八日

專注之責

為了雨滴，喜樂落進河裡。

——蘇菲教派先知加里布（Ghalib）

嬰兒期的我們與所有事物都是一體的，每次想到這個，我總覺得神奇。隨著時間過去，我們學會了區分彼此，分辨在我之內的世界與之外的世界，然而諷刺的是，世上聖哲賢人總在經歷一生之後，試圖重返原初的合一。

當存於內在的與留於外在的相互結合，我忘記了自己，這時刻卻最能感覺自己活著。這種時刻總讓我覺得永恆且開放。在性愛到達最深刻的時候，沉浸於宏偉音樂或曠野的時候，長時間跑步或游泳或自願獨處，還有發現自己非寫不可的時候，我也嘗到類似的與萬物合一的感受。喜樂似乎來自於一體性。

為愛冒險，為此付出最完整的專注，讓永恆存於內與外，合而為一。那瞬間，我們化為魂魄的水滴，落入更浩瀚的精神洪流。

因此，冒險可以把我們敞開，面對流動於萬物之間的共通性，如同春日的小溪從你家田園流過來，經過我家園籬，再繼續流向其他鄰家的園籬與土地。無論架設了何物作為阻隔，水流都不在乎；生命的完整也能打破一切壁壘與隔閡，在彼此之間來去自如。

我們都有權選擇：是要繼續架設園籬，或者融入那不受困阻的水流。

- 緩慢呼吸，冥思萬物的一體。
- 想像你的呼吸是萬物合一的一部分，正流過你身體的土地。
- 順著吐氣，讓這份合一如春日的小溪，從你身上流出，流入你鄰居的生命。
- 呼吸，了解到在合一的流動中，珍貴的東西必將穿透我們用來阻擋的一切。

五月二十九日

不再有用的

一路帶你燒進中心的是最為孤獨的火焰。當再也沒有足以焚燒之物，你便已經抵達。

乍聽似乎有些陰鬱灰暗，但摩西、佛陀及耶穌，如此深邃的智慧都印證了這個道理：生命的過程就是一個減少的過程，直到我們所攜負的皆為本質。

人生之旅猶如自然的世界。當中心愈加強壯，原本提供保護的東西遂成了遮蔽，反而像老去的皮，淪為阻礙。靈魂遲早會在身體裡成長，我們必須燒毀老舊的那層皮，當它是纏繞火把的破布，照亮前路，好讓我們往內在世界探入深處，終於遇上合而為一的上帝之力。

當我們感受到向內去的需求，將會面難以取捨的抉擇，好比為了溫暖心愛的人而得劈毀祖母的老書桌作為柴薪；好比為了保持活力，最後選擇離開穩定的工作；好比為了感受雨水的灑落，選擇焚燒自己太重且習以為常的舊殼。

事實上，一直覺得需要保持真實，而放下不真的一切，就是「犧牲」二字的本質定義。帶著崇敬與慈悲，捨棄不再有用的，好讓自己靠近神聖。

- 靜靜坐著，冥思自己用以接觸世界的外在邊緣。感覺它的厚度。
- 一邊呼吸，一邊感受自己靈魂的內在邊緣。感覺它的柔軟。
- 一邊呼吸，一邊祈禱你的邊緣皮層只要夠厚就好，而它愈薄愈好。

五月三十日

一連串今天

若非當下，更待何時？

罹癌而後存活，我便與一份炙熱的真理共生。有時候它不讓人安眠，但絕大部份它帶來豐沛的喜樂。沒有人提及，我亦無靈犀，也從未殫精竭慮思索，它就這麼顯現自己，如同斷裂的骨頭讓我們重新感受空氣強大的壓力。而這份真理就是：若非當下，更待何時？

真理其實終歸一句：「根本沒有所謂明天，只有一連串的今天。」我就像大多數的人一樣，被教導應當向前方追夢，以各種情事填補未來，告訴自己：等到那天，我就會快樂：我會變有錢，就能自由：遇到對的人，就能認識愛情，到時候我會很幸福，深愛某個人而且真實、懇切、純粹。

但是瀕臨死亡把我對未來的常識焚燒殆盡，本來預期自己活得夠長，為此計畫與準備，對許多事物充滿期待，但後來，除了當下，我別無選擇。

當我企圖將最好的自己傾注於想像中的時光，這種時刻我總聽見：「若非當下，更待何時？」然後，最好的自己便瞬間回到它唯一認識的地方，那便是現在。

這幫助我以另個觀點明白一則耶穌的故事。在登山寶訓後，一個年輕的富商走向耶穌，對他表示崇敬，希望追隨。他誠摯詢問，應該準備些什麼。

耶穌張開雙臂回答：「現在就隨我走。拋下一切，現在就走。」

年輕的商人吞吞吐吐說「好啊，但是……」，他不能突然棄自己的生意不顧，他必須留下一些話，他得整理一些衣服帶著。他應該要準備多少錢呢？

耶穌仍舊張著雙臂，再說一次：「現在就隨我走。」

我們太常演練這樣的場景，卻不對延遲愛、真實、喜樂，甚至上帝。對著自己講了一堆「好啊，但是……」。其實我們只要做一件既困難又無比簡單的事：拋下一切，現在就走。

- 緩慢呼吸，冥思一件你正在努力且非常重要的事。它的本質也許是為了更快樂、認識愛情、找尋伴侶、學習一種樂器，或是更深入認識自己所體驗的真實。
- 深呼吸。然後，在此刻夢想這件事。也就是說，屏除一切為了能在明天達到這個目標所做的努力。
- 在此當下，想像這個你想認識的、達成的或棲居其中的理想只可能在今天發生。

· 深深吸氣，拿回你一直以來計畫中的能量，把它放入今天。

· 不要被這些壓得透不過氣，當你度過今日，試著讓這能量單純地將你填滿。

五月三十一日

透過別人的雙眼

現在，我不得不用你的眼看。這樣，我才不孤獨。這樣，你才不孤獨。

——亞尼斯．日托索斯（Yannis Ritsos）

一則甘地的故事向我們揭示慈悲的深奧與勇敢。在某次絕食抗議中，一個男子由於女兒遭到殺害，痛苦萬分來找甘地，他說只要甘地答應進食，他就願意不再為此爭鬥。但是甘地了解，比起終結暴力的行為，人心的痊癒才是真正的和解。於是甘地告訴這位悲慟的父親，唯有當他願意擁抱殺害他女兒的兇手時，他才會進食。

據說男子當場流淚崩潰，終於還是照甘地所說的去做了，巨大的衝突終於止息。對於傷慟至極且被惡意侵犯的人，這本來是個龐大的要求。然而，以勇氣將如此的愛融入日常生活，甘地的指示乃是無庸置疑的智慧：無論曾經發生了什麼，唯有一切破碎都得到了痊癒，身而為人的我們才得以和解。

我們只能明白，真正的原諒在於放下內心記掛的公平與報復，重新回歸心靈的平靜。正因如此，我不得不凝視自己渺小的生命，探看那微不足道卻吞噬一切的苦痛，捫心自問：我是誰？為何不能原諒已發生的過錯？為什麼我無法，不僅僅只是原諒，並且重新相信？

· 靜靜坐著，開始為了其他生命，在自己的感覺裡清出一點空間。
· 現在，緩慢呼吸，想著一些你不瞭解的人。
· 透過每一次吸氣，讓他們貼近你的內心。
· 透過每一次吐氣，試著透過他們的眼睛看。

June

六月一日

一路向北

走得夠遠，我們就能互換立場。

當我們全都被「完整」環繞與承載，當我們輪流擁抱且被擁抱、跌倒並爬起來、聆聽以及試著說出那些重要的事。我想起同為癌症患者的娜兒，她是堅強的模範。她去世那天，我悲痛欲絕，但那天天氣美好得近乎殘忍，逼得我的傷口不得不癒合。我發現，在那些明亮到心痛的時刻，無論如何轉過頭去，那壯麗的光仍會追趕上來，成為憂傷的背景。

反過來也一樣。我曾經歷過某些單純的片刻，所有煩惱與缺陷頃刻雲散煙消，但它們還在，一如黴菌在黑暗中悄然滋長。我明白，再怎麼鼓舞心靈，那些屬於我的陰影仍會從背後蔓延而來，成為喜樂的背景。

而當我試圖逃避罹癌的事實，無論逃跑得多快多急，盡頭永遠是死寂。獨自一人在肋骨傷口包紮著繃帶，在寧靜的二月午后療養，我不得不接受，無論坐在那裡多久，終究必須被那條流動之河帶走。

這似乎是生命的法則：「無論被領往何方，相反的那端也在等候。」當我低落你正昂揚、當你脆弱我就堅強。別無答案可以解釋為什麼每當我無力抬起頭，它總恰巧歇息於某個敞開的膝上？我剛剛卸下自己的重擔，某個人疲憊的腦袋便跌入我的臂彎？

擁抱並且被擁抱，我們就這麼一次又一次成長、痊癒，在生命中多次被攬起又丟下，傷害也撫慰了他人。直到徹底接受：「到最後，心中的理由宛若風中之葉。只要足夠挺拔，萬物就能在你身上築巢。」

這不是抱怨之詞，這本來就是——也只可以是——自然萬物延展與成長的方式。我們都失去，也都得到。黑暗擠迫光明，光明填滿傷痛。活著，是一場沒有終結的對話、一段沒有步法的舞蹈、一首沒有字詞的歌，是對每顆心而言都太過巨大的理由。

無論我們如何轉變或被轉變，那份壯麗總會跟上的。

・這是走路的冥想練習。從一天當中挪出十五分鐘，靜靜步行於所在之處，在城市、在鄉野、在停車場，走過長廊，走到那扇透著光的窗。

・和緩地呼吸，配合步伐，感受呼吸在腳裡流動。

・感受你所不認識的人呼吸過的空氣。

・停步於某一塊光照之處，不管它的面積多小，閉上眼睛，感覺光照在臉上，然後對自己說：「這裡就是我的家。」

六月二日

不幸與寧靜

有太多足跡落在相同地方，因為心是條窄路，而我們的雙臂是唯一的門。

有時候太多的記憶掠過心頭，反倒使我無法真正了解感覺到的一切，以及其中的為什麼。回憶有千千種，譬如初戀情人在一座我想不起名字的公園裡微笑，祖母在布魯克林的骯髒磚房附近過世，洛磯山的高度之眩目讓我回到真實的生活，前妻在雨中疲憊地垂下肩膀，共同生活的狗兒追逐自己的尾巴……

種種被觸動的瞬間融入了我們是誰的背景裡，這是恩賜，是生而為人的一份禮物。這是先知與聖賢所謂的「平靜」，那難以捉摸的瞬間，萬物合而為一。一旦爬梳了經驗之壤，我們就無法區分什麼是感覺什麼是回憶。這是活著的天性，而緊抓著舊傷口不放，則是我們必須承擔的詛咒。

一行禪師的話提醒著：「愛的意念，深埋於層層的遺忘與受苦底下。」注意力的方向造就了差異。當我在意經驗之耙，若只看著它的尖刺如何在身上耙刷，只注意那些腳步如何踏過我身上，那麼苦痛將沒完沒了。但是當我專注於心靈之壤如何被翻土耕耘，那融合之感將恆久永存。

感覺別人對我們做的事，悲劇就會不死，與一切後果和平共存，平靜才能復活。

- 集中心神。感受自己的心帶著千種感覺，在胸腔跳動。
- 以緩慢的節奏呼吸，讓某個曾經形塑你的經驗浮現。
- 留心這個經驗的尖刺，關注你所承受的種種。
- 現在，留心這個經驗的土壤，關注被生命耕耘後的結果。
- 覺察並感覺其中的差異。

六月三日

超乎過錯

水牛所食用的草，被牠們自己的糞便滋養。那種草紮根極深，而且不畏乾旱。

——大衛・皮特（David Peat）

再怎麼嘗試也不可能不再犯錯，幸而一個謙卑的循環會長出強而有力的根：要食用源於自己糞便的東西，如同水牛消化並貯藏屬於自己的部分。我們將從破碎所生出的事物中得到滋養。那些被踐踏而過且拋諸身後的種種，將化為我們賴以維生的食物，沒有人可以例外。

一根鐵管砸到舞者的腿，逼迫他開發其它潛能，而失手讓鐵管掉落的工人也因而成了熟練的殘障看護。一位朋友發現自己長了顆腫瘤，遂開始與鬱金香對話，過世之後他的護士種出了一整片花園。事物破碎與重組的速度，超乎我們的應付，但我們總能超越極限，在錯誤中成長。我們會繼續犯錯、但我們總是因緣超越了碎裂。這樣的過程迫使我們面對一直不願意放下的那些，學會撒手。

我經歷過太多次的破碎與失敗，因此自我的感覺恰似一顆洋蔥，不斷發芽又剝落，也因此體驗到超出自己所應有的人生，帶著渴望接觸空氣的心靈，同時經歷年少與衰老。現在，在我所活過的苦難另一面，從鳥兒的婉轉歌聲到小溪潺潺水聲中的祥和，萬物都既珍貴卻也無常。現在，我想要在每一陣風中裸身站立，雖然還是害怕自己會破碎崩壞，但我已明白，這一切都是生之節奏的一環。

沒有人告訴過我，人心會剝落一如蟒蛇與樹木脫去舊皮，以力量剝開心，它會哭喊；以柔情撥開它，它會歌唱。現在我知道：那些讓我們不敢焚燒真理當作食物，讓心誤以為可以在曠野中躲藏，讓我們四處張望卻遍尋不著本心的種種，都是遠離生命的煙霧；而那些讓我們不斷回返、不斷昇華，用稻草、心痛與虛空建造成家園，以最初始的眼光探看世界的灼熱，都是使地球繼續繞行太陽的泛青火光。

- 點一根蠟燭。靜靜坐著，注視火焰中的藍，冥思你執著不放的失落，也許是一個死者，或者離開了你生活的人，也許是一份蒸發的夢想。
- 從環繞這份失落的眾多感覺中，濾出一份值得留存的細節。這人用過的一隻筆，可以代表他的一本書、一張心愛的椅子、一段樂曲或者一套整理花園的用具。

- 將這份細節放進心裡，望著藍色的燭芯火焰，冥思你從這份失落中得到的禮物。
- 運用這份細節，幫助自己建造當下眼前的東西。
- 試著浸入那些從失去中保存下來的事物。
- 用舊的來建造新的。

六月四日

伸手求取

在十界之中，無處不見萬物的本源。

——白隱（Hakuin）

一個老故事是這樣說的：有個年輕人就要凍死在阿拉斯加的路旁，他預計搭便車到邁阿密，卻已經冷到舉不起手寫的告示牌。漫長的等待之後，一位友善的卡車司機停下車，說：「我沒有要去邁阿密，但我會開到勞德岱堡。」（編註：邁阿密和勞德岱堡都位於美國南方的佛羅里達州，兩者相距大約四十公里。）

年輕人頹然回答了一聲「哦」，沒有搭上這趟便車。

這故事是未經證實的城市傳說，但它警告了我們：不要太過執著於完美。我們究竟拒絕了自己的命運多少次，只因還想要等到一個最對的東西？我們多少次否定了眼前的道路，只因為那條路並不百分百吻合我們的夢想？我們企求完美無缺的伴侶、完美無缺的工作、完美無缺的房子，為了某個不一定存在的理想，讓自己成了殉難的烈士。

多少次，我們沒有看清楚自己真正的追求，卻堅持寧為玉碎不為瓦全？其實，就在我們所在之處，已有太多的豐足與充沛，太多的時運與機緣。

・坐在戶外，看雲，找一朵形狀像匹馬的雲。不管有沒有找到，記住這種找尋某個特定東西的感覺。

・閉上眼睛，和緩呼吸。感覺自己處在當下。睜開眼睛，看著同樣的雲，找一朵吸引你的雲，看看是什麼形狀等在裡頭。

・不管你找到什麼，記住這種「找尋已在那裡的東西」那樣的感覺。

六月五日

之間的空白

不用求真，唯須息見。

——三祖僧璨

生活由白天與黑夜組成。歌曲由樂音與靜默組成。友情既為世間之物，也由相互聯繫的片刻與之間的空白組成。身為人類，我們有時習慣以憂慮填滿這些空白，想像這種靜默是某種懲罰，將那些沒跟親愛的人連絡的時間說成是某種變心。

心思總愛無中生有。我們可以把沉默當成拒絕，然後在那一小片幻想的磚塊之上，築起整座冰冷的城堡。

我們圍繞著虛無，編織出緊繃的壓力。唯一的解脫是當一個心靈的生物，令諸多感覺匯聚成河，不斷流動，只要能為它們發出聲音，便可保持清澈開闊。

用日常的語言來說，這件事其實就是關懷彼此。但多數人人都把關懷窄化為某種購物清單：今天好嗎？需不需要一些吃的？雞蛋？果汁？還是衛生紙？我們當然可以用這些外在的善意來幫助彼此，但若要幫助對方成長，則要用內在的善意來關懷：今天好嗎？需不需要一些肯定？清晰？支持？還是理解？

直接叩問這些深層的問題，就能滌洗心靈的錯誤認知。自己的物品需要時時拂拭，當我們分開，也必須常常抹淨彼此之間所蒙上的塵埃。

．想想下列幾句話對你的意義，然後告訴你所愛之人。

．我珍惜你與你的心靈。

．我希望我們之間的心靈渠道保持暢通。

．我保證，若是我們之間產生誤解或衝突，一定會直接跟你說，不會讓它們悄悄在我們之間增生茁壯。

．若你也能對我做出相同保證，我將視之為一種恩典。

六月六日

熟睡的猴子

溫柔並不選擇自己該用於何處，它平等地流向萬物。

——珍妮．赫士菲德（Jane Hirshfield）

中央動物園的一個角落，十幾個遊客在那兒指指點點、輕敲玻璃。兩隻猴子蹲坐在石頭上棲息。牠們竟在熟睡，垂軟著小小身軀，深色的腦袋依靠對方。更妙的是，小巧玲瓏的兩雙猴掌竟然十指交扣。就是這樣強大的支撐，給了牠們安眠，彷彿只要觸碰著彼此，牠們就能安心。

我羨慕牠們的信任與單純，毫無偽裝。牠們為了平靜而依賴彼此，其中一隻稍受打擾但並沒有醒來，熟睡的那隻則維持著手指的相接。相連的生命何其珍貴，兩隻猴子都各自往內在潛浮，做著猴子該做的夢。

牠們像是一對古老的旅人，禱告著能由於彼此勇於連結而得有安歇之處。這是我所見過最溫柔也最謙卑的景象之一。兩隻將要一起老去的猴子十指交纏，似乎只有這樣的觸碰能讓牠們免於湮滅。

我祈禱，當我需要的時候，自己能有足夠勇氣變得如此簡單而純粹。

・與一個信賴的人或朋友並坐，然後對所有比自己年老的萬物敞開心胸。
・不要觸碰彼此，以這種方式祈禱。
・現在，帶著猴子般的單純輕輕地手指交扣，對著溫柔的奧秘更加敞開自己。
・不要觀察也不要試圖理解正在發生什麼，就這樣保持連結，滑進無法言說的事物裡頭。

六月七日

把湯打翻了

不發掘真實的自我卻想要改變世界，就好比幫全世界的地面鋪上毛皮，只為了避免踩到石頭而尖刺疼痛。其實，只要穿雙鞋就好了。

——印度教哲人，拉馬那・馬哈希（Ramana Maharshi）

我們會覺得世上發生的一切都與自己有關。我們以為凡事是針對自己而來的。一個不寫功課的小女孩，隔天聽說某架飛機墜毀在達拉斯，沒來由地覺得自己應該負點責任。比較常見的例子發生在成年人身上，當伴侶繃著一張臉回家，悶悶不樂，你馬上覺得自己一定犯了什麼錯。

另一種則相反，對凡事都投射自己，把發生在自己身上的事怪罪給世界，把恐懼與挫折歸咎於他人。越不肯接受自己的憤怒，越令人覺得你的確在生氣。一個例證是，當你怕狗，便會不自覺地讓孩子遠離狗，從未過問他們的感覺，卻一心斷定他們也不想接近狗。比較微妙的情形是，聽到某人在哭，我們會安慰那人：這點小事沒什麼好難過。其實那是因為我們無法自在地面對這種情緒的展現，當我們不斷詢問別人過得好不好，真正過得不好的是自己。

無論是「以為凡事都針對自己」或者「對凡事都投射自己」，我們都會出現，只是某些人能意識到，某些人則沒有；有些人在發生的時候願意承認，有些人不願意。但能否意識到則是重要至極的。拒絕承認的話，可能導致一段關係的終結，勇於承認，卻能加深關係。

人總是會把湯打翻。世世代代都會找藉口說：「地球剛剛晃了一下。」而世世代代的人們心裡也都偷偷想著：「他明明就是故意打翻的。」

如果你想要拯救世界，只要在把湯打翻的時候說一句：「不好意思，我把湯打翻了。」

・集中心神。回想最近的一件事，你算是把湯打翻的那個人。
・清晰地呼吸，準確看見你當時做了什麼，又如何對他人造成影響。
・溫柔呼吸，帶著慈悲承認自己。
・如果需要的話，做出補償。

如樹安歇

一坐一處臥。一行無放恣。守一以正身。心樂居樹間

——佛陀《法句經·廣衍品》

銘記這個道理是有益的。面對責罵、失去與悲傷的時候，我們很容易忘記它，然而那正是我們最需要這份智慧的關頭。

我跟所有人一樣不願遇上生命的暗潮。但真正的挑戰在於接受一生當中自會經歷的那些，不多也不少。

閃避生命中的艱難，只會妨礙它的完滿；把自己困在所遇上的艱難裡只會讓艱難無法繼續向前流動。這麼做，像是一棵不對天空敞開的樹，試圖用葉片網住橫掃而過的暴風。

暴風的本質就是要往前橫掃，而樹木的慈悲在於它無掌可握，屬於每一個人的恩典與詛咒就是要重複學習何時該伸出手抓取，何時又該把手放回口袋。

- 站在一個長成的大樹旁，透過呼吸吐納吸取它的智慧。
- 看著大樹迎風敞開，感覺讚美與責罵沖刷而來，試著以樹木的姿態站著。
- 深呼吸，感覺「獲得」與「失去」在你周圍，讓心靈敞開如開展的樹枝。
- 緩慢呼吸，感覺「喜樂」與「悲傷」拂過你的葉片，試著靜立不動，對一切悲喜無所執著。

六月九日

這就是徵兆

痛，往往是一種徵兆，告訴我們某些事情該變了。

我們的心靈與身體所傳達的訊息常常被忽略，我們都很容易感受痛，對之幾乎無法漠視不理，卻很少聽見疼痛裡的訊息。沒錯，要展開新的人生，往往需要歷經巨大的痛苦、心傷、失望與落寞。然而，痛也可能只是要告訴我們哪裡需要改變。

如果說，肉體承載著內在生命與外在世界接觸的橋梁，那麼痛往往知道這座橋的哪個部份承受了過多的壓力，讓我們知道生命的哪個部份可能崩裂斷毀、哪個部份需要休息與強化，如此才能繼續結合內在與外在的生命。

我在抗癌的掙扎裡，經驗了各式各樣刻骨銘心的痛，學會如何撐住、如何放下、如何忍受，在不否認痛的狀態下讓痛過去。最重要的仍然是如何聆聽苦痛。

那時我的身體已被侵略性的化療耗損殆盡，但仍勉力在各式各樣的療法中苦撐，大家都在鼓勵我堅持下去。那些人比我更恐慌：「你要盡可能吞下能夠承受的毒，把癌從你的身體趕出去。」我也堅守這樣的做法。

但四個月後，我的手指與腳趾失去了知覺，化療造成的神經損害使我連最基本的反射動作都沒了。我不知道該不該繼續下去。縱使感覺癌症已經遠離了，但化療似乎是一種保險，可以的話，再多承受一些、堅持下去。

夜裡，我被此生最猛烈的腹痛驚醒。化療造成我的食道潰瘍。清晨三點，我獨自在客廳忍受這份痛，想從上帝那裡得到一點徵兆。又一陣疼痛襲來，我弓著身子，心想：上帝啊，給我一個徵兆吧。該怎麼做才好？我想要活下去。

又一陣疼痛。三次之後，我猛然醒悟：原來疼痛就是徵兆啊！其中的訊息就是要我停下來。我站著，彎腰駝背，氣管在流血，手腳沒有知覺，然後上帝對我說：「這些就是徵兆。你還想要嗎？我可以再給你多一點。」

隔天，我告訴那位溫柔的醫生，我的手臂將不要再插進一根針頭。到此為止。

- 緩慢呼吸，冥思一份讓困擾著你的痛，身體上的、情緒上的甚至心理上的。
- 不要頑強抵抗它的攻擊，試著讓它流過你。
- 覺察這份疼痛在哪裡最為劇烈，注意你一開始感覺痛的地方，以及疼痛消退時最後你感覺到它的地方。
- 這份疼痛流過的時候，告訴了你什麼關於你的身體、心靈或意念？
- 你應該對你的動作、感覺與思考的方式做什麼改變，來強化那個感到疼痛的部位？

六月十日

練習溫柔

我沒有任何奇蹟之力，除了尋求至靜的幸福。我亦別無其他智慧手段，只除了練習溫柔。

——住吉（Sumiyoshi）的神諭

來自日本山間的神道教哲人所說的真理，我們都了然於心卻甚少實踐它。我努力學會不再汲汲營營於達到他人在世上發配給我的位置，因為這樣的追求帶來嘈雜、困惑與粗鄙。唯有痛楚與悲慟能讓我停下來，當我被迫踩了剎車，這才憶起那打開寧靜世界的，溫柔的練習。

這不單單只是遺忘，我心中那些沒有被愛的部份竊竊私語，使我以為兩者可以兼得。我既自憐且自負，愚騃地言聽計從，最後只一次次在痛苦中了解，這樣不可能行得通。

美好而奧妙的是，萬物的邊緣都包覆了一層特別的速度與聲響，就像河底的美麗石頭由於流動的水而不可見，唯有當我們讓世界的河平靜下來，讓我們表面的河流平靜下來，萬物才變得非凡而清晰。

- 這是一個走路的冥想練習。一邊走路一邊深呼吸。
- 放慢腳步，留心你的關注範圍如何被拓寬。
- 走向第一個對你展現靜謐幸福的東西。
- 在它面前緩慢呼吸，帶著你的溫柔，對它說話。

六月十一日

喝水的分享

那些從同一處飲水的，也仰望同一片星空。

登山路遠，烈日當空。湯姆預先把水瓶連同水加以冰凍，好讓水保持清涼。當他喝光了融成水的部份，便留下一塊冰在空瓶裡喀噠喀噠響著。這時，比爾向湯姆討了一點冰，比爾帶的水是夠喝的，只是他沒有料想到水在登山途中被烈日曬成了難以下嚥的熱水。

湯姆不吝分享，試著弄碎大冰塊好把碎冰塞進比爾的瓶口，忙了一陣子卻徒勞無功。湯姆靈光一閃，要比爾把熱水倒入裝著冰塊的空瓶，再從那個瓶裡喝水。

在這一個不起眼的瞬間，湯姆恍然大悟：放任事物進來，遠比忙著把事物打破，就更能輕鬆地與別人分享事物了。

下山後，他掌握了關於分享的三大奧秘：首先，如果有時間，就讓冰冷的東西融化。如果沒有時間，就讓溫暖的東西進來。而在情非得已的時候，才把剩餘的堅硬東西打破，然後拼命祈禱碎掉的部份能剛好通過。

· 集中心神。順著呼吸，把雙手打開，讓周圍溫暖的東西進來。
· 隨著吸氣，讓生命的能量融化你的準備，讓你自己變得可以被飲用。

六月十二日

以觸碰來算

我們必須用手的觸碰去計算數目，而不是在一旁加減乘除。

當我們以眼睛算數，就擱置了心。因為眼睛尚未感受裂痕就先看見破碎，在意念尚未縫合傷口之前，就計算出損失。還沒有真正觸碰生命的分離，毀壞的夢想尚未真正落地，我們就奔忙於重建。這使得我們如螞蟻般善於恢復且保持效率，卻無法真正活在自己建造的事物裡面。

唉，為了精確且有效率，帶來的是精神官能症一般的生活：不觸碰所看見的、也不感受所知道的。意念略過了心靈，於是我們常常忘記：在新聞裡流出的血是真的，在街角傳來的哭喊確實發自某個生命。

我從肋骨手術中醒來後，看見一個親愛友人站在床尾，我很開心能重返生命，於是開口喚她，但她卻望著遠方。剎那間，我明白她已在為我哀悼，結果錯失了我醒轉的瞬間。她已在籌劃沒有我的生活該怎麼辦，遂使那靜候著的深刻親密感再無機會被我倆穿戴。我們以為，趕緊清點手中擁有多少並備妥下一步，就能保護自己，然而這麼做只會將我們的網子愈綳愈緊。

一位朋友做了個夢，夢中我們在蓋房子，為了安放我們喜歡的東西於是在屋裡設置棚架。她數算著棚架有多少格，卻一直記不住數字，所以她必須重新算過，而且要一邊數一邊用手觸摸每一格的棚架。當她這麼做，神奇的很，棚架的格數竟然開始增多。她的觸碰把棚架的格數變多了。

多麼深奧而單純的一課：用手數算，比任何一種算法都更深刻。然後，數字會被音符取代，總數也將合而為歌。

· 靜靜坐著，冥思三件你珍視的事物。第一件可能是某人的愛；第二件可能是你對海洋的愛；第三件可能是讓你感覺完整的某一段樂曲。
· 透過每一次呼吸，讓這三件事物的影像與感覺在心頭浮現，一次浮現一個。
· 當這些珍貴事物一次次出現在你意念之中，持續呼吸，數算它們的數目。
· 持續感受它們，直到數字一、二、三慢慢消散。
· 繼續穩定呼吸，讓這些珍貴事物的感覺互相觸碰和融合。
· 帶著這種抱守著珍貴事物的感覺，進入你的生活。

非我們所願

水灣無以封閉而拒絕海洋的雕塑，心靈也只能把自己敞開。

關乎心靈，最難接受的恩賜就是：對於生命是什麼，我們會不斷地透過經歷而出現新的看法。無論我們如何保存或是重溫往事，心靈都將會永無休歇地發展。

我們萬般不願意接受事物已經失去，有時需要藉由再次體驗來縫合傷口；我們以英雄般的努力拚命留住珍貴東西，竭盡所能阻止生命流動，但，我們的心早就明白：真正能避免遺忘並保持完整的方法，就是把最好的與最壞的全都吸納入自己，這才是圓滿的關鍵。

縱使我們設法不再受傷，心靈推著我們繼續前往健全的道路。在前進的路上我們以為自己能掌控心靈，我們的心卻像大地一般不斷被形塑，而且往往非我們所願。

- 集中心神。想起一個你希望留存的珍貴時刻。
- 順著呼吸，讓眼下這一時刻的生命進入你：光線與溫度的質感、來去的聲響。
- 穩定呼吸，試著不要區分好壞，就這樣讓珍貴的記憶與時刻溫柔地合而為一。

在愛中游泳

有時我會忽略「我們」，一如魚看不見整片海洋。這是在愛中泅泳的戀人們必付的代價。

當我們初次墜入愛河，被強大力量攫住，一日一日往新的可能性拉過去。我們正要捏塑愛情的形狀，以不可置信的清新凝望對方，欣賞珍視眼前這個人。我們望著嶄新情人的雙眼，彷彿站在一幅偉大畫作之前，想像畫布上濃厚的每一筆油墨都是生命的秘密。

隨著親密程度日增，不可避免的，我們開始忽略彼此。終於某天起我們不再用獨特的眼光看著愛人。現在，我們近距離看進對方臉孔下的「內裡」，在彼此體內游泳，彷彿對方是一條神秘河流，有時能在其中看見自己、撫慰自己、飲用彼此。

最後，我們爬入了那一幅當初怦然凝視的畫作，身處畫中而可能根本忘記曾經有這麼一幅畫，而開始視彼此為理所當然。至此，名為「愛情」的魔法已然消散。

但是，被拉進海中使我們得以乘浪游泳，被拉入對方最深內裡使我們不用再觀望，轉而開始感覺對方。這就是親密感的矛盾。一路上，我們眺望著先前渴望可以感受的那些，一旦抵達之後，才開始從內裡感受到自己不再輕易看見的那些。

・與一個親愛的人一起靜坐。
・牽著手，閉上眼睛，回想第一次深深看見彼此的感覺。讓那個影像流過你的手。
・手繼續握著，不受拘束地望進彼此的眼眸，感覺那鮮活在彼此之間的東西。
・再次閉上眼睛，讓觀看與感覺兩者，在兩人之間流動。

保持通透

對於你心中尚未解決的那些保持耐性，並且試著去愛那道謎題。

——里爾克（Rainer Maria Rilke）

炎熱的夏日，我在城裡慢跑，雙腿進入了一個節奏，無須方向指引就穿越人群、玫瑰花與公車站牌。

我想著關於「不要失去自己」的掙扎。我長大的過程裡，有時必須收起「自我」像把一件大衣吊掛在門口那樣寄放著，才能與人建立關係。偽裝成一個不夠真實的自己，是為了要被別人愛。

好多年來我為了照料別人，把自己的光芒擱置，像個消防員拋下手邊一切第一時間趕去現場救援。許久以來我以為世上只有兩種選擇：保持敞開而失去自我，或是閉關自守卻隔絕他人。但是今天當我無拘無束在街上奔跑，靠近他人卻沒有陷入糾結，這才領悟到：在諸多嘗試過後，我總算可以同時靠近卻又保持通透，帶著關懷現身，卻無須承擔所有人的焦慮，也不用讓自我躲藏。至少我能嘗試這樣去做。

我像匹小馬流汗喘息。烏雲聚攏，細雨飄落。我穿過美好人群，買了一份芥末醬和酸菜的熱狗麵包。天空降下的雨水與身上流出的汗水匯流，我在雨中汗流浹背，我咀嚼著簡單的食物，唇邊殘留酸菜的氣味。我感到快樂。路上行人川流而過。今天我的心靈沒有空覺得自己不值得。

- 靜靜坐著，想起某次你在別人的問題裡失去自我。
- 集中心神。想起某次你保留了自我，代價卻是完全把某個人隔絕在外。
- 通透呼吸，試著讓兩種感覺同時存在：慈悲和自我。

·吸氣。自我。吐氣。慈悲。

·吸氣。自我。吐氣。慈悲。

六月十六日

走向他人

從搖籃到墳墓，我們許下太多承諾，而我所要的只是你。

——布魯斯・史普林斯汀（Bruce Springsteen）

我們老是以為，得滿足許多先決條件才能得到愛。然而我們真正需要做的，只是像要從船緣踏上碼頭那般，跨過一道小小縫隙，根本無需準備，也無需計畫，只要這麼跨過分隔的距離，落腳於眼前的土地。

可惜，我們受到恐懼的束縛，憑空捏造出一些必須先得到滿足的條件，結果只是加寬彼此間的縫隙。我們從上面越過、從下面鑽過、從旁邊繞過，但就是不敢直接走進能夠給予我們愛的地方。這就是為什麼我們忙著考取證照、樹立生活風格、投資銀行戶口，好讓自己分心不去面對最單純最本質的需求：被他人擁抱。

愛不能只是理解，而必須落腳、走進去。踏出那一步之前，人與人之間的區隔巨大如峽谷，但只要不顧一切踏出去，跨越之後那道鴻溝看來如此微不足道。曾經害怕的東西一經克服，就出乎意料變成一座橋梁，讓我們看見以前的自己和以後將要變成的模樣。

·集中心神。仔細看著你與他人之間的間隙。
·呼吸，將更多的別人帶入那個間隙。
·順著吐氣，讓更多的自己進入那個間隙。
·繼續呼吸，讓別人與自己之間那隔閡的縫隙漸漸模糊。

六月十七日

靈魂和心

最清澈的水，在極深的地方看起來也不是透明的。

——喬爾·安吉（Joel Agee）

每一個人都是一片遼闊而不馴的海洋，依循著極深極暗處的水流而動。這份道理帶來三個領悟：第一，最深的海洋，最深處縱使是眼睛看不見的，卻也與表面波濤同樣清澈。第二，我們能看得多深，取決於表面到底是平靜無波或是亂流洶湧。第三，人類的靈魂和心也如同海水的表層與深處，無可分割。

不馴的流動，來自幽深之處的心聲，或躍騰或鼓舞，或降落或摔破。但無論表面的風暴如何翻攪，都不會動搖靈魂的本質，因為它服從的是更深的秩序。然而，活在世間，我們擺盪於兩者之間，深處和表層，靈魂與心。我們永遠無法看透到底。在某些晴朗的日子，我們心如止水，覺察到那片承載自己的深處。平息一切亂流與焦慮之後，我們便有機會感受體內美好的上帝之海。

所以，在愛情裡、在一段關係裡、在生命偶然賜予的片刻清晰裡，我窮盡目光，將你看透，也因而被徹底改變。然後，東風吹來，突然你又被攪動，你的深處又變得不可洞察，而我就再次不知道你究竟是誰。這情形也發生在我們認識自己的時候。這是常情。望著一片海，它從來不會完全靜止；就算平靜無波，海仍然映照出它所包容之萬物，永不停息。而我們的感覺也一直在光影中變換。

我們可以多麼清明，看得多清楚，端賴日子與我們自己是否平靜。但就像表面的波浪永不可能與深處的海底切割，我們也無法切割靈魂。之所以害怕生活，是因為把一切能量放在洶湧的浪，給了心裡的震盪。

所謂頓悟如果是在瞬間穿透表層看見深處的自我與他人，那麼所謂智慧，就是在混濁之時，仍然能記得那份看見。

・用水裝滿一個寬而深的盤子，用手翻攪盤裡的水，然後看著水平靜下來。
・重複這個動作幾次。一邊想著你心靈的生命風暴。
・最後兩次，仔細看最底層的水。發現它比較不受表層翻騰的影響。

六月十八日

浮出水面

今晚會過去……然後我們有事要做……而一切該做的事情，都關乎愛與不愛……

——魯米（Rumi）

我們所遇上的悲傷、沮喪及焦慮，好似不帶軀殼的幽魂，拼命往我們的身體灌注，支配了生活。它們擅於聚集在苦痛的洞穴裡，為了取暖而堆起燃燒的石塊，灼燒我們的傷口。

我為了釋放痛苦的感覺，多年來堅決不讓憂傷、沮喪與焦慮在我體內扎營。最終才發現，讓自己好好活著也同樣值得努力。

我得承認我走了好長一段路才明白，讓這些強烈的感受浮出來，是為了持續清空我心靈與意念的沉積，好讓新的生命進入。

不讓這些感覺出去是危險的，而感受到了它們卻不讓它們通過也同樣會有危險。為了吸入下一口空氣，必須先清出肺部的空間；必須讓心暢通無阻，才能遭遇下一個感覺。

直到我們帶領著那些幽魂踏著舞步走出受傷的心房，直到我們堆積創傷如石塊在礦場的出口，這時才是真正的自由。

集中心神。冥想一個糾纏你的痛苦感覺。

開始與這份感覺對話，問它為什麼遲遲不走開，它到底需要得到什麼才願意離開？

穩定呼吸，帶著它跟你說的話，繼續生活。

六月十九日

寬的地平線

眼裡的地平線寬一點，眼睛的壓力就少一點。

——R. D. Chin

無論是物理學、建築學、東方的冥想或西方的禱告，任何領域的探尋方式都肯定了一件事：視野愈寬廣，就愈不孤獨。若與巨大的存在保持聯繫，我們在世間的日子就會減少混亂。所以若能與別人分享生命之旅會很有幫助。這好比把自己視為合唱團裡的一個聲部，知道自己並非孤立無援，就減少了獨挑大樑的壓力。

光線集中，便產生了熱。生活點滴一旦聚集，就在孤立中點起燎原之火。這一點，在我抗癌之路加入了某個康復團體之後，特別有感觸。獨處時我常常感覺瀕死的燒灼，而當我對一群同病相憐的人說出我的痛，心靈便得以鬆開，回返生命的光芒。

當你看見某人心裡帶著石頭蹣跚而行，就走近聆聽他吧。當感到活著是如此痛苦，就打開你的關懷吧，人與人之間的相連將會超越那份刺痛感。當一切顯得沉重，就向身邊的人伸出手，將力道分散出去。

・喚起一個對你造成壓力的處境。
・想著那個處境，一邊吸氣，對著身旁不會帶來壓力的事物敞開自己。
・同時感受有壓力與沒有壓力的事物，緩慢呼吸，了解到窄與寬都是生而為人的一部分。

痛過之後的空氣

為了痛過之後的空氣而活，就沒有逃跑的理由。

希臘哲人希波克拉底說，喜樂乃是苦痛的缺席。任何受過苦的人都明白這深刻的真理。我在被宣判罹患癌症之後，非常害怕面對等在前面的種種測試，害怕緊接在測試之後的痛苦。我在向醫生護士自我介紹的時候，總不忘請他們在做檢查的時候將我麻醉迷昏，無奈總是會有某個醫療程序是必須維持清醒的。我才知道，逃不掉的。

我花了好一段時間才接受現實。關於痛苦最可怕的地方是你以為痛苦將永無止盡，生命將會停滯在某個不舒服的片段。一旦我們無法想像苦痛過去之後的日子，就使得恐懼滋長壯大。

頓悟的瞬間出現在我要做骨髓採樣的那次。得知消息，我痛不欲生，然而那天一個領悟浮了出來，我突然用完全不同的眼光看待這件事。我發現，這個極端痛苦的過程頂多四十秒到五十秒，而我卻拿整個人生來抵住或是逃開這五十秒鐘。

第一次我發現自己有選擇的權力，這幾十秒鐘的痛會是一樣的痛，但我可以我把我自己和我的恐懼都放在痛過之後的生命上。幾十秒鐘過後，生活就會回來。痛過之後，空氣將再度佈滿天光。這是我從靈魂裡初次體會到我大於痛，於是我得到力量。

太多時候，我們身陷絕望，把苦痛看成永遠不會終結的事物。其實，若以為「痛苦包含了我們全部」，這才是絕望的定義。相反的，我們其實應該努力抵達平和，相信生命包含著我們的苦痛。

· 集中心神、回到自己。凝神於一份糾纏你身體或心靈的苦或痛。
· 透過吸氣，吸入所有大於你的苦痛的一切。

・透過吐氣，把那份苦痛釋放到沒有苦痛的廣大空氣裡。
・不斷重複這個動作，專注於沒有苦痛的時刻，讓它們延伸擴大。

六月二十一日

上帝的存在

我看了一百次，都只見滿天塵埃。直到雲開日現，空氣中才滿佈金黃碎片。

太陽永恆不歇地照耀世界，但我們看不見它。太陽持續燃燒自己，在引力範圍之內拉住一切存活之物，它的力量穿透數百萬英哩的無聲幽暗。但我們看不見太陽這個穿透的過程，直到它觸及了東西，直到它染亮一片平凡的葉，將一張蜘蛛網化成金黃的蕾絲線。

神的存在也是這樣流動於你我之間，強力且肉眼看不見，唯在我們受其照耀的充滿愛的片刻才能看見。

我們可能看著一張蜘蛛網許久，卻絲毫感覺不到它的美，直到某道乍現的光芒讓它展現不同面貌。我們可能看著身旁的臉孔太久，渾然未覺其美好，直到他或我坦露真實模樣。靈魂也以這種方式現形。或者說，心的溫柔使得我們看見，也被人看見。

對愛的追尋於是成為一趟謙卑的旅途。我們能做的是在曠野中生長，然後靜靜等候。

・拿一樣你熟悉的、每天看到的東西，鞋子、梳子、拆信刀，把它放在戶外的陽光下。
・讓它待在那裡一會兒，然後冥思你所體驗過的愛的存在。

・過一陣子之後，用你的心靈之眼，看著那陽光下的熟悉物品。
・覺察它似乎正要活轉過來。
・了解你的心此時正在陽光裡。
・感受它如何活過來。

六月二十二日

性靈的捕魚

誠實是一張網，我們用它往深處捕魚。

別人教導我們應該訂定計畫並且堅持到底。為了種種目的，努力求取證書與學位，走完別人鋪設的道路。然而，這樣做並不會讓我們真正活著。

尋覓自己在世間合適的位置，就像是在精神上捕魚。廣大而神秘的經驗之海在以前呼喚，我拿起困惑之桶或誠實之網，持續從日子裡打撈食糧，往共同擁有卻無人看見的深海撈起貝殼、珍珠與海草，然後花時間清洗我所找到的東西，並聆聽它們想要說的話。

平靜、耐心並且願意漂流，活著的人必須如此捕魚。沒有人知道東西活在更深處的哪裡。認識自己的方式也默默循著同樣過程，大部分的自我活在表層底下，若要生存，就必須得到來自深處自我的滋養。

這卻是有矛盾的。我們的本質與真實如同魚群般活在深處，不想被捕捉。然而精神上的捕魚產生的是精神上的食糧，而這「食用」的奧妙養分在於，得先打開貝殼才吃得到內裡之物，我們必得先有洞察才能吃到這個往深處泅泳所得的養分。

事實上，我愛過的每一個人、踏上的每一條路，都在我深入靈魂之海捕魚之後展露形貌。只要潛入靈魂之海夠深，就成了萬千靈魂的汪洋。我相信我們都連結於那樣的深處，唯有透過這種交流，打撈並吸收活於內在的東西，才有希望揭開人生在世的共同目的。若能致力於這番誠實的練習，智慧成為心靈的一張完美漁網，透過它，我們打撈並滌淨那些藏著食糧與珍珠的最小的貝殼。

- 沿著一段河流，在岸邊行走。直到你感受到它的呼喚。
- 把手伸入河水流動的清澈，彷彿那是你的靈魂。然後，用你的手掌撈一點什麼。
- 不論是一塊石頭、一根樹枝、一顆貝殼或一片垃圾，把它撈起來，用手握住。
- 與這個生命的象徵繼續冥想與運轉。聆聽它所知道的東西，聆聽它為什麼知道那些。
- 它給了你什麼養份？

六月二十三日

名聲與平靜

寧為飛鳥，不留一絲痕跡。不做走獸使地表遍佈印記。

——費爾南多．佩索阿（Fernando Pessoa）

多數的焦慮與內在混亂來自於世間的種種價值觀，這使得我們偏離真正重要的本質。在這些不安的中心，是對於外在成功的定義與內在平靜的價值相互衝突著。

我們被鼓勵甚至訓練成需要別人的注意，於是追求在考場上脫穎而出或升職卡位成功。我們以為，為了成功就一定要獲得別人更多注意，並被稱讚為獨特。然而，能讓人煥然一新的生命奧秘，卻在於「給出關注」。只在我們付出關注而非去取得關注，這時生命的非凡的門方才開啟；只有願意冒險並視萬物皆獨一無二，萬物才會為了我們活轉過來。

一直試圖去獲取注意，而不是去付出關注，時間越久就越不快樂。這會使我們幻想自己偉大，行走於每個轉角都必須得到認可。但我們只有在承認了周遭的生命之時，與萬物合一的感受才會如恩典般降臨。我們渴望被愛，然而真正迫切需要的良藥乃是去愛。

許多人都夢想功成名就卻感到孤單寂寞，原因之一是不去尋求澄澈與真實，反而覬覦偉大與力量。平靜之所以遙不可及，是因為不肯帶著愛走進精神的喜樂，一心以為聲名可以帶來滿足。當我們忙於成為家喻戶曉的名人，就扼殺了自己觀照、付出與愛人的需求，但那些才是真正能讓我們完滿的東西。

我們可以選擇：是要出名或者得到平靜；是要活成一個有名的人，或是單純因為存在就覺得值得歡慶；是要奔忙終日以求被看見，或者全心投入以求看見；是要藉由獲得多少的關注而建立自我認同罷，或者透過付出來確立自己是誰，在萬物的美好中覓得自己的位置。

・靜靜坐著，試著在你想要被看見的渴望底下，找到中心，在裡頭呼吸。
・睜開眼睛，將那美好的注意，投注在身邊的事物上。
・深呼吸，看著地毯直到它化為纖維，看著鑰匙直到它化為金屬，看著飛鳥直到牠幻化成歌。
・允許你所看見的進入體內，然後一整天帶著它們。

六月二十四日

上一次跳舞

你上一次跳舞是什麼時候？

——美洲原住民醫者問病人的問題

所謂舞蹈，最初就是以肢體表達我們所感受到的一切。這對小孩來說既單純又基本，然而對於已被訓練成慣用腦袋中過活的我們，卻難上加難。

若能持續跳舞，也就是持續練習以動作表達感覺與體驗，最終是續有療效的。好比水流不停沖刷河岸，倘若水源枯竭，河床便乾涸崩裂。人間眾生也是如此被流淌不息的感覺與經歷捏塑，假使身體裡再也沒有感覺流淌，內心將會壞毀。

太多時候我們不允許感覺流過身體，更遑論賦予它動作。壓力封閉於身體裡，累積堆疊，造成心生病。而這釋放壓力的心靈實踐法，恰可稱為「體現」。

幾個自古流傳的鍛鍊方式有助於我們在身體裡活得更加完滿，譬如中國的冥想式運動，太極，以及佛教覺察整個宇宙的方式，慈愛觀。一旦去除了淤堵與窒礙，以肢體表達內在的心，那些動作不僅領我們走出困頓，還能教導我們如何往自己的生命愈舞愈深。

絕大多數的人學會了在心裡感覺，卻在感覺後將之忍住，若它遲遲不願消失，就用理智命它噤聲，如有殘留，我們通常會感受到它在太陽穴抽蓄或者在腹部灼燒。

比起將痛苦堆疊於心、意念與肉身，「體現」此舉不多也不少，正是同時以手、意念與心去感受傷口。讓它們共同存在於當下，恰似一層不可思議的皮膚。

- 靜靜站著，緩慢呼吸，感受你的氣息流過你的心靈。
- 隨著每一口呼吸，讓活著的感覺進入身體的更深處。

・先感覺它進出你的心，然後感覺它進入你的肺。
・讓活著的氣息從肩膀與腰臀流瀉而出，讓它伸展你的雙臂，在當下做出任何的動作。
・重複這個過程，直到你的氣息從心到指尖形成一種連續不斷的動作。

六月二十五日

莖葉與根

展現的愛保護隱藏的愛，一如莖葉沐於陽光之中餵養不被看見的根。

我相信應當活得開闊，然而一部份的自己仍然躲藏起來。這是沒辦法的事。我能做的只是決定要讓哪一個我——開闊的我或是藏躲的我——來掌理人生。這是一份難以言說的領悟：活得開闊，生命就會滋養那些隱藏的部份。

譬如春天的嫩莖仍緊繫於幽暗的根一起生長。慈悲在看不見的地方撫慰著恐懼；在不知情的狀態，我的愛餵養了困惑的暗處，我吸收的光使靈魂的根得以繼續。

我們執著於無法面對的事物、無法彌補的事物、無法放下的事物，結果忘記了自己留在光裡的部分，它緩慢但確切地療癒著我們。

・想著一件事，你此刻對於它仍然無法解決。
・用你的呼吸環繞它，接納「它還會與你共處一段時日」的這個事實。
・現在，把它放下，然後感覺自己不必費力便能成真的部份。

・帶著這個部份，堅強地呼吸，然後了解它本來的力量正在軟化無法解決的那些事。

六月二十六日

禱告的禮物

禱告並非索求，它是靈魂的嚮望，日日承認自身的脆弱……一顆沒有言語的心，遠遠勝過一堆沒有心的言語。

——甘地

這位偉大的心靈導師提醒我們，最深切的禱告是為了出於感激之情的呼求，呼求那些已經領受的，而不是索討尚未發生的。

甘地這段話裡面還包含的道理是：必須臣服於在世間的生命。先承認自己的脆弱，才能放下你用來面對世界的面具。這樣做之後，神聖得以湧入。

某次，我看見一位盲人在陽光下搖擺身軀，他半個字都沒說出口，臉上掛有止不住的笑容。我說他是牧師或巫師，用整個身體在禱告，且在靜默中吶喊：儘管眼盲，日子已經足夠美好。

如果我們也有辦法試著去聆聽，心所能知曉的一切便超乎言語。超越渺小的洞察，一道光芒正擁住我們，它比任何要求都更壯麗。這是禱告作為一種感激形式可以打開的。

・集中心神。隨著呼吸，閉上眼睛，停止一切索求。

・就只是呼吸，帶著對空氣的感謝。

・放輕鬆，覺察自己的脆弱與不完美，然後，讓單純的空氣將它們填滿。

・深沉且緩慢地呼吸。在那不完美的柔軟內在之中，什麼都不求，什麼都不給，靜默地感覺靈魂被安置的位置，感覺這其中的質地。

六月二十七日

猴子與河

一位禪師要弟子坐在溪邊，聆聽水所教導的一切。接連幾天，弟子的心都繞著眼前的溪流打轉。有隻小猴子經過，然後似乎很開心地跳進溪中，玩得水花四濺。徒弟哭著回去找師父。禪師帶著慈愛向他訓斥：「你只是在聽，猴子卻聽見了。」

我們懷著最好的初衷，卻架構了錯誤的一生。我們想要向水流學習，卻不把自己弄濕。我們思索著偉大的哲學，卻不曾說出真實；分析著自己的痛苦卻不曾真正感覺。研究無數神聖的地方，卻從未使神聖進入所居之處。如此，我們可能會在水邊建起大教堂，卻虛耗終日以保持它一塵不染。我們數著賺來的鈔票、吐露禱告的言語，卻從未真正花用金錢或真正感受到神的存在。我們甚有技巧地演奏或做愛，從來不曾真正感覺到音樂與激情。

禪師的徒弟流下眼淚，為了那隻在水裡吵鬧玩耍的猴子落實了喜樂的瞬間，而徒弟明白，自己一切的崇敬、信仰與冥思都比不上猴子所擁有的快樂。

那條湧流的河正是活著的時時刻刻。水聲呼喚我們讓生命進來。然而，不論距離水多近，不論在岸邊理解了多少，再怎麼敏銳的心，也唯有縱身跳進河裡才能真正帶來喜悅。

某次我站在紗門後面，眺望眼前這片我二十年來每個夏天必定造訪的湖。朋友和我一起目睹雨水落下。突然間，我朋友像隻純真而美好的猴兒蹦跳起來，用力推開紗門，邊走邊脫衣服，跳進傾盆大雨中的湖水。

我則像那位徒弟一樣看著，感受到乾渴的痛苦。最後，我也褪去衣衫，跳進湖裡。

我們就這樣待在湖中央，雨水淌入我們的嘴、湧入眼睛。水加入了水，生命加入了生命。

那些打在我們身上也落進湖裡的每一滴雨，彷彿都在說著：喜樂、喜樂、喜樂。

- 在一天之中，留心自己與旁人的相處，與周遭生命的互動。
- 觀察自己是在旁觀一切，或者就是裡面的一份子。
- 如果發現自己在旁觀，就把心放進眼前的河，彷彿把手伸進流動的水。
- 透過每一口吐出的空氣，打開心靈；透過每一口吸入的空氣，放生命進來。觀看，而後實踐……打開，然後進入……聆聽，然後弄濕自己。

六月二十八日

那不是我

所謂洞察，就是放手讓「我們所不是的那些」遠走。

——湯瑪士・基廷神父（Father Thomas Keating）

我極容易過度認同自己的情緒與角色，甚至將情緒與角色變成「自己」。我是憤怒的、我是離過婚的人、我覺得沮喪、我失敗了……彷彿我只是這些困惑與悲傷。

不管我們在某一時刻的感覺如何，我們都不只是自己的感覺、自己的角色、自己的創傷，都不僅只是自己的價值觀、義務和企圖。確實我們很頃向於用當下的掙扎來定義自己，於是被流過我們的事物吞噬。

我常想起米開朗基羅的雕刻方式，他看見雕像以完整姿態在還沒有雕琢的石頭裡等待，因而說自己的工作只是把多餘部份雕除，以釋放那等待著的美。

這個角度幫助了我看待心靈的覺察。面對自己並揭開苦難的意義，是一個與自我意識對話的過程。雕除多餘的，放下我們所不是的一切，然後，釋放那早在體內等候多時的完整靈魂。所謂的「自我實現」，就是把這個過程應用於世間的生命，內在或外在所受的苦難都是上帝的鑿子，為了解放那一開始就安放於我們體內的美好。

- 靜靜坐著，隨著呼吸，感受從你身體生出的諸多煩惱。
- 呼吸，讓那些煩惱從你身上離開。
- 深呼吸，接納隨之而來的平靜。這是你靈魂的肌膚，它一直在自身的完整中，等待你把多餘的情緒雕除。

六月二十九日

魚的小事

魚接受了自己不可能長出手臂，遂長出了鰭。

某天早晨起床時，我訝然得到一個有關魚的領悟。這類似某種待解的公案或謎題。帶著它一段時日之後，我發掘它藏有「信心」的課題：信心的關鍵在於「在成為應當成為的模樣之前，必須先接受本來就不是我們的那些。」如此的覺察，可以使人放下高遠的理想，畢竟那些夢幻令我們與自己漸行漸遠，竭盡所能地追求完美而非坦露慈悲，所有的努力都是為了出名，而非出於愛。

當我們都不再被「我應該」和「我能夠」的意念分散心神力氣，當我們終於承認某些事物不是自己的模樣，霎時體內所有的能量得以解放，無所拘束運轉，幫助我們成為自己真正想要的自己。

這樣的接納之舉確實冒險，但它徹底令人自由。唯有不再逞強、不再違背天性，那靜候於內在的成長才會被看見。而正是這種「無法確定接下來會發生什麼事」的承認與信服，得令生命真正開展。

・靜靜坐著。讓你的本性浮現。
・不尋找名稱來稱呼你這天性。只要閉上眼睛，呼吸，把天性吸入你的雙手裡。
・均勻地呼吸。讓你的天性在你雙手中找到它的姿勢。
・在一天裡，展現那個姿勢。

轉頭不看

為求交換平安的保證，許多人在自己與意識覺察的冒險之間畫出界線，不管這覺察可以為生命帶來全新的光。

——珠恩・辛格（June Singer）

往真理而去的拉力非常強大，唯一的抵抗方法是去否認所看到的一切，假裝生命不需要成長或轉變。當我們選擇了否認，靈魂卻不知道如何假裝，仍然繼續前進。如同《依沙奧義書》說的：「靈魂比腦袋更快。」於是我們像是被繩子拴住的小狗，繫於木樁上卻又奔跑，假裝不知道事情可以更好。

有趣的是，我們喜歡把「無知」視為「無辜的不懂」。佛教老師創巴・仁波切說得好：漠視任何人事物，就是蓄意地轉頭不看，這便是否認了一切已意識到的事物。蓄意轉頭不看，乃是一樁違背本質的罪，將令我們付出龐大代價。

當我們感受到靈魂正在前進，卻又假裝沒這回事，這是股足以撕裂的張力。因此，人人都需要學會去分辨「不知道」與「蓄意轉頭不看」。這樣的覺察可以決定我們是活得像被綁住的小狗，還是能夠奔馳於生命的草原。

・靜靜坐著，集中心神。
・緩慢呼吸時，透過吸進來的空氣感受自己的靈魂。感覺它活在體內何處。
・吐氣，試著感受你在世上的位置，你在何處過你的日子。
・一邊呼吸，一邊感覺自己的靈魂與位置。
・覺察其中的差異，然後在日常生活之中看著那個地方，你那單純而誠實的凝視，將會縮小那道間隙。

July

七月一日

心花

勇氣，是一朵心花。

所謂勇氣都是關於跨越門檻，也牽涉到做選擇：要不要闖進那棟著火的建築物？是否該說出真相？能不能在某個人的面前卸除武裝？但現在還要討論另外一種勇氣，它屬於那些做出勇敢舉動而在事後被誇讚卻表示困惑的人，那些人總是說，其實只是因為沒得選擇，為了救小孩非得闖進火場不可，非得辭去某個工作否則自己會死去。

無論結果如何，所彰顯的必定都是真實。對於打從內裡感知到真實的那些人來說，這不是僅僅召喚出意志而已，更是追隨自己所知道的真。

我自己的人生就是一條追尋真實的路徑。我總是聽見內心深處的「必須」反覆呼喊，難以忽略，其中有些呼喊萬一被我漠視了，將會造成重大事物的枯萎。

就是這份求真的追尋引領我抗癌。它讓我拒絕腦部手術卻接受肋骨手術，先接受化療而後又拒絕化療。醫生認為我的每個決定都很勇敢卻又沒有邏輯可循。後來，我被視為抗癌英雄，好比老鷹找到自己的巢而被誇讚。但我也曾因追求真實而被斥責為自私，就像烏龜尋覓海洋而遭責難。

勇氣是真實的結果，它的酬賞將遠遠超越尊敬，而是源源不絕的喜樂。

- 冥想一個你掙扎再三的選擇。
- 不要專注於你擔心什麼事可能會發生或不會發生。而試著感覺什麼是真實的。
- 不要計畫或想像這份真實會帶來什麼結果，只讓你所知道的真實從體內浮現。
- 在一天當中，讓真實充盈自己，縱使你還無法全然了解它。

錯的觀點

心智常常由無知與錯的觀點構成，並且深受此疾所苦，看法錯誤造成想法錯誤、說法錯誤以及做法錯誤。你馬上就會看見，每個人，無一例外，皆有心疾。

——阿姜佛使（*Ajahn Buddhadasa*）

在巴利文（佛教與印度教的古老語源）裡，指稱「精神病」的字眼是「錯的觀點」。我們必須特別留心，不可以擅自詮釋這個意涵，譬如說，假使你所看的和我不同，你便是錯的。它所揭示的全新領悟是：心的完滿，要看我們在面對生命的脈動時能保有多少的真實與清明。

心的健康，關乎於深層自我與生命本源之間的神聖。一旦我們扭曲了事物的真實原貌，加以設限並且將它們合理化，這時我們就像阿姜佛使所說的，生病了。

這位來自泰國的佛教導師提醒我們，那些不平的道路與混沌的思想是必經之道，我們無法閃避路面坑洞，繞道而行。這些扭曲只能被縮到最小並且盡力修補，所以必須接受，我們既然身為人類，一定會誤解生命所贈的禮物，正因如此，所以我們更應該致力於學習如何更新我們與神性的關係。

很多時候，我們為了支撐「錯的觀點」，於是搭造一條「錯的道路」並持續維護。以我為例，年輕時我苦苦追求他人的認同與喜愛，以為生命應該在「彼處」某個地方，而不在「當下」。這種想法帶來諸多磨難。帶著這般信念，投注精力試圖抵達彼處，歷經艱辛的旅途，卻被攔在門外。於是我必須找出守門者是誰以及他的規則如何，然後盡其所能滿足他，以便得到允許進門。耗費多年我才明白，不管正經歷多少痛苦，生命就都紮根於我們所在之處，沒有任何保留。一切誤入歧途的努力與付出都建立於錯的觀點之上。如同佛使尊者所言：「每個人，無一例外，心皆有疾。」但是在這之下，未受扭曲的生命溫柔地靜靜等待。而我們必須養成習慣，不是要去「看得正確」，而是去「看得完整」。

- 靜靜坐著，喚起你在尋求某個人的認同。
- 想一想，這為何對你如此重要。
- 這份認同可以提供你所需要的什麼？
- 不要計畫如何取得這份認同，而是試圖了解那份需求來自你體內何處。

七月三日

我與我的

海岸雖口渴，卻不佔有讓它保持濕軟的海洋。心和它所愛的一切也是這樣。

在古老的印度語言巴利文裡，「ahamkara」這字代表「成為我」，也就是取得或造就「我」這種感覺與概念；而「mamamkara」代表「屬於我的『我』」，也就是取得並造就「我的」這種感覺與概念。在佛教思想當中，「我」與「我的」都被視為極其危險且有害的概念，也是心病的緣由。

一旦開始去分割本不該被分割的事物，心便會深受痛苦。這也告訴我們，生命中最珍貴的東西無法被擁有，只能共享。事實上，我們共享這份名為「生命」的神秘，恰似海中生物共享汪洋。每一條魚都有自己的穴和一塊棲息的水域，但假使失去了那片流動的海，誰都無法繼續存活。

我們也一樣。沒錯，我們可以擁有一只手錶或一輛汽車，但沒有人可以佔有愛、和平與生命的能量，它們必須流動於心，以支撐我們活著。

如果我們投入「我」與「我的」，就被拖入某種混沌的生活，導致分不清真正的「重要」。

當我們致力於將一切變成「我的」，便開啟了無休無止的蒐集與貯藏：現在開始需要圍牆把守，不斷區別世上什麼是可以屬於我的東西。然後要獲得、要有保險；然後產生佔有欲，有了羨慕或嫉妒，有保護之必要，也有了攜帶武器的權利。開始偷偷渴望得到他人的東西、然後有權提出控告……再強壯的靈魂也會因這些「我」與「我的」而生病。

這還可能會汙染了我們愛的方式。多少次我們要向愛人確認：「你是我的嗎？」甚至在我書寫這句話的當下，也和你一樣，掙扎於不去擁有，而是去善用；不要去警戒並分配自己的關懷，而只是讓愛流過。我存在，這是千真萬確的。但是，除了活著的悸動之外，有什麼是真正屬於我而我始終向它打開的呢？

- 集中心神。在心裡看見一個你自認為你持有的東西。
- 那可能是你任教的一門課程、照料的一片花園，或是你養育的一個孩子。
- 深呼吸，想一想你是否付出過多精力於守護它與保護它，而不是享受它。
- 穩定呼吸，試著放鬆你對這份特別事物的掌控，看它會不會在你鬆手之後留在你左右。

七月四日

這裡和那裡

這裡永遠在那裡之下。

那日我在夏日的湖畔坐了良久，眺望遠方的對岸。我目睹清晨的天光映照水面，讓那一端的景色充滿奇妙情調。每天早上，我坐在湖的這邊看著對岸，想像那一頭有某種神祕等待探索。一天天過去，對面的召喚愈加強烈。到了第七天，我非去不可。我起得比平常更早，划到對岸，將小船擱在岸邊的淺灘，然後坐在幾天來所遠眺著的確切地點。

我環顧四週，從先前坐慣的地方眺望而得的氛圍竟然不再。我突然心煩。「彼岸」雖然美好且靜謐，但這時雙手所觸摸的濕軟岸泥與啟程之處並無不同。

我取笑自己。回頭望向前些日所坐的地方，我又看見早晨的天光充盈，而那裡竟然也有了異地的情調。現在，又有某種神祕感想將我召回我先前待的地方。

太多時候，我們以為彼處的黃金多於此處，也如此看待生命中的愛、夢想與工作。我們在所有地方看見光芒，就是沒看見自己所站之處的光，然後開始追尋所欠缺的那些，最後卻又謙卑地發現，尋尋覓覓，至始至終都在身邊。

- 與一個你信任並傾慕的人共同靜坐。
- 告訴對方，你在他的岸上所看到的光。
- 冥想對方在你身上看見的光，並且試著自己去看見。
- 向你所在的神祕鞠躬。

七月五日

錯誤的希望

我們都必須跟上對方。

——安琪拉・亞立恩（Angeles Arrien）

花了一輩子我才明白，自己多麼容易偷偷希望事情有所改變，同時卻又阻止真正的改變發生。例如我多年來親愛的一個友人，總是無法好好兒聽人說話、缺乏仁慈與耐心。我沒有「好好感受這件事的傷害」，卻常死命撐著，暗自堅信，有朝一日他會在我眼前豁然成長，轉變為那個我始終認為他能夠成為的模樣。

嗯，這並沒有發生。我的意思並非「不可能改變」，更深層地說，真正的改變——尤其指發自內心且持續的改變——更有機會發生於一段彼此都不遮掩缺陷的關係當中。

只要我可以繼續期待朋友可能長成的樣子，這就軟化了我們實際相處時的痛苦。少了那份真實，我們兩個都不可能成長：他不會成長，因他不必面對自我中心所帶來的影響；而我也沒有成長，因為我不敢犯險直言自己真正的需要。

七月六日

目睹並擁抱

夏日的溫暖能讓蟋蟀歌唱。被擁抱的本質，也能使心靈活潑亂跳。

- 集中心神，冥思一段重要關係中的真實。
- 深呼吸，放鬆自己期待所愛之人轉變的那分希冀。
- 穩定呼吸，感受你所愛之人的完整，包含他身上扎人的刺。
- 接受發生的一切，坦露你真正的需求。

我們被現代生活打磨成偏執的解決問題的人，但真正重要的東西要經過生命的修剪才會顯露，使我們清晰看見：心與靈魂最深的苦痛難以連根拔起，只能凝視它們，然後擁抱它們。

我離家兩個禮拜後回到溫柔伴侶身邊，她滿懷情感地嘆息：「我真的很想念你。」瞬間，我的直覺反應是找方法解決她這份感受，諸如縮減外出旅行次數或增加打電話回家的次數。長久以來我一直為此掙扎。

出於反射動作就想解決、挽救、修補，往往使我們離開了溫柔。親密感並不來自於解除痛苦的意圖，而是一同通過痛苦：親密感不是來自解決，而是來自共處。信任與親近的深刻，都來自於情感上或身體上的擁抱和被擁抱。

經歷一次次的苦痛和緊繃，當一切計畫與策略都失敗，我正在學習：愛的力量在於領受而非協商，在於接納彼此而非互相解決問題，在於傾聽與肯定。別再試圖改變與修補我們所愛的那些人。

- 靜靜坐著，冥想一個你意圖改變的處境、朋友，或所愛之人。
- 深呼吸，接受事實，你沒有辦法幫他們過他們的人生。
- 緩慢吐氣，與你的心一起覺察，愛這個人的意義。
- 清晰吐氣，把你那些希望彌補他們痛苦的渴望釋放掉。
- 清晰吸氣，用你的內心單純擁抱他們的苦痛和一切。

耐心

吾有三寶，持而保之。

——老子

「耐心」是老子思想核心的第二個項目，它確實是難度高的智慧。等待一向是惱人的功夫而且難以實踐。但老實說，拯救我性命的正是等待，它顯然是我生平遇過最吃力卻也最有收穫的事。

如果我在猶如刑罰的種種關卡沒有挺過那些恐懼與困頓、猶豫與無明，沒有挺過那些苦痛、警示與最糟的設想，我不可能順利走上那條從病魔中突圍的正確療程。倘若我沒有等待——等待並非逃避應該要做的事——我就不可能在此為你書寫這些文字，也許我會選擇不必要的療程，並為此失去記憶與語言。

恐懼讓我們做出太倉促的行動。保持耐心雖然困難，卻能幫助我們擺脫成見。這就是為什麼彈盡援絕的疲憊士兵總能在無法逃避的漫長等待中，發現自己沒有理由傷害敵人。疲倦的情侶也是一樣，互相折騰的朋友也是一樣。時間夠長以後，大部分的敵人都不再是敵人，因為等待讓我們在對方身上看見自己。耐心挾帶著真相而來，告訴我們：本質上，害怕別人就是害怕自己，不信任別人就是不信任自己，傷害別人就是傷害自己，殺了別人就是殺了自己。

當你受傷、恐懼或是感到困惑，當你急於在世上尋得屬於自己的位置，無論如何都請你等待。然後你所恐懼的事物會縮小，終將化為屬於萬物原貌的美好，千真萬確且無可替代，而你無論就算不要也將會是這份美好的一部份。

．靜靜坐著，想起某個已經解決的狀況，那時還需要比原本更有耐心。
．回想當時你怎麼看待那個情境和相關的人：這個情境一開始以什麼姿態現形？耐心在什麼時候耗盡？這個情境又是在什麼時候迎刃而解？
．等待，如何改變了你？
．等待，給予了你任何東西嗎？

七月八日

愛是那一刻

是則熠世間，如雲解月現。
——佛陀《法句經．惟念品》

每當我想起那些曾經教我如何去愛的人，浮現於心的是畫面，而非言語。遙遠如小學的記憶：下課時間結束了，羅芮仍旋轉不願停歇，轉向更深、更高的呼喚，她笑得開懷，小小的頭往後仰，張開雙臂，想給世界一個大大擁抱。

甘迺迪總統遇刺那天，合唱團老師P先生為了這位沒見過面的男人哭泣，要我們先回家。後來我又折返學校，聽見他獨自在空曠的教室以鋼琴彈奏悲傷的曲調。還想起祖母牽著我的小手，打開通往地下室的階梯說道：「這些就是你所擁有的最古老的東西。」

想起我手術復原之際醒來看見的不同面容。想起岳父為那棵需要一百五十年才能長成的胡桃樹澆水，使樹長高了六吋。我認識最久的老朋友聽人說話的模樣像一潭寧靜的湖水。

話語能夠承載愛，話語卻時常直接點明了愛。而愛，愛是拾起掉落的東西，愛是給予別人空間直到他們明瞭生而為人的意義，愛是在錯誤知道了自己是錯誤的時候寬容它。

・集中心神，想起三個曾經教導你如何去愛的人。
・透過呼吸，召喚那些揭示課題的片刻。
・找一個親愛之人探討這些課題。

七月九日

表層和深處

在下面的時候，記得表層。在表面的時候，記得深處。

當日子裡的煩惱有如飛沙走石，我們要記得：波浪終究不是海洋。煩惱拍打我們，而拍打總會過去；它沖刷我們，沖刷也總會過去。如此我們何必抵抗？

恐懼經常誤導我們緊緊貼著沿岸，而假使我們能夠抵達，最安全的地方其實是最深的地方。熟識水性的人都知道：太靠近岸邊，會同時遭受浪花與底層逆流的夾攻，若想感受深海的安穩如床，則必先游過層層碎浪。

留在陸地，否則就潛向海底。不上不下，足以致命。

・靜靜坐著，練習潛入深處。

· 想像每次呼吸都是一次划水。
· 緩慢呼吸，划過你所有的雜念。
· 感受到生命所起伏的巨浪，就隨之漂浮吧。

七月十日

安全的邊界

在自己之中看見萬物，並在萬物之中看見自己的人，不存一絲恐懼。
——伊薩奧義書

陽光下，我坐在一條板凳上等著羅伯特。有隻黃峰降落在我左方大約一公尺半之處，牠那條紋遍佈的身子搏動，陽光把牠的斑紋照得更加濃黑，黃色的部分近乎鮮豔的橘色。

我想起母親。如果這隻黃蜂出現在她的花園裡，她一定會捲起手邊最近的雜誌，驚惶無比拼命想打死牠。這種擔心被叮咬的恐懼使她殺了不少小生命。她受不了不安的感覺，害怕身邊的東西可能對她造成傷害。母親唯恐受傷，選擇把自己關在牆內，驅逐所有靠近的東西。

快四十年了，我現在明瞭，每個人都因不安穩而苦，害怕一不小心就被身邊的生命傷害因而固守邊界，倘若超過安全界線，便理直氣壯地以防衛之名行傷害之實。

我仍舊坐在板凳上，那隻黃蜂又飛近了些。差點兒死於癌症的我，光是可以坐在這裡就無比感激了，所以我讓這隻小蟲靠近到比我習慣的範圍更近的地方。我用更為溫柔而信任的眼睛去看，說實在牠對我沒有興趣，而我不得不羞愧承認，太多次我傷害了其他生命，只是因為跟母親一樣害怕牠們逼近時的難以預測的天性。

牠們只不過是順著自然發展天性，我們卻視之為危險。黃蜂逐漸靠近，眼看就要停在我手臂上，我有足夠時間輕柔揮趕。牠在距離之外嗡嗡盤旋片刻，然後又飛了過來。我們互相逗弄了好一陣子。

這很像是與陌生人或親密之人跳舞。曾幾何時，我們抑止了自己的某部分只因不肯讓事物靠近；我們任憑恐懼揮擊，控制了自己的情感，而對於所有移動的東西非要趕盡殺絕不可。

我想起聖哲阿奎那。他任由小鳥停歇於自己如樹一般的雙臂。我們不懂自己為何孤單，卻不肯讓各種充滿生機的東西近身。如果能夠將蜜蜂、小鳥或是我們的敵人視為與自己一樣有限的生命，就能任他們走上自己應走的路，無須落入對立之中。

· 閉上眼睛，想起某個讓你感到厭煩或覺得是打擾的人。留意自己的感覺。評估一下是什麼讓你覺得被打擾？那焦躁感是來自你的恐懼，還是那人的實際干涉？

· 確實地考慮，若要讓自己感到安全，需要怎麼做？可以的話，只採取這個必要之舉，別再被這份干擾和由它所生的恐懼束縛。

· 覺察你的恐懼如何使得你拒絕他物。如果你讓萬物在你真正的安全界線之外做自己的事，覺察萬物能夠多麼靠近。

月與露

悟道，恰似月亮倒影於草葉上的露珠。月亮既沒有浸濕，水珠亦沒有破散，而整顆月亮與全部的天空，都被映照在那一滴小小的水珠中。

——道元禪師（Dogen）

在愛、在工作、在萬物合一的時刻裡，奧秘都好比露珠與月。我們短暫地是自己而轉瞬間也是萬物；我們的本質沒有改變，只是更加提升。

愛人與朋友幫助我存活並活得更圓滿，他們進入我生命的方式譬如道元禪師所說的月亮。全部的愛盈滿我心，如天空般廣大，我卻沒有變成他們，只是更全然地做自己。

如果有任何事或任何人命令你不得成為最真實的自己，那就只是企圖滿足他們的需求，都不夠純粹。

破損之心最微小的煩惱就像一片孤獨草葉，承載生命的真諦。所謂悟道，則是親吻一切令我們敞開並面對本質的事物，譬如月亮、風暴或仁慈。

- 集中心神，冥想一個被其他生命觸動的時刻，也許是置身大自然或者愛人的臂彎。
- 深呼吸，冥想這份觸動對你產生什麼影響。
- 過一會兒，問自己：你把那份觸動收在哪裡？什麼時候最需要那份觸動？

打起浪花

我可以為你做任何事。你願意做回自己嗎？

安徒生的經典童話《小美人魚》裡，美人魚愛麗兒放棄了她美妙的聲音去換得雙腿，這看似天真的童話捕捉到我們與現代惡魔的交易。我們豈不是一直被教導「可以移動就是自由」？從一個階段移動到另一個、從一段婚姻移動到另一段、從一樁冒險移動到另一樁、從一個工作移動到另一個。我們不是始終深信，所謂「向上移動」就是成功嗎？

追求改變、多元、新鮮或者進步，在本質上沒有錯，但暗藏了一個圈套：當我們為了自由行動，遂被要求放棄自己的聲音；為了成功，卻得壓抑自己的獨特。假如要我們「不打起浪花」意思是我們放棄潛入深海的機會，那麼我們根本是用「接近上帝之道」去換取一條高速公路。

《小美人魚》是個講述「關係」的故事，其寓意至關重要。表面上看來，愛麗兒渴望擁有雙腿是為了甜美的愛情與歸屬的想望，這令人動容。然而其中隱藏的虛偽交易會讓想要嘗試的人吃到苦頭。無論多麼想要去愛或被愛，我們都不可能竄改自己的天性而還能活在重要的事物裡面。

- 靜靜坐著，冥想自己的愛情史。
- 吐氣，想起那時你為了被愛而拋卻某部分的自己。
- 吸氣，允許自己重新碰觸這內在的緘默。

七月十三日

看見，看不見

祂領我至可安歇的水邊，使我的靈魂甦醒。
——詩篇二十三

很快每個人就累積了情感的歷史。小孩被爐子燙傷，開始怕火；在溫柔時刻裡突然被揮開了手，於是開始害怕愛。情感的連結與反射乃是在極深之處運轉，心時常在所有的關連之下呼吸，如同水底靜靜等待的柔軟沙地。

若想清楚看見自己，我們必須先停止聯想，直到回到澄澈如平靜無波的湖。當我足夠寧靜到別人能一眼看透，愛才再度化為可能。矛盾的是，當他人對我們伸出手，他們的指尖總是興起波瀾、掀起漣漪，然後我們跟他們又再度看不見最重要的東西。

這證實了我們多麼需要與自己的感覺相處，一直待到它的諸多聯想，也就是漣漪，逐漸安定而靜默。無論你年輕或年老、天真無邪或經驗老道，只要醒著、活著，只要置身任何形式的關係之中，你的水面自然會波濤起伏，你的情感漣漪不止。覺察自己真正深度的唯一辦法，就是靜候情感的聯想與反射緩和下來，直到我們再度澄澈如湖。風平浪靜時，我們才能清晰地看見自己，看見彼此。

- 緩慢呼吸，任憑自己心神激盪，隨著每一口呼吸來去。
- 穩定呼吸，試著等待你所反映的情感，憤怒、焦慮、嫉妒或厭惡。
- 和緩呼吸，透過每一次換氣，感覺那靜靜在底層等待的，心之深度。

深深地認識

深深地認識一個人，彷彿從海洋聽見月亮，或是一隻鷹在你的腳邊留下發光的葉片。多麼不可能，縱使一切正在發生。

發掘自己是誰，恰似在山間開出一條小徑。當我們望入別人的眼睛，發現他們也曾在那裡，這便展開了真正的友情。發現有人也看過我曾看見的東西，我所走出的小徑和山峰也屬於每一個人——這發現總令我震撼，也令我謙卑。

當我們在超市與人擦肩一起讀著食物罐頭上的標示，這時我們體內承載著全世界。當我們衝進車站試圖趕上某班列車，這時戲劇化的生命在血液中激盪。我們都是如此為人所知，卻也同時未知於彼此。

此所以深深地認識一個人是如此珍貴的事，這會打開全部的時空，使得海洋唱歌，讓心宛如一張被感動的照片。

我們會遇見某些人來自我們正要去的地方，或者正要前往我們已經去過的地方，我們仍然得開鑿自己那條通往山巔的小徑，毫不休止。因為惟有勇於活出自己，方能深深認識別人。

- 這是個走路的冥想練習。當你前往工作地點或商店，穩定地走，緩慢地呼吸。
- 透過呼吸，感受內在的心就是你自己。
- 當你行走與呼吸，感受其他人也正在做一樣的事。
- 四目交會時，感受他們與瞭解自己同等的深。

七月十五日

觸碰的風險

心因觸碰而流血，釋放了壓力。

很多原因可以解釋我們為什麼渴望被觸碰，其中最單純也最深奧的理由是：觸碰是具有療效的。水珠因觸碰而破散，我們所負荷的活著之苦也因擁抱與撫慰而散溢，獨自承擔的壓力也因誠摯和愛的觸碰而得到釋放。

在所有的語言之下，觸碰是共通的手勢，連結我們內在與外在生命的能量。你當然可以不同意——作為天主教、回教或是猶太教，身為保守或開明之人，來自大企業或是鄉村，但只要一隻慈悲而溫柔的手，就足以推倒我們想法中的高牆。

不敢讓別人進來，大多是害怕受到傷害，有些時候仍要處在習慣的痛苦裡，明知那些傷口只有自己能治。我自己就老是循環地做著這兩件事。被觸碰的需要譬如呼吸的需要，從來不是問題；問題在於我們應該何時打開自己，又如何打開自己。

祖母在九十四歲步入生命的終途，她說起到童年時所講的俄文。我唯恐祖母與我聽不懂對方的話語。一個老友把我拉到一旁，說道：「你們兩個人都可以明白『觸碰』。」於是我輕撫祖母的臉龐與手臂，她則摩搓我的手腕。就這樣，縱使她已經無法睜開眼睛、開口說話，我倆仍有共通的語言，承載著她走向終點。

我們最好承認，有時候心的運轉最適合默劇。在擔心害怕受傷、被拒絕、被利用的底下，在湧出的藉口與解釋底下，等候著一種深刻而單純的脈搏，可使我們更趨完整。

・找一個讓你感到安全的人，和對方一起進入冥想。

・專注於一個難以獨自擔負的痛楚。

· 先由一個人開始，簡單且直率地表達出那個痛苦的感覺，而不是周圍情境。另一個人靜靜聆聽。然後換由聆聽的人來做。

· 現在，以自己的指尖，透過「觸碰」這份贈禮，請聆聽的一方安撫說話的人。

七月十六日

和平的魔法

肺會記得呼吸。所以，就算我們睡去，靈魂依舊維持生命，透過我們意志的夢。

據說，魔法師梅林在聖城的森林訓練年輕的亞瑟王時，這麼告訴他：「魔法師和凡人的唯一差別，就是魔法師承認：意志不過是一場夢。」我們確實可以決定要穿什麼衣服、買什麼車子，甚至要過什麼樣的生活，但這些都只像是飢餓的魚吞吃了小石子，而真正的河流正帶著生命繼續往前進。

我們仍然讓自己全心投入這些小事，畢竟這是我們所做的一切，而上帝也確實存於每件小事之中。但很多時候我們能生存成長並不是因為這些做不完的計畫，事實是：因為沒有計畫，我們才生活，並且成長。

我需要告訴你們，我曾在夢中遇見梅林，問了他幾個關於生命的問題。他想知道我認不認識亞瑟王，然後輕聲說：「你要走過眾多語言的慾望之下，因為我們的內心能否平靜，取決於是乘著水流往前或抵抗水流而行。」

．這是一個睡前的冥想。平躺，穩定呼吸。然後就像相信肺會供給整晚的空氣，你也相信你的靈魂會提供你所需的平靜。然後，慢慢滑入周圍的幽深。

七月十七日

為愛鼓動

如果有人要將我切成千片，我的每一個碎片還是會說，它仍然愛……

——克里斯・勒伯（Chris Lubbe）

說出這段話的男子是個靈魂極有深度的南非原住民，他和許多南非人都在種族隔離之下長大，但他說，祖先教導他們不要心懷恨意也不要意圖復仇，因為憤恨會嚙咬心靈，懷著一顆破碎的心如何實踐生命。

每個人多少都面對類似的兩難：該如何既感受生命的苦痛，卻不去否認它的存在，也不讓它成為限制？最終，無論我們背負的是種族隔離、癌症、虐待、憂鬱或成癮問題，苦難一旦深深嵌入骨頭，我們就必須面對一個持續的抉擇：要成為傷口，或是癒合。

可怕的事總在第一次最為難熬，到了第二、第三、第四次，假如我們帶著愛活下去的意念不夠堅定，那麼苦難造成的影響就會變得恐怖。傷害帶來的最艱鉅挑戰就是：面對傷口時，不輕易將愛的本能拱手讓出。

這位南非男子的動人話語確認了一件事：靈魂的本性不可能壓抑，就像藤蔓與灌木再怎麼被修剪仍能繼續向陽生長；人心再怎麼被劃傷，仍能為愛跳動。

·集中心神，想起你欽佩的一些人。他們無論受到何種傷害，仍舊保持愛人的心。
·緩慢呼吸，對著他們生命的智慧，敞開自己的心。
·現在深呼吸，讓心的呼吸洗刷自身的苦痛，如同浪花撫平沙灘上的足印。

七月十八日

愛的螢火蟲

誰會知道
在山中極深的幽谷裡
在我躲藏的心
有隻我愛的螢火蟲發著光。
——阿佛尼（Abutsu-Ni）

千年之前，一位安靜的日本女子寫下這段告白，說出了最重要的東西在那極遙極深之處，連自己都難以覺察。又是我們將最重要的東西藏得太過隱蔽，使得它們並無機會成長，也許她的心的嘆息證實了這兩種狀況。現在，請再讀一次她的詩行。

這些不只是文字，更是心頭的雲影，它遮蔽了生機，捕捉了她活著的某一瞬間。凡是知曉愛之為物或者想要知悉愛的人，都經歷過如是瞬間。在一個受到保護的片刻、一個意外受傷的驚懼，雖然我們不太清楚它是如何發生的，但確實可能一瞬間我們就覺得與自己的感受之間隔著一座山。幸好，只要承認有那道阻隔，我們就又能回到艱難的朝聖之途，回返萬物合一。

途中的某些地方，常常會有妥當的理由使我們學到：若把自己的感覺坦裸於外，放置於常溫與空氣下，那愛的細屑會由於曝曬而化為塵埃。彷彿我們那真切的感受會承受不住眾人的注視。然而我們明白，若無空氣，沒有東西可能成長。所以，到底該拿那隻小小的螢火蟲怎麼辦呢？

這是個美麗的嘲諷。阿佛尼坦承了自己的隱藏，也就揭示了一條路：不正是屬於她那小小螢火蟲一路撲飛出了深谷，攀越心所隱躲的高山，潤濕她的雙眼、牽動她倔強的舌——不是嗎？她那隻愛的螢火蟲，點亮尾巴，九百多年了還發著光？

不需要美麗、不需要聰穎，只需要誠懇與真實。因為有太多舞步源於跌跤，也有太多首歌發現自己因一聲咳嗽而敞開。

- 深呼吸，一直到你到達自己的心。
- 抵達之後，緩慢呼吸，朗聲念出阿佛尼的詩，彷彿那是你的話語。
- 深呼吸，覺察你那隻愛的小小螢火蟲在心的山谷中飛舞。
- 緩慢呼吸，透過每一口氣息，讓那隻螢火蟲飛出深谷，攀越高山，飛出你的喉嚨。

七月十九日

眨眼的智慧

睡得太久，我們需要醒來。醒得太久，我們需要睡去。

人在一天之中要眨眼一千次。一天一千次，世界化為黑暗；一天一千次，我們甦醒。這是無法控制的反射，沒有任何辦法逃避如此的開闔。就在閱讀這些文字的當下，你的眼睛，連同心靈與意念，也正一眨一眨，打開閉闔。這就是生而為人。

是打開還是閉上？端看你將何者視為家鄉。生命，是為流動的光明點綴著夜晚的黑暗，或是在流動不斷的黑暗中點綴了天光？永遠沒有標準答案，但我們所抱持的信念仍然重要無比，它有可能將日子攙扶而起，也有可能將重擔加諸其上。所以多問自己幾次：「生命是不是一段長長的奇蹟點綴著片刻的破碎？我們是否反覆從無盡的光裡跌入自己的人性？」又或者：「生命是一段長長的苦痛點綴著奇蹟嗎？我們是否從無盡的黑暗中反覆掙扎爬起，短暫偷得瞥見光明？」

顯然，某些時候我們覺得是這樣，某些時候又肯定是那樣，然後我們又承認兩種說法都對。但我們認為兩者分居多少比重——多少分把光明視為家鄉，多少分在黑暗裡——這便可以鍊出希望或絕望、樂觀或悲觀、信仰或懷疑各自佔據的份量。

我個人的旅程混雜了兩者。步入手術房時，生命一片漆黑，而我無法睜開雙眼；從手術中康復，一切都改變了，凡事都輕快而沒有顧慮，我幾乎無法閉上眼睛休息。失去愛情時，同樣狀況再次上演，我覺得自己被關閉於黑暗中，但當墜入愛河，生命又成為明亮之歌，讓我幾乎無法入睡。

也許，眨眼的智慧就在於它使我們居於中間，既不浸溺於黑暗，也不在光明中燃燒。也許正是如此的反應，讓我們更能懂得什麼叫做生而為人。

- 閉上眼睛冥想。一直閉著，直到你覺得需要睜開。
- 現在，睜開眼睛冥想。一直睜著，直到你覺得需要閉上。
- 重複這個動作，然後接納：反覆的睡眠與醒轉，是人的必要。

學著漂浮

停止掙扎，我們就浮起來。

初次學游泳的時候，我不敢信任水，無論岸上傳來多少聲音勸我放心，我仍然全力拍打，勉力讓下巴保持在水面之上。就在筋疲力竭且足夠放鬆之際，我才終於感受到那深水的搖籃將我飄浮起來。

這樣的掙扎也在我們的信仰與懷疑之間上演。每一次有任何狀況挾著推力當頭罩下來，我們第一個反射動作就是拚盡全力，抵抗下沉，然而越反抗就越察覺自身的重量，當然也越快耗光力氣。

後來遇到類似的狀況，我總不忘學著漂浮。真奇妙，必須先讓水面下的自己徹底放鬆，水才能將我撐起。四十多年過去，這漂浮的練習竟與我尋找信仰的過程十分接近。在事物的表面之下，我們必須足夠放鬆，才會漂起來。

實踐起來非常困難。可是信任的本質就是：「要相信你放手之後會被支撐著。」我們可以練習放鬆恐懼、練習面對水深，但放手就是放手，並沒有更多的準備動作。

當浸泡在水中，處於水面之下，一切事物變得緩慢、清晰、變得沒有重量，這並非巧合。所謂信仰，或許就是敢在水面之下放鬆。

而我們無法停滯於任一處——為了更完滿地活著，我們勢必一而再、再而三遇見不同的深水，然後明白，在漂浮起來之前必先經歷下沉。這就是信任這個宇宙的全部了。

- 把你的浴缸注滿溫水。
- 攤開雙手，掌心向上，用手背貼著水面。感受要讓雙手維持在水面上所需付出的努力。

· 緩慢呼吸，然後放鬆，把雙手浸入水中。手放鬆，感受自己所遇見的深處。
· 緩慢呼吸，繼續把雙手放在水中，然後練習如何進到深處，並且在水面下休息。
· 練習超越下沉的感覺。
· 當你開始被支撐而起，練習感受所需的溫柔專注。

七月二十一日

展露真我

沒有鳥可以不打開翅膀而飛，沒有人可以不坦露心靈而愛。

這也許是最古老的內在法則，猶如重力般不可能逃脫。若要乘風飛向大於自己的天空，就不得不顯露收藏在胸口的珍重。

若你遲疑著是否要展露「真正的我」，請把自己想像成一隻棲息在屋頂上的小鳥，雙翼緊緊貼著側身，倘若走進一段關係卻不敞開心靈，就等於從屋頂一躍而下卻不打開翅膀。

沒錯，初出鳥巢的幼鳥確實也會遲疑，但是牠們只要嚐到了空氣，天性自然令牠們展翅飛翔、收翼降落。鳥兒就是這般活著，我們也是。

矛盾在於，我們必須先信任起飛和降落的力量。這個收放翅膀指的是我們所隱藏的那些。一旦坦露，這些柔軟的東西就成為我們的翅膀。

· 靜靜坐在戶外，如果有機會，看著小鳥張開翅膀，起飛然後降落。

·自在地呼吸，當小鳥起飛時，練習張開翅膀，讓心安歇。

七月二十二日

你在故我在

你在故我在，我在故你在。
——非洲某種深刻的存在方式

冬季時我遇見一個來自南非的男子，相處幾天後問起他「烏班圖」（Ubantu）是什麼。他只回答：「那是非洲一個深刻的習俗。」沒有進一步解釋，只是將這個字重複了一遍，緩慢且帶著崇敬：「它代表：你在故我在、我在故你在。」

這是我深信不疑的事。在最深的痛苦裡面、在最深恐懼得到的解脫之中、在至高喜樂所熟悉的平靜裡面，我們就是彼此。我在癌症病房裡，從身扛負荷的母親雙眼中覺察了這樣的事。我明白，沒有人願意讓黑暗在體內滋長……你在故我在，我在故你在。

我在每一條小徑或大道、在每個形式中發現這個道理。在馬丁·布伯的「我與你」概念中，唯有讓彼此保持真實，上帝才能夠現身。在耶穌的禮贈中，唯有你們倆或是更多人一起前來，我才得以存在；在佛陀的慈悲中，當我們的心恬靜地朝古老的岩石鞠躬，它將流洩至高的愛。你在故我在，我在故你在，譬如人仰賴植物的呼吸而活；我在故你在，譬如植物仰賴人的呼吸而活。

多年後，我記得羅伯特助我撐過癌症，而我幫助羅伯特熬過酒癮。我記得我們倆坐在小公園，用麻痺的手指頭拿三明治吃，恰似兩隻受傷的小鳥。羅伯特突然仰起頭說：「我也有過癌症。」然後我握住他的手回答：「我也曾經酗酒。」你在故我在，我在故你在——我們就是如此需要彼此而完整。

．靜靜坐在一個公共空間，直到你的呼吸與你所呼吸的空氣猶如一體。
．穩定呼吸，直到你的心與周遭的人的心猶如一體。
．繼續緩慢呼吸，直到你能透過每一口呼吸，感受到自己與眾生相連。

七月二十三日

和解

我們就是舞台，以及所有演員。

心理學的一大貢獻是幫助我們了解自己如何重複播放傷痛與情緒，而且是散播給那些並非傷害或觸動我們的人。此現象有很多名稱，廣為人知的是「投射」與「轉移」。我們再三播送那些曾經說過的、做過的或是來不及說或做的，直到我們與它和解。這樣的「和解」稱為痊癒、屈服、放手，或甚至原諒。

典型的狀況是，被某人喝斥之後，轉頭踹一隻路邊的狗洩憤。更常見的是，重播自己所經歷過的拙劣之愛。舉我為例，我在成長的過程中一直忍著自己的真實感受被冷落對待，如果我露出傷口，別人覺得我是故意削弱父母的決心，於是不理我，彷彿我的傷痛是騙人的把戲。

這些經歷使得我對於身邊人所遇到的痛苦特別敏感，然而我有時會發現自己扮演的角色就像當年我父母對待我的方式。這一切都令人謙卑卻也煩惱。

然而，就像細菌有它的生命週期，戲劇中的演員也得先有了聲音，然後才能演出。我們總是想要向那些人拿回我們從來不曾得到的東西，然後把這樣的奪取在別的人身上重演，直到我們明白到底什麼是傷害——這是通往諒解的第一步。

我見過自己如何把我經歷過的一切施加於別人身上；當然不像我所經歷的那麼殘忍與惡劣，但也足夠令人顫慄——人在恐懼的時候多麼容易變得殘暴，卻又這麼難以接受自己是這麼的殘暴可怕。接受了這一點，真正的慈悲就正清晰地呼吸著。

・冥想你曾經受到的冷落，不論是童年、友情或一段感情關係。
・緩慢呼吸，拋開那個冷落你的人，專心於這個冷落的本質，可能是他轉身不理你、是一份拒絕、漠不關心、暴怒或者鐵石心腸。
・深呼吸，回想某次你也對別人做同樣的事，回想是什麼讓你這麼做。
・現在徹底呼吸，讓所有同樣的冷落盡皆散去。

七月二十四日

意志的底下

這些黑暗啊！我要走進光裡！

——約伯

某些時候，在我們跑出去玩之前腦子裡實在有太多考慮、太多理解與分析，而且預演著太多的後果，太多東西要清理、打包和修補。

有時候，使用意志的最美好也最單純的方式是：拋下意志，從覆蓋我們的所有東西底下出來，就算只有一個小時也好。從我們自己編織的網、自以為的任務和必須解決的問題底下，出來。當我們回來，它們必然還在，而且有一些說不定已經因為少了我們的憂慮支撐而崩毀了。

這樣不是很好嗎？

· 靜靜坐著，試圖停止思考你的諸多問題。
· 隨著呼吸，放下一份又一份的擔憂。感覺自己就算少了這些依然完整。
· 自在地呼吸，了解你無論有沒有解決那些問題都是完整的。

七月二十五日

縫隙裡的光

人類靈魂之於上帝，如同花朵之於太陽；因靠近而綻放，因抽離而閉合。

——班傑明．惠科特（Benjamin Whichcote）

上帝彷彿太陽，對一切發光，照著野地的山丘、窗沿的植物，連門廊下的雜草也在縫隙中得到光。如此這般，不論處境，靈魂之源也對不同的生命發光。縱使我們對於在對於上帝的體會與覺察也許有所限制，各有不同，但這無法定義且侷限本源。

日復一日，太陽出現又消失，但其實是地球造就了夜晚。同理，當我們覺得上帝的蹤跡無處可尋，其實是混亂中的我們轉過身去背對祂，或者被迫轉身。

幸好，我們與門廊下的雜草不同。我們還可以回到光明之中。

・這是一個白天進行的冥想。靜靜坐在你的房間，看窗外的天光在樹影間移動。
・一段時間之後，持續深呼吸，然後慢慢站起身，走到屋外，走進光裡。
・直直走進一片光中。
・吸氣，用全身感受溫暖。
・待在那裡。

七月二十六日

土屋

我們不願意對人敞開心靈，唯一的理由只是覺得自己還不夠勇敢而明智，足以處理隨之而生的困惑。

——帕瑪・丘卓（Ane Pema Chodron）

在南非西南部的普哈吉哈巴地區（Puhaditjhaba）有一間土屋，它的屋頂是平的，搭放了波狀鐵皮，以鐵線橫越整片鐵皮，在每條鐵線尾端都綁有一大袋沙子，垂掛於房屋的兩側。看樣子，似乎全賴那一包包沙袋的重量，屋頂才不至於飛走。

起初我心想這可真危險啊，沒有釘子也沒有螺絲。不知為何這個土屋的景象在腦海徘徊不去，某天我突然領悟：天氣晴朗的時候，屋裡的人可以把整個家打開來面對天空呢。那幢簡單的土屋成了一個關於適應與平衡的象徵：足以撐過暴風也能夠面對蒼穹，那些沉重的沙袋既是基石，卻又隨時可以移動。

這令人不禁細想，我是否太常倉促地將自己釘牢？在需要看見天空的時候，我得用力拆毀那些先前釘牢的東西，這又為我帶來多少辛苦？

- 靜靜坐在家中，想像沒有屋頂，自然的天光傾洩而入。
- 緩慢呼吸，冥想你行走於世間所承載在心上的屋子之頂。
- 想像沒有那片情緒的屋頂，清朗的日子感覺如何。
- 吸氣，感受你那片保護你的屋頂的所有拉力。

七月二十七日

讓苦進來

我漸漸變成了水：讓萬物用我滌洗憂傷，而我盡量反射所有的光。

如何讓別人進來，卻不變成他們？如何打開慈悲的門，卻不向那些人事物屈服？這是我久來的矛盾掙扎。

這問題可以回溯到耶穌和佛陀。崇高的靈魂告訴我們：水無需名字而兀自泛光，人亦如此，擁有清晰而基本的元素，能讓別人的痛苦憂傷進來，卻不變成它們。

許多信仰都提及，當我們為了另一個人而做，這舉動稱為愛；當我們面對世間眾生而皆持守，這叫做慈悲。藏傳佛教中有一種叫做「自他相換」的冥想練習：先吸入世間的一切痛苦與磨難，將它們持守在慈悲的不破空間，然後呼出光。

這項練習的美好之處在於：它先假設，然後確定，每一個人的內在都有某種永恆而且不可毀壞的東西足以治癒自己與整個世界，人所要做的只是敞開自己。

- 靜靜坐著，直到感覺自己集中心神。
- 穩定呼吸，在心與意念中，浮現你所親愛之人的苦與痛。
- 深呼吸，把他們的苦痛吸入我們每個人都有的慈悲的中心。
- 當你感受他們的苦痛，其實就已經改變了某些部分。
- 現在，呼出光芒。

七月二十八日

波浪的醒悟

波浪升起後又成過去，但如果它們明白自己是水，便可以超越生死概念。那時它們便不會再擔憂、懼怕或因生死而苦惱。

——一行禪師

我們就像平凡的波浪一樣：源出於一個比自己更大的家，那是無垠的精神之海，從不可估量的至深之處開始波動，湧起又捲曲、登峰又濺落，最後終究退潮，回到原本出發的地方。

當波浪醒悟自己原來是水的時候，恩典便降臨了。浪是從同樣的水中捽毀又翻起，這就終結了浪的恐懼，只因每一道浪都是它將前往之處的一部分。你我是否也了解人人都由「同樣的水」構成？是否能像波浪一樣在瞬間頓悟？就像波浪認識風，當我們認識了這個事實，是否真能減消對死亡的恐懼？

我自己曾經體現了類似的東西，在肋骨手術康復的日子裡。「所謂的我」已然支離破碎，摧毀到無法區別自己與他人。在那樣疲倦而眩暈的狀態下，我明白，人本由同樣東西組成，在我身後與面前的生命，根本無異於天花板上搖曳的光與影。我譬如波浪醒悟自己是海水，短暫覺察到皮膚只是一層薄薄疆界，而我將前往的地方無異於我所在的當下。我既是一個覺察更廣大的精神海域之人，對於死亡的恐懼得能稍減，雖然現在我書寫這些文字時仍不想死。

另一種詮釋是，所謂頓悟，就出現在我們了解到自己原來是由愛所組成的那一刻。那個當下，所有恐懼都煙消雲散。那一刻，心明白自己由什麼組成、從什麼而起，恩典帶來安慰：無論沿途有多少悲喜，我們早就是未來的一部分。這是一顆心的開悟：是愛令我們化成波浪，一而再，再而三。

- 緩慢呼吸，在一扇最近處的窗子旁冥想。留心同樣的空氣如何在窗內窗外聚集。
- 緩慢呼吸，冥思你的嘴就像那扇窗。感覺同樣的空氣如何在你的體內與體外聚集。
- 深呼吸，感受萬物的本質正在進出你這扇窗子。

七月二十九日

謙卑如犬

活得謙卑如犬，世界就會在你口中活起來。

我帶那隻還年幼黃金獵犬回家的那天，從沒想過她會成為我的老師。她才七週大，在我的襯衫裡酣睡。我感受到那有節奏的呼氣是微小的動物之風，溫暖著我。一天一天過去，我漸漸了解她那純粹、完整而忠誠的生命，從沒看過任何東西能如此徹底地沉浸在當下時空，天真投身於眼前所有。當她在草地上滾動，世界就只剩那片草地和那滾動的感覺；當她裹起地毯躺下，生命的渴望便僅只是蜷睡與嘆息。我嫉妒我的寵物擁有完全活在當下的能力。

我漸漸了解她如何透過觸碰來認識世界，主要是用嘴巴。狗不像人苦於遲疑，狗兒就是把她的口鼻朝向各種東西，而所有立即的認知都帶給她喜悅。

這隻不能言語的狗教導了我，直接與地球連接，將會產生無可言喻的基本感受，而直接觸碰我們所經歷的一切，會令人謙卑。如此直接的連結，可以讓事物恢復活力。世界的能量以這樣方式流經任何一個我們敢於完整的時刻。

- 這是一個走路的冥想練習。集中心神，配合自己呼吸的節奏行走。
- 諸多細節在你眼前活現，樹枝間的光線、水窪表面的反光、石上的青苔，試著去觸碰那些召喚你的單純事物。
- 深呼吸，以嗅覺帶領你的心，進入日常生活。

當前路受阻

當前路受阻，往後退，看見更多。

每個人都是一座可供別人攀爬的山，而通往愛的道路常常受阻於災難、問題或種種意外。我們傾向將生命中這些意料外的事稱為「障礙」。

攔阻去路的往往都是「別人」：固執，像一根斷落的樹橫擋於前路；悲傷，如驟至的洪水弄得彼此滿地泥濘。或者，正要在打理妥當的林間空地歇息，卻被藏於雜草中的東西所螫。在日常生活中我們可以有兩種選擇：把對方看作那固執、泥濘，螫咬並且阻擋前路之物，或是，後退一點，看見完整的對方像一座完整的高山映入眼簾，我們甚至會因其壯美與莊嚴而暈眩。

由於太過當靠近對方而感到受阻，我們始終有機會去凝視對方的完整，可以蹲下去挪移那斷落的樹木，可以跨過泥濘，可以摘除並拋棄那些螫刺。我們可以繼續攀登，也就能掬飲彼此身上流出來的水以茲解渴。我們明白，愛將從最堅硬的地方以最柔軟的姿態潺潺流淌。

- 集中心神。想起一個所愛之人。一位朋友、伴侶或家人，專注於他們現在的一種固執。
- 吸氣，不必否認整件事的難度，而是加寬自己的心靈視野。往後退，完整地看見那個人，包括看見他的固執。
- 深呼吸，同時感受兩件事情：整件事所存在的難處，以及你所深愛著的他們的整個靈魂。

眼睛是燈

眼睛就是身上的燈。你的眼睛若明亮，全身就光明。
——耶穌

清澈的眼睛可以讓光進來。眼睛是為了讓光進來，而不是抽離自身以觀察光，這番認知可以把心打開。為求度日，我們的心必須讓他人的真實進來，而非利用別人的欲望與恐懼畫出自己的道路。讓他人進來和讓自己出去，乃是保持真實的重要關鍵。

把事情看成二選一，這種乍看自由的矛盾常常損傷了心靈。它牽涉到風險與安全的拉扯。「冒險打開」常被視為危險，會失去所有安全；而「保持緊閉」被視為保障安全的作法。這反映出牆內或者牆外的二分法：牆內就安全，牆外就不安全。這樣的信念從不會承認那道牆是令人窒息的。我們臉上的面具成為了分割與摩擦的高牆。

就真實的內在來說，只有一個方法可以抵達深層安全和內在平靜海洋：穿越風險的流沙。風險可以打開安全，而不是關上安全。透過敞開自己，方能接收那份來自完整的力量與豐足。

這就帶來了如何定義自我保護的大哉問：是該隱藏真實的自己，還是活出真實的自己？是將一切所見用以防衛自己，還是清空自己以讓光線進來？是要防備一切可能的傷害，還是敞開自己面對一切可能的療癒？

- 閉上眼睛，用呼吸的海綿擦淨你心靈的黑板。
- 往外看，注意第一道光線和它所照亮的東西。
- 把那個東西舉在眼前，了解到它所吸收的光，現在正流向你過濾風險與安全的幕。
- 感受它進入體內，接受那道光。

August

八月一日

「變成」之苦

對花來說，它在每一個階段的綻放都是完全打開的。

當我把自己當下的位置拿來與最終的目標相比較，這對自己是不公平的。這也是「渴望變成什麼」所造成的痛苦。因為，我們總是用想像中的風景來對照還處於發展階段的此刻，儘管我們每一刻都離目標更近一點，卻覺得永遠不夠。

單純的玫瑰，開花的過程緩慢卻純粹，在每一個瞬間都盡力。生命也一樣，在每一個階段都盡量伸展。尤其人心的盛開過程很是緩慢，只要一與我們理想中的戀人、父親或母親對照，此刻的我們立刻就顯得不夠。

若能把自己視為一朵花會好得多。花兒根本不可能強迫自己加速盛開，因為必會撕裂。但人類常常催逼自己，而我們破裂的地方無人看見。假如勉強自己比自然狀態還要開展得更快更深，這就叫做揠苗助長。自然的發展需要時間，諸多問題都來自於缺乏耐性。

我在罹癌之前，拼命想成為藝術家，用力督促自己，錯以為內在的創作衝動澎湃無比，而且是健康的衝動。然而，我的逞強充其量只是渴望變成偉大而已。為此某些東西開始壞毀，龐大的壓力逼得我用理想的形象來看待眼下的我，終於摧折了我的心靈之花。

我不認為人會自己招來癌症，但我確實相信，當我使得自己某些部分變得脆弱，它們會先向病痛投降。所以癌症侵擾了我掌管創意的腦，並非偶然。

在「變成什麼」所帶來的痛苦之中，最難接受的一種改善方法也許是：無論我們身在怎樣的路途中，無論有多少缺陷、多麼不完整，都是一種綻放。無論我們在一天將盡之時做了多少事，都已經足夠。夢想正漸漸成為真實。

・閉上眼睛，冥想一朵含苞待放的黃色玫瑰。
・徹底呼吸，不要等到那朵玫瑰徹底綻放，才看見它的美好。
・反之，專注於那即將開展的黃色花瓣，現在就看見它的美好。
・深呼吸，把自己當成這朵玫瑰，不要等完成某個想像中的目標才看見自己的美好。
・吸氣，欣賞並珍惜自己開展的美好。

八月二日

美人魚

美人魚發現了游泳的少年，
選了他當作自己的戀人，
她身體緊貼著他，
笑著潛入水中，
殘忍的幸福忘掉了一切，
愛侶也會溺水身亡。
——葉慈

我們渴望與心愛的人分享內心最深處，卻像美人魚一樣忘了不是每個人都能去到我們能去的地方。我們都參與了這項奧秘的事實：沒有誰能夠全然潛入我們的深處，我們必須一個人前去，那裡是與上帝同在的地方。

那位少年也許可以探訪美人魚的海底，但無法在那裡生活，他會溺斃。美人魚可以探訪少年在陸地上的生活，但她不能呼吸。為了活下去，每個人都需要回到自己最深處的本質。很多時候，我們責怪他人不願同行，把對方的無能為力當作拒絕，事實上，任何人脫離本性太久，都會窒息或溺斃。

一段情感關係最有活力的領域在於雙方的本質重疊之處。美人魚與少年可以在海水與空氣相接之處擁抱。出於愛，美人魚負責把她的寶物帶出水面與愛人分享，而少年則在兩人共享的波浪裡洗滌寶物。如此，每段真實的關係都成為一個家，讓我們在與上帝獨處之後得以回返。

當我把二十年的伴侶安妮推進癌症手術室，這份道裡最是清晰。我陪她走到最遠處，看著她的身影進入玻璃門，愈縮愈小，那時我懂了：無論面對上帝、死去的父母或是人性的限制，我們都得獨自走過那道名為「經歷」的玻璃門。所謂慈悲，則是盡力引領摯愛走到最遠，然後在原地等候他們回來。沒有任何人可以代替我們或是陪伴我們，走過那道玻璃門。

無論在深海或陸地，在團體中或者獨自隔離，每一個人都擁有這份本質的孤獨。深處與高處之間的旅途滋養了靈魂，來自他人的觸動讓我們保持清明，在愛的奇蹟之中，我們謙卑。

·與所愛之人談話，找出一個你希望能更徹底分享的東西。

·討論你們是否可能更徹底分享。覺察你可以付出什麼努力來讓這樣的分享更徹底。覺察你的哪部分是因為自己的本性而難以被對方觸及？

·現在，在冥想之中，潛入那個無人可達之處，帶回一個小寶物，試著與對方分享。

·角色互換，重複這個過程。

褪去意志

身體終將枯槁，而住在裡面的，卻是永恆。
——《博伽梵歌》

絕大多數的蔬菜和水果都包覆著一層表皮，如果想品嘗它們的鮮美，一定得剝掉它們的外皮。這說明了人生行旅的重要之處：如何在意志的表皮下成長。

我們常用冠冕堂皇的構想與計畫包裹著渴望、熱情、努力與好奇的小種子，但這些包覆往往跟我們最終長出的甜美和成熟都無關。然而要記得的是，就像玉米必須被裹在莢內幾個月才會熟透，我們也必須在「我們可能成為的樣子」的層層理想中孵出「我們真正是誰」。

這沒有什麼對錯。多數事物都需要有保護的容器才得以成長，但假使把果實包得太久，便可能會傷害自己。當內在的「我是誰」漸趨成熟，卻被陳舊的計畫封閉著，我們可能就會在表皮底下腐壞。也許，搬家、換工作或者進入另一段關係就像是在剝除曾經幫助我們成長的表皮，但我們漸漸明白，真正需要被剝除的並非那些我們在乎的人事物，而是我們愛的方式。

雖然我們需要制定計畫，朝目標努力並設想願景，但這些都無法幫助我們好整以暇面對自己成熟的那一刻。到了靈魂飽滿如熟透果實的時候，所有夢幻、野心與抱怨將全部化為無用的舊皮。當我們成熟，有能力感受慈悲與喜樂，那種種為了未來而生的犧牲及拖延將會使內裡腐敗。當我們的心好似熟透的穀粒呼之欲出，那些纖細的明日之夢便該功成身退。

沒有人可以控制或預期自己的果實會在什麼時候成熟，我們只能試著不以包在外面的東西定義自己，就算它們曾經有助於成長。如此，我們將不斷努力成為太陽本身，在我們所在的地方成熟，迸發出一小片太陽碎光。所以，就盡量去夢想、去規劃吧，去築起屬於自己的金字塔、去賺取財富並花用它，因為這些都不重要。重要的是從夢想與折磨中孵出的甜美有朝一日終於降生。

・選一顆水果，也許是蘋果或橘子。
・緩慢呼吸，感覺那層阻隔你與水果的果皮。
・感謝那層果皮把水果帶給你。
・現在，剝去一些果皮，享用一些果肉。
・重複上述動作，同時冥思某種幫助你成為此刻模樣的覆蓋物，一個計劃、一場夢想或是渴望。
・現在，閉上眼睛，把這層覆蓋物剝去一些，同時感謝它陪伴你走了這麼遠。

八月四日

黑暗的騷動

暗黑將息，光明始動。
——太乙金華宗旨

我們究竟該如何與黑暗的騷動相處？該如何穿越困惑、悲傷與阻礙，從中理出一條通往明天的路？這些問題就像是荒煙漫草的小徑，我們一邊劈砍出路，一邊對自己施以小小的暴力。這段來自中國的古老文獻，看透了更為堅定而單純的道理：騷動本身就是黑暗，唯有張開手，光才有空間。

我到底多少次掛記著別人說的話，再三審視，直到生出黑暗的藤蔓——這句話什麼意思？沒說出口的又代表什麼？回應，或者不回應？該如何取捨？想法如雜草蔓生，遮蔽了光。

想到此，我笑了出來。我耗費大把光陰編織著根本沒有發生的劇情，直到它們猶如雜草覆蓋心靈。光明似乎擁有無窮耐性，並不強行進入我們的心。不對，光明似乎一直在等待，等著我們敞開，就算只清出小小的空間它都願意填滿。

黑暗的騷動彷彿撲天蓋地。我多年來努力用成功的喧囂蓋住尊嚴的傷口，直到自己的心被成就感的柵欄遮住。唯有放下成功，光明才開始挪動，宇宙的溫暖才抵達疼痛的核心。讓黑暗的能量歇息，我才開始痊癒。

· 冥想你在心中再三審視的東西。
· 深呼吸，然後，設法不要再想它。
· 用你的呼吸分開黑暗的思想，生命的光明才能抵達渴望被擁抱的疼痛。

八月五日

小雞出生

每一道裂縫都是開口。

看到小雞的出生過程，有助於我們處身於巨大變化之中。從小雞的觀點，出生確實是一次恐怖的掙扎，牠受限於黑暗的殼而蜷曲自己，尚未成熟的小雞吃下所有的養分，盡力伸展，抵住蛋殼的輪廓，然後開始飢餓，感到狹窄難耐，最後牠快要餓死，因為世界愈縮愈小使它就要窒息。

終於，牠撐裂了蛋殼。小雞所知道的世界即將終結，所謂的「天」塌了下來。小雞一邊吃掉蛋殼，一邊從裂縫掙扎而出。在此片刻，小雞正在成長卻又脆弱不堪，飢腸轆轆且困於阻礙

——牠的世界崩垮，小雞肯定覺得自己快要死了。然而，當所仰賴的一切全數崩毀，小雞就出生了。牠沒有死，而是降臨世間。

此中寓意耐人尋味。轉變，永遠牽涉到傾頹與壞毀，我們覺得自己認識的世界快要完了——因為它也確實就要完結。

但是小雞提供了一種智慧：想要活著出生於世，得食用自己的殼。面對巨大的變化之時，自我的變化、情感關係的變化、人生使命的變化，我們多少都得吸收那層包覆、滋養、孵化我們的東西。如此，當新生降臨，所有舊的也存於我們之中。

- 找個機會，觀看某個生命誕生。
- 有了這個念頭就主動去找尋機會，前往動物園、農場、育兒室、水族館或探訪醫院中新生兒的樓層。
- 當目擊了某個生命的誕生，留心你被什麼細節觸動。
- 將那份細節當作導師，看看它是否映照出什麼，從你的內在掙扎地要誕生？

八月六日

心的愉悅

我們天生就有這份需求，要在彼此裡面，赤裸裸地呼喊。

面對性，我們總是害羞，往往錯過了真實的親密瞬間所令人折服的教導。例如，高潮時那種深刻而濃烈的敏感就是一份美妙的矛盾：人人都渴望重回如此難捨的剎那，卻無人能夠長久承受這般強烈的狂喜。

這一時刻顯示出關乎人性的最大限制與活著的至深之面。我們在另一人面前無法抵抗地裸身以對，流露脆弱，不顧恐懼與防備的本能，在最為敏感的時候渴望被徹底擁抱與撫觸。

這是心靈對於肉體愉悅所下的定義。我們需要這樣的暴露與解放來變得完整，但我們也必須知道沒有人能夠長久承受如此。所以，狂喜的呼喊聽起來與痛苦的呼喊沒有什麼分別。而我們為了感受完整的敏銳與脆弱於是與另一個人結合，這就證明了沒有人可以獨自過活。從這角度來看，真正的「親密」是不能沒有信任的，當身體在如此敏感之際卻選擇壓抑心靈，就等於只感受到狂喜的一片微小餘波。

這般徹底解放的喜樂，並不是只能藉由性才能得到，也可以藉由在關係中真實展現自己，說真話，被徹底看見和擁抱來達到。一旦到達這無所畏懼而易碎的時刻，心將展現所有的禮贈：做真實的自己，無所保留，相信另一個人，變得完整，並且看見另一個人的完整。

- 這是與所愛之人共同進行並且關乎親密的冥想練習。
- 兩人面對面坐著，緩慢呼吸，直到找到一個彼此共有的自然節奏。
- 保持眼神交流，溫柔地捧著對方的臉。
- 用指尖滑過對方的容貌，讓彼此之間的牆變薄。

我們帶著的

河，從不試圖抓住流過的水。

我們穿越時間而旅行，都在途中掙扎於能帶走什麼、要留下什麼；不管丟下任何東西都無比艱難，但若不丟，我們將被自作自受的重量壓垮。

河是個好典範。河流並不擁有奔騰而過的水，但與水的關係又無比親密，畢竟水的力道決定河的形貌。我們所愛的一切也是如此。抓緊最重要的東西並沒有太大意義，因為我們的模樣早已被它們慢慢捏塑。

試圖紀念心情，是為了讓沉睡於體內的強烈感受得到釋放。有時候書本、卡片、貝殼或是乾燥花確實有釋放心情的效果，但更多時候我們攜帶太多，超過所需，不願意相信這些小東西所代表的意義早已存在心中。最終，我們能送給自己的最實用的禮物就是：將生命打開，一如河流向水打開。

- 握住一個對你有意義的紀念品，冥思它釋放出來的感覺。
- 留意這份感覺住在你體內的哪個部分。
- 對你而言，這份紀念品擁有多少生命？
- 你為什麼帶著它？

臣服如鴨

在我試圖看見的東西底下，有需要的一切。

已經是幾年前的事了，但我記得很清楚。那天中午我沿著湖畔行走，烈日下十幾公尺之外，有隻鴨子蜷曲著睡覺，牠長了柔軟羽毛的頭壓向身體，隨著水波來回靜靜晃動。

這小小風景頓時讓我卸下心防，其中藏著關於信任的終極課題。這隻小鴨子是一位不說話的導師，牠放下企圖或想法，安睡在世界的子宮。如果能像牠一樣臣服於生命的奧妙，我們就足以被承載，恢復得像新的一樣好。

這隻小鴨終究會醒來，用自己的路線游水，但這小生物卻能完全放下，讓牠在世上的時間沉浸於深深的平和裡。這一切唯有臣服才能夠領受。

我在極少數情況下也能像那隻鴨子般完全放下，做到了徹底臣服，也改變了我的生命。我因罹癌而苦，從恐懼的架上跌落，以小鴨的姿態進入手術室，如同穿過一道通往彼端的門檻。我身陷孤單，不敢伸出手，卻不知為何屢屢覺得墜落於另一人的愛裡面，使疲倦的心靈得到洗滌。而今我追尋著處世的智慧，跌跌絆絆之餘，徹底臣服於我所明瞭的一切，然後發現自己在深刻之中漂浮，說不上有智慧，也不能說沒智慧，總之，我僅僅只是肯定生命。

- 當你感到疲憊，靜靜坐著，用呼吸洗滌一天的沉重。
- 每一次呼吸，吐出一件沒做的事、一個傷、一個太飽的恐懼或憂慮。
- 不要分析這些，也不要想解決它們。只是用呼吸讓它們離開。
- 感覺足夠輕盈之後，把自己當作那隻小鴨，感受生命的奧秘傳來的水波，感覺那浮力。
- 只要十秒鐘就好，試著去臣服，也就是軟化一切抵抗，讓生命之水將你承載。

八月九日

準備那條路

若你還沒有經歷「死去而後生長」這回事，你就只是黑暗地球上一個煩惱的過客。

——歌德

死亡不是壞事，細胞每天都死去，而且矛盾地這成為身體活下去的原因。外殼會剝落，覆蓋會塌落，新的成長隨之而生。這是我們必須的存活方式。思想的方式也如同細胞死去，一旦我們拒絕讓深層生長成為新皮膚，這就會使人吃苦。是不肯讓事物成長的這份固執帶來痛苦。是擔心自己不成長的這份害怕使得我們絕望。是自己在任何一個方向都沒有成長的這件事使得我們死去。

抗拒這個過程，我們變為煩惱的過客，如烏鴉般哀哀呻吟。抑止生命浮現，使得活著更為痛苦。想像一下，如果樹木不落葉，波浪不翻騰也不粉碎，雲朵不肯落下雨滴之後消散，將是何等光景。

希望以下話語能夠提醒我自己也提醒你：小的死亡避免了大的死亡。真正重要的東西正在那些看似擴張的事物之下等候時機，準備上路。

・靜靜坐著，冥思你曾經展現的各種自我，透過和緩呼吸，冥思新的如何在舊的底下成長。

・閉上眼睛，冥思就在此時正在你體內成長的新東西。

・透過穩定的呼吸，對那些可能阻礙成長的習性鬆開心靈的手。

隨機

所謂隨機，指的是「馬全速衝刺，四腳同時離地的瞬間」。

這是「Random」一字的原意。它指涉了一種脫韁熱情所帶來的奧秘，一種出於全然沉浸與臣服而得的飛升。在我們的時代，「隨機」意指不經設計、沒有章法也沒有意圖，完全屬於機會。這個詞幫助我們拋開意志控制的一切，如果不能刻意創造，那麼就要是出自意外。

然而生命卻充滿了不知來處而意外湧現的善意。當你口渴，一個水杯就傳了過來。當你孤獨到快要壓斷內心深處的骨頭，某人主動說要載你一程，或幫你扶住即將滑落的購物袋。當你獨行於寂寞的路，沒有事情可以讓你抬起悲傷的視線，一頭小鹿正巧好踢踏著韓德爾的旋律，躍過眼前。

所以，隨機的馬究竟教了我們什麼？想像牠所有的能量與渴望在體內衝至最頂峰，化為瞬間的飛躍，然後落地，然後牠再躍起，又再次落地。隨機的一瞬，就是毫無保留把自己放入眼前處境。在充滿能量的片刻，我們以人類之姿接近飛行，擁有熱情，讓內在的一切與世界相遇。

我曾再三經歷這件事。躺在病床上的時候，我擋不住眼淚、痛、沮喪和憤怒，然後我發現自己進入隨機的狀態，就算無法離開病床，卻覺得離地而起。奇妙的事這使得我進入生命的流動。

隨機的真實經驗也會召喚其他生命前來助援，就像身體的痛會召喚細胞流向受傷部位。血液從健康的部位流往創口，它們並不知道會相遇，而宇宙這個大身體中的生命也是如此。我們彼此幫助，並不知道自己的助力流向何處。生命之力如此奧妙地治癒自己，我們所謂的「機會」、「運氣」或「巧合」，其實是生命的自我療癒之力，循環在我們裡面和我們之間。

·今天，做一件隨機的事。
·如果看見一塊陽光閃耀之處，毫無保留站進那地方，抬臉向天空。
·如果被雨困住，讓自己全然敞開。
·如果在街上聽見現場演奏的音樂，找到來源，靜靜聽一陣子。
·看見美好的東西，緩慢微笑。如果那東西依然美好，而你看見它兩次，任自己因恩典笑出聲。
·什麼都不要保留，讓沿途觸動你的東西改變你原本的道路。

八月十一日

跑步的時候

看見，需要時間。
——喬治亞·歐姬芙（Georgia O' Keeffe）

五月，跑步中，我看見一處修剪工整的樹籬，弱不禁風的藍色小花活潑蔓生而出，狂野而不馴。我忍不住揚起微笑。我不也是花了多年才免於遭受外力的修剪與形塑？我真愛那樹籬上狂放的藍。

六月，跑步中，我看見一個老人在修剪樹籬。他非常投入，慎重地揮動剪刀，然後退後一步，汗珠從眼角流下，彷彿他的辛勤支撐整個世界。這樣的關注觸動了我。他對我微微頷首，然後一言不發繼續工作：重點不在於這處樹籬，而是某個他需要照料的東西。我忽然明白，抗癌以來，我也一直以類似的方式活著。

八月，跑步中，我撞見一道細細泉水從無法望穿的深處湧出，盡全力噴至最高處。不需要手臂卻使勁伸展，直到抵達最接近的天空，然後又開始回到自己。往上湧出的水不斷接替往下墜落的水，原來這就是自由的真意——汗流浹背、氣喘吁吁的我，明白了這麼一件事。

· 靜靜坐著，召喚你心中不願意被修剪的部分。肯定那個部分。
· 深呼吸，召喚你心中需要被照料的部分。擁抱那個部分。
· 不受拘束地呼吸，召喚你心中抵達之後又回返自己的部分。祝福那個部分。

大聲活出來

我們在此，就是要大聲活出來。
——巴爾札克

最早的時候我們來到這世界，就會哭出聲，用聲音開路。這是發出聲音的主要目的。發出的聲音是生命的航線，這帶著心情與表情的音調，使得我們一次次肯定自己活著，得以朝氣燃起生命的殊勝與寶貴。

很快的，我們在學校或在家中，在第一次發現愛的感覺並不和自己在一起，於是我們太快以為自己的哭喊或發出任何聲音是可以被別人聽見的。這之後，一切就都變了。

於是我們急著被接納、被肯定。但是鳥兒不會只在有人聽的時候才鳴唱；樂者不會只在可以被肯定的時候才演奏；而詩人不會只在能被理解的時候才吟詠。

我也曾在他人的期待與否定之間浮沉，而後我找回自己的聲音，再次只因為自己是一份活潑的生命便覺得欣喜。「被聽見」當然有其特別的快樂與養分，但我漸漸明瞭，最先要做的永遠是要用聲音為自己開路、用聲音表達自己是誰。由於我還是希望別人覺得我夠好，但為了讓自己的聲音出現，我總必須把他人對我的反應放在一段距離之外。

我要提起一位我認識的老人。他來自義大利，當了一輩子的水管工人，是個善良貼心的好人。他常常笑，無論身旁有誰，也不管大家知不知道他在笑什麼，他一定都大笑出聲。他照顧水管，他大聲活在世上。他可能不知道他教會了我如何愛這個世界。

- 走到戶外，聽一聽鳥兒的聲音，聽見牠們歌聲裡的清亮。
- 留心牠們唱歌的動力與所唱的歌，之間似乎毫無阻隔。
- 呼吸。注意自己的感覺，覺察是什麼讓你猶豫著不敢發出聲音，那份遲疑是人的通病。
- 努力清除那份遲疑。吸氣，感受到內在浮現的東西。再把氣吸滿，讓心眨一下眼。吐氣，讓感覺從自己發出聲音，不管多麼輕柔都好。

庇護之石

八月十三日

也許這就是為什麼我常常想要觸碰他人——那是另一種交談方式。

——喬治亞・歐姬芙

那時，我離家很遠，感到痛苦又脆弱。有一個片刻，我目光穿越猛烈的海風，看見翻騰大海中有塊巨大岩石，石頭上有白羽鷸、海鷗、鸕鶿、海獅、海豹、鵜鶘、水獺。這些動物是來到這塊石頭尋求庇護的，爬著、飛著、把自己拖著，在烈日與海風之下，被海水擊打得筋疲力竭，好不容易找到休憩處，來到這塊岩石，一起活，躺臥在彼此身上。

這就是負傷的生命找尋出路的方式，這就是我們找到彼此的方式。我們甚至透過這本書找到了彼此。每一個生還者，不論各自是逃過了什麼，都一定認得那撲打不休的海洋。而在那塊庇護之石上，我們終於接納彼此。畢竟在游來之路早已耗盡力氣，無暇思考這裡是誰的領地，累得不想說話，只想單純的觸碰彼此。

我每週見面的保健團體就是一塊這樣的庇護岩石。康復者聚會室就是這樣一塊岩石。上千個治療病房就是這樣一塊岩石。對於受過苦的人來說，寬容不是一種政治的姿勢或信條。對於受過苦的人來說，把自己拖到陽光之下，身旁任何身疲憊之物都是家人。

- 集中心神，想像當下是一塊岩石，你逃脫苦難後，爬上了它。
- 深呼吸，感受歲月的拍打之下這難得的片刻平靜。
- 打開你的心靈，看一看有沒有其他認識的人也在此處。
- 如果某些人恰巧浮現於心，敞開自己，跟他們談談這一切。

窑洞

我曾用智慧試驗這一切事。我說，要得智慧，智慧卻離我遠。萬事之理，離我甚遠，而且最深，誰能測透？

——《聖經．傳道書》

人性（humanity）這字的字根乃是土地（humus），這一意義使得我們俯首，使我們與比自己年老而綿長的事物連結，讓我們得到日常煩擾之外、超出理解範圍的寧靜視野。

這個道理在我去新墨西哥探訪朋友的時候浮現。我們開了一小時的車抵達普遇窯洞（Puye Cliffs），這兒是岩石鑿出來的住處，一千五百多個普魏布勒印地安人（Puebols）在此居住了十二個世代。我們攀上頂峰，懾服於宛若世界邊緣的景象。同行的卡蘿說：「我們的渺小是多麼美好。」可以想像八百年前老祖宗們何以選擇這裡作為居所，也許因為這份遼闊能讓每個人時時想起造物主。

風漸強，擊打著這些原住民靈魂居住的山洞，然後他們開始在風中歌唱。我想起榮格說過，他的生命只有從世紀的角度去看才有意義。我突然明白，所有曾經追尋靈魂真相的人都以這番姿態活著，從黑暗虛無的洞穴往外遠眺那片洪荒與壯麗包容著一切。

我們豈不是都攀越於外在生活的荒煙漫草，直至人性的峭壁，安居於奧秘的邊緣。我們穿過人生的苦難，抵達一個地方，挖鑿出自己的小小家園，在那裡得知自己的渺小和宇宙的廣大，為此而暈眩。

是啊，我亦如同先前的攀爬者一般在途中受苦，只為了來到高處，靜靜等待。在那裡，我們站在一起，卻又各自獨處，歲月把我們削磨回到最純粹的本質。在那裡，謙卑的生物聚集一起看那眼睛看不見的、去明白那尚未被明白的，而我們張開雙臂如蒼鷹展翅，品嘗遠古的空氣。我們伸展心靈宛如紮根懸崖的樹，等待理解的邊緣如同陽光一般抵達，這份理解不是為了教育我們，而是為了溫暖我們並讓我們成長。

啊，我們倚靠在無垠之中，心在胸腔舒展，迎風鼓動，像一個人只離自己的歌聲三吋之遙。

- 前往開闊的自然空間，山頂、海邊、野外的湖畔或是平原。
- 安靜冥想，讓風帶著遠古的感受，環繞你微小的呼吸。

八月十五日

被擁抱

在人類語言中，最簡短也最有力的禱告，就是幫助。

——湯瑪士・基廷神父（Father Thomas Keating）

假如我們不說出自己的需要，在我們與世界之間就會出現某種看不見的堅硬，冷酷而嚴厲。有時候重點不是我們需要什麼，重點在於我們「承認」了自己的需要。況且多數時候我們是真的需要。

開口求助，不管能不能得到所求之物，光是開口，就足夠打破世間累積的堅硬。我們要求了沒有人能給的幫助，光是「要求」了，就能接收到撫慰與祝福。因為，承認了自己「人的那一面」，足以讓靈魂破冰而出，恰似海豚躍向陽光。

我們所遇到的最艱難壁壘，乃是現代社會培養出來的疏離感。想要打破疏離，我們必須願意被人擁抱、讓人看見自己的脆弱。倘若能被看見，善意將包覆一切柔軟的地方，一如流水填滿坑洞、光線充溢黑暗。

所以，就承認自己的需要、要求幫助、坦露自己的柔軟吧。這些是無語的禱告，會有朋友、陌生人、風和時間來包裹。讓自己被擁抱，就像是重回母親的子宮。

- 呼吸，試著放鬆，在這短暫的時刻軟化自己的防備。
- 緩慢呼吸，感覺自己的毛孔對世界更徹底地張開。
- 深吸氣，讓空氣與寂靜更加靠近。
- 俐落吸氣，讓自己被眼前的存在擁抱。

八月十六日

傾囊相授

有治癒之效的是「你是誰」，而非「你知道什麼」。

——榮格

榮格這句話並不容易記住。就算我足夠理解了要讓自己在生活中宛如海綿的道理，但只要親愛的人受傷而來，我又想要傾囊相授，翻出自己懂的、有助於那人的東西。而每一次，他們真正想要的只是我能夠如海綿般敞開心胸，他們只想要有人聽他們說，並且被擁抱。

在大自然中倒是很容易看見這份真理。星星以光亮擁抱黑夜，河流以濕潤讓地球存活，風吹散頭上烏雲，讓人心神清明。

它們都是可以打開人心的老師，都在我們本性中默默等候。我們為它們帶來生命，它們幫助我們療癒自己與彼此。

當口袋空空，當我傾盡一切所知，結果也只能聳聳肩，承認自己的無知。就在如此片刻，愛才真正開始。

- 在一天當中找個機會，把自己想成一股活生生的能量。既不是想要達成的目標，也不是需要被克服的阻礙。毫無保留地感受自己。

八月十七日

活的笛子

磨難讓每個人都成為樂器。

有時候我們無法如願獲得想要的，難過又失望，但如果就這樣停下來不再追求，那才是真正的荒廢。世界充滿無限可能，大自然像個貯存健康的蓄水庫，如果心被勒住而受限、意念因為痛楚而上鎖，奇蹟就只能是一條狹窄的線。然而，無數的卵只孵出一條小魚，無數細胞只治癒一個傷口，但我們常常緊守自己想要的那一個，以為那是世間唯一食糧。這時我們便距離危險與絕望只有一步之遙。

因為一顆種子沒有發芽就責打自己，這真是慘事。一個惡性循環是這樣的：越是拒絕奧秘進來，就越會認定自己應該為自己所遭遇的一切負責。越是分心去探討計畫為什麼失敗，就更迴避了真實的失落感，然而這失落感是在生命前往圓滿的路上逃不開的。

就算真的能接受這道理，但假如想要的東西是愛，仍會帶來痛苦與混亂。愛上另一個人，就是投入自己；一旦對方離去，似乎也帶著我們一起走。他們確實帶走了我們最深刻的部分，但是那使心靈得到滋養的內在並不會窮盡，而一切活著的就都是有療效的。

樹木最能體現這個道理：無盡的年輪和樹幹上的結節使它們看來都像位智者。奇妙的是，老樹的外皮其實是由傷疤累積出來的生命地圖。可不可能是這樣的：傷口成為了疤，疤成為了美麗而靜默的結節，使得那些飛翔之物在此築巢居住。

當我們想要的已然離去，每一個地方都被清空，內在也清出一個更深的地方，裡面有奧秘在歌唱。只要撐過那感覺空掉了的痛楚，我們也許能體驗被歌聲穿透的喜悅。每一個靈魂都在世間被生活雕成活生生的笛子，唱出一次比一次更加深刻的歌。

- 靜靜坐著，冥思一段關係，可能是一份愛情、友情或親情。在那段關係中，你曾經失去一部分的自己。
- 穩定呼吸，凝視這件事為什麼發生。由於拒絕？委曲求全？因為放棄了替你的靈魂所需做出選擇的能力？因為你的愛走了或死去了？
- 深呼吸，在所有是非對錯背後，在傷害旁邊，在失去底下，看一看你能否感受到在受傷與撕裂之外，有什麼被打開和露出來。
- 就算你不知道該怎麼命名，也帶著這份全新的空間，在一天當中，試著覺察這裡面等著奏響並穿透的歌。

住在等待裡

一種平懷，泯然自盡。
——三祖僧璨

寫下這段文字的時候是夏季，我人坐在紐約的布萊恩公園，每一棵高聳的橡樹都微微向南傾斜。日正當中，人們因酷暑而無精打采。來此吃午餐的上班族、德國觀光客、打盹的老人。遊民喃喃自語如麻雀飛過，嘰喳著無人能解的訊息。

有時人生像是一個沒有目的地的候機室，有人僵硬徘迴等待著痛苦止息、有人期待好事發生、有人害怕壞事即將展開。在等待的時候，有人被驅使著非做計劃不可——而每一個人都是我。

我們很難安穩地等候，安穩地待在那等候的重量裡面，直到我們發現只能等待，別無他處可去。

覺察這個之後，最難的或許是放下所有伸出去的舉動，而只是敞開自己如深海裡的蚌，直到生命穿過外表，湧過我們半閉的心。

然後上帝就會進入我們，像一顆燦爛的寶石落入湖心。「過去」是我們身後的漣漪，「未來」是我們眼前的漣漪，而我們，正在永恆之中呼吸。

- 這個冥想練習可能會花一點時間。靜靜坐著，冥想，直到對時間的覺察開始模糊。
- 透過呼吸，浮現過去的影像與未來的想望，然後讓它們經過。
- 當你緩慢地超越等待，讓過去、未來與對時間的覺察漸漸融合。
- 在這一天中，練習不要為了生活而伸手索取，不離開也不抵達。就讓生活進入你。

必要的恩典

不去感覺，就是阻止心呼吸。

我們總是與悲傷抗戰，彷彿它是沒人要的病菌。而我們苦苦渴望幸福，當它是應許的伊甸園，但此園門扉深鎖，非要我們改正某些缺陷才能進入。就連憲法也說，幸福是人人不可被剝奪的權利，嘗試確保我們在這趟成為個體的旅程中得到滿足，然而政府根本無從保護靈魂得到滿足。但這法律也暗示了若我們遇上悲傷，似乎就是被剝奪了幸福。

是的，受苦意味著「敏銳地感覺到一切」。這是因為，帶著覺察之心深刻而準確地感受，才能敞開自己，又同時領受悲喜。能敏銳地感受，才能揭示生活經驗的意義。

口渴時，我們不可能把臉埋進小溪然後說：「我不喝氧，只喝氫。」假使只要氧或只要氫，它就不是水。我們無法單單掬飲幸福或是只要悲傷，那樣的話生命就不再是生命。

心靈使得我們經歷事物，肺部讓我們呼吸空氣。所以，活著就是感覺，這是權利。敏銳地感覺，是必要的恩典。

- 想起最近一次覺得幸福的瞬間，那時是什麼讓你感到幸福？
- 想起最近一次覺得悲傷的瞬間，是什麼讓你感到悲傷？
- 隨著每一口靜默的氣息，讓幸福與悲傷這兩種感覺匯聚，如同河川匯入大海。
- 不要試圖區隔它們，感覺幸福與悲傷融合於你的深處。

放在肚子上

與我們的心、傷口和過去種種爭戰對抗，這種內在的戰爭比外在的戰爭更加可怕。
——施化難陀（Swami Sivananda）

一隻海獺在海灣翻滾，牠抓著一隻螃蟹或小烏龜緊貼在自己肚子，仰躺時，牠吃個幾口，再把剩餘部分放在肚子上，然後翻身，往前游。

這個景象在我心裡盤旋數日，有一天我發現我一直活得像這隻海獺，把沒吃完的食物緊緊貼放在腹部，同時往深海處游去。這樣當然不可能無拘無束地自在游泳。

確實，想要朝未來前進卻咀嚼著過去，這就造成許多傷痛。發現這件事之後，我就能停下來，面對那些我緊緊抓著貼放在肚子的老傷口。

這讓我再次明白，我們始終試圖融合內在與外在的經驗，熱切追尋一體，但該做的工作仍是：好好面對自己，不去任何地方。而不是一邊逃走，一邊啃噬受傷的靈魂。

- 安靜下來，不動。感覺你這個人與你做的事之間，有沒有一股壓力是來自於一邊移動、一邊又照料生命中某件事物？
- 如果有，停下來省視這個被你放在肚子上的東西。讓你照料的事物成為你要去的方向。
- 深呼吸，讓你內在與外在的專注朝同樣的方向前進。

處處皆師尊

老師們從某個地方浮現，來自我的內在但又超越我。一如深色的土壤明明不是根，卻持守著根並滋養著花。

我們常自以為獨立而可以打理一切，擁有純粹的祝福，可以自由前往想去的地方。但其實我們更像灌木、大樹與小花，紮根於無處不在兒看不見的土壤，只不過我們的根會移動而已。

當然，我們能夠自己做決定，一天數十個，但我們所做的這些決定，是從每天走過的大地和隨處可遇的不說話的老師之中得到了養分。當我們驕傲、困惑、以自我為中心或恐懼不安的時候，常常會錯過這些老師，便以為身負重擔且孤單無伴。

當我試圖聽見那些沉默老師所說的話，我會想起詩人史丹力·庫尼茲（Stanley Kunits）年輕時摸索著如何繼續人生，然後他聽見天鵝飛過夜空，突然就明白應該怎麼做了。我也會想起某個男子，緩慢地磨蝕自己，沮喪到近乎絕望的時候，他聽見雪中的鳥兒唱出意外的歌，這才恍然大悟自己其實是個音樂家，需要找到他應該演奏的樂器並且學習它。

若從獨立生存並掌控事物的邏輯來說，這種頓悟的經驗近乎無稽之談。但是，孕育我們的土壤所說的語言不同於學校教的語言，關於真實、愛與永恆的精神很少能事先加以預測，而清晰的存在也甚少通過言語出現。

我在地球上活著的短短時間裡，一度以為自己即將死去，卻感受到不朽的靈魂之光充滿著我，而我不顧一切恐懼與意志，被導向難以勾勒的夢想，全身飽滿著可能性，一如清水順著細窄的根向上，讓植物的枝葉朝光伸展。

下雪天有鳥飛過。夜裡天鵝鳴叫。正當你質疑自己的價值時，一片濕潤葉子飄落在你臉上。到處都是靜默的老師。在我們以為掌控了一切的時候，這些老師帶來的功課以意外與巧合的方式出現。若我們拿出勇氣細聽，隔壁房間玻璃破裂的聲響可能就指引了方向，而這般訊息，只能被那掌管我們所想與所感的根部聽見。

．和緩呼吸，接受一件事：突如其來的教導從來不會在你準備好的時候降臨。不如讓心靈保持安靜，這會更有助於接納與領悟。
．緩慢地深呼吸。要先伸展身體才能運動，心與意念也需要伸展，才能敞開面對精神。
．飽滿而穩定地呼吸，伸展心靈與意念的通道，把自己看成一朵含苞待放的花。

八月二十二日

抵達之外

只有在我要去特定目的地的時候，我才迷路。
——梅根．史克賓娜（Megan Scribner）

有個朋友在歐洲環遊，搭火車穿梭於城市與城市，不管計畫，而由興致引領著她前往不同方向。一條又一條難以預見的道路在眼前開展。一個充滿發現與驚奇的地點又指出下一個，冥冥之中似乎有某種邏輯正默默擔任嚮導。這樣的旅遊，從來不確定下一刻將落腳何處，她卻不感覺迷失；她反而在必須在特定時間之前趕到某個車站時才會覺得走錯路，站在邊緣搖搖欲墜。

這讓她體悟到，越是限定一日行程與目的地，就越會感到落後、遲到，甚至迷失。相對而言，寬闊的計畫更可以感受到發現的驚喜。這跟最後目的地無關，而是只要她開放面對各種可能性與變化，她就更會覺得每一刻都擁有她應當尋覓的寶物。

在某些時刻我們當然必須有確切的道路與方向，但更多時候，想像中的目標只不過是一個不需執著的出發點。當我們放鬆，不再堅持非要抵達某個確切目標不可的，也就卸下了對於迷路的擔心。在抵達之外、在沒能成功抵達的恐懼之外，真正的旅程才開始。

・這是一個走路的冥想訓練。選定目的地，公園裡的長凳、市中心的咖啡店或者不遠處的學校操場。

・選定一條簡單的路線，開始走。

・在走路時，把自己敞開，面對各種引起你興致的東西，鳥叫聲、一束光線或是孩童嬉鬧聲。跟隨你的興致而走。

・練習放下你的計畫。發現那條在計畫之外靜靜等待的興致之路。

八月二十三日

天空的滋味

魔法之門是這樣的，就算你正在經過它，你也看不見。

當自己正在轉變，往往無從辨別是什麼正在發生。因為置身於漂浮的狀態，看不見那片承載著我們的海洋。我們掙扎於轉變的痛苦之中，難以看見即將變成的全新模樣。就算感覺到掌心正被經歷撬鬆而打開了手，也難以想像會有什麼來填滿它。日子洗滌著我們的心，隱隱感覺到某種看不見的東西正在擦拭我們全身，但我們還無法想像，到了全新感覺的那一刻，牛奶、天空與笑聲會是多麼新鮮美味。

- 靜靜坐著，想起你現在的掙扎。
- 透過這個掙扎呼吸，祝福自己被埋葬的部分，它正為了再次轉現於世界而靜靜等候。

八月二十四日

熱忱

我們是人類，生命如風無垠，我們的智慧之屋遍佈孔洞。

「生命別無任何解答」，這已是難於接受的事了，更艱難的是接受「根本沒有人擁有我們以為是解答的東西」。沒有。只有驚鴻一瞥，瞥見那全然看見、全然感覺的完整；一旦這清晰的瞥見霎時消散，則言語又歸於沉寂，一切又變得混亂。

人一天必定會眨眼上千次，我們體內的人性也一樣是在本質之上眨眼。缺陷讓人謙卑，反覆遮蔽了人看見自己的天賦：有、沒有：有、沒有。這是逃不掉的混合。我們只能把真理的奧妙放在眼前，就算身處黑暗，也能像緊閉著眼皮但仍然感受到太陽的溫暖。

所以我們還有什麼選擇？哦，我們可以一次又一次去發現熱忱之所在，或是挖掘熱忱之所在。所謂熱忱，本質上是指與上帝或神靈的能量合為一體。熱忱（enthusiasm）一字來自於希臘文的en（與…合為一體）和theos（神）。

我們有太多限制，但專注、勇氣與慈悲能讓我們與完滿的能量合為一體，所帶來的結果就是熱忱，這種合一的深刻感受。

如此一來，熱忱並不是一種可以受意志支配的情緒狀態，卻是一種跟隨石子而起的漣漪，唯有將自己徹底浸淫於生命，才有機會感受到熱忱。

我們都需要冒險面對「讓自尊缺乏」的時候。鳥滑翔於自己看不見的氣流，魚優游於自己看不見的深海浪潮，一個音符被演唱於自己看不見的歌曲，那看不見的生命之樂就能浮現並承載我們。我們在謙卑之中，當熱情、我們與宇宙能量得到嵌合，這就是上帝流過靈魂豎琴的聲音。

一個奧妙、費力卻又單純的練習：可以走的時候就走，不能動的時候就靜止，讓內在累積的黑暗流血，用它來換取等候著我們的光。缺陷重重的我們，最要緊的是如玫瑰般綻放自己。

- 在一天中找一段時間，張開眼睛，靜靜坐在戶外。
- 一邊呼吸，一邊注意自己非眨眼不可的時刻。
- 接受這些事實：就算眨眼，太陽沒有停止發光，鳥兒沒有停止歌唱，花朵也沒有停止綻放。為此感到安慰。
- 當你眨眼而呼吸時，接受這些事實：就算在你看不見的時候，精神沒有停止發光，心靈沒有停止歌唱，生命也沒有停止綻放。為此感到安慰。

八月二十五日

愛就是存在

我曾經瞥見的核心現正圍繞身邊，成為我如今活著的風景，從此我將不再偽裝。

我的靈魂坦露於外，若那些我深愛的認不出我，我也不會退回到過去他們熟悉的我。

八月二十六日

園中兔

想要被愛，你什麼事都不用做。無需表演、無需成就、無需贏得榮譽獎章、無需被目睹行善。我花了五十年才學到並且相信這個道理，它一直到今天都仍是我的課題，因為我們聽到的是相反的東西。

我在長大過程中，父親說過上千次：「不要告訴我你有多努力，給我看你的成果。」但人生告訴我的實情正好相反：重要的是我的嘗試有多深刻，因為從那些嘗試之中才誕生了誠摯與愛。我的心不在乎我成就了什麼。

這又讓我得到另一個體悟：「做我們自己，並不會讓別人失望。」成年之後的泰半時間裡，我常聽到「你要為他人著想」這種話，提醒我不要追求自己而使別人失望。是沒錯，真正的慈悲來自對他人的體貼，但是不能因為怕他人不高興而蒙蔽了你對自己的愛。

若想要被愛，你什麼都不用做。做你自己，並不會讓他人失望。這需要一說再說，常常重複。就去做你自己，然後愛眼前的一切。

- 集中心神。透過每一次呼吸，擱下一份你的成就。
- 深呼吸，透過呼吸，擱下一件你尚未完成的事。
- 坐在你存在的中心，就算沒有優秀的裝備，也知道自己美好如山如河。

真正的發現之旅，不在於尋找新的風景，而在於擁有新的眼睛。

——普魯斯特（Marcel Proust）

在電影《第三類奇蹟》（*Phenomenon*）裡，主角約翰・屈伏塔為了不讓兔子溜進自家花園而費盡心思，架設了根基深達地底三尺的籬笆，但他設下的阻攔都被囓咬精光。

某夜他醒來，突然領悟到他從頭到尾都搞錯了。他在月光之下靜靜走進花園，把大門打開，然後坐在門廊前等待。

就在他快要睡著的時候，兔子慌亂奔逃出大門。先前他用盡力氣要把兔子隔離在外，但兔子正因如此而被困在園內。他無意間成了把兔子關在自家花園的罪魁禍首。

多少次，我們替自己的生命架設藩籬，試圖阻擋傷痛與失落？我們以為自己隔離了痛苦事物，它們卻處於內在，啃咬我們的根。該做的其實是打開大門，放它們出去。

- 集中心神。冥思此刻你試途擋在心外面的東西，也許是對未來的恐懼、對過去的記憶，或是你當下的處境。
- 閉上眼睛，打開心靈的大門，然後等待。一邊呼吸，一邊等待。
- 緩慢呼吸，給那些兔子機會離開花園。

八月二十七日

讓色彩濕潤

我分不清楚日子是否結束，世界是否終了，又或者，秘密的秘密是否又再存於我體內。

——安娜・阿克馬圖瓦（Anna Akhmatova）

活得越久，我越難分辨各種強烈情緒的差別；它們從最源頭就是相融的。活得越久，我卻越能分辨什麼是沒有感覺，什麼是有感覺，而這頗為重要。「沒有感覺」將會把我放在邊界，讓世界呈現黑白，而我成為一抹乾掉的灰。「有感覺」卻能將我留在風景中，使色彩保持濕潤。

前幾日天氣異常濕重，我跑了一趟雜貨店。幫我裝袋的老先生，雙眼無光。從他深銀色的眼眸，我看出他失去了老伴。當他拿起我的脫脂乾酪，他在眼前看見的是老伴浮現。汽水、魚片和英式鬆餅在黑色輸送帶積起。我緩緩從他手中拿下乾酪，老先生回神看我，略為恍惚自己竟然還在這裡。

我努力了很久才有辦法感受別人的生命，到頭來我發現，我們都一樣，不只悲傷，遠大於悲傷。我們都在心的基底之處相逢。有時候心的皮膚撕裂了，我們不再有所分別。一切言語過後，我們都是愛的證據。那天離開雜貨店，我感受到的遠超過一顆心，我不知道這究竟為我惹來麻煩還是使我踏上神域。

- 靜靜坐著，在各種不同名稱的情緒底下呼吸。
- 緩慢呼吸，感受內在浮現的騷動，不要去定義那些情感是喜是悲。
- 和緩呼吸，試著感受這些情緒共同的出發點。

八月二十八日

精神之海

縱使風讓樹活了起來，樹並不是風。縱使生命使得我們活起來，我們也不是源頭。

帶來生機的元素無處不流動，它讓我們活轉，諸多例子可以見得這一切：魚兒構成海洋，也依賴海洋，而儘管每條魚的體內都有海，海卻不被包含在任一條魚裡面。樹木無法掌控風，一如魚兒無法掌控海。

這讓我們更謙卑地明白精神生命多麼廣闊。身為人類的我們就像樹木與魚群，根本無法掌控恩典如何流動。靈魂就像魚，構成了精神的海洋，也依賴它，雖然每個靈魂中都存在恩典，恩典卻不能被任一個靈魂包藏。

不管你戴上何種心靈透鏡，無論你用什麼名字稱呼這款神祕，人類集合成上帝的世界，且依賴它：上帝的世界存於每個人之中，卻不受限於任何一個生命。

若是不能拒絕接受這份真理，等於自我毀滅。因為我們出於傲慢與意志，想要包納及掌控，遠超出一個人的能力。唯有當我們明白了從心靈到根源的根本關係、明白了單一個體生命與生命之洪流的關係，才能得到全體生命的祝福與能量。

倘若我誠實凝視為了愛與被愛的一切嘗試，我必須承認：這道理確實適用於心。我們的所有熱情與渴望，不正是那構成偉大的愛之海洋的小魚？我們不正依賴那包圍著自己的愛，讓我們從內裡活起來？縱使每一顆心裡都有一片愛的海洋，這片海卻不被任何一顆心靈獨佔。耶穌基督也曾肯定：愛的本質遠遠大於任何一個宣稱擁有愛的心靈。

明白了這些，到底如何幫助我們生活？我只能說，自己常常感覺像是一棵迎風而立的樹。樹抵抗著風，所以我們才能聽見風有多強：唯有讓靈魂迎向我們一切體驗的風，在風裡佇立，我們才得以認識上帝。

・看著風吹過某一棵熟悉的樹。
・靜靜看著，直到風離去。就算靜止，注意到樹枝仍微微搖曳。
・注意那些空氣，就算感覺起來空氣像是靜止的，其實還是幽微的風。

· 冥思：流過我們的精神生命，多麼像是風。
· 感受生命之力像幽微的風，在你呼吸的時候流過。

八月二十九日

撐過憂慮

我說，撐過憂慮，然後你的靈命將從高燒中清醒，然後你也許會想要些其它的，譬如一碗湯。

抗癌過程中無止盡的醫療程序、檢查和等待的煎熬，給了我充足機會練習處理憂慮。我很快了解到，恐懼之所以得到力量，是因為我離開了當下，想像未來將有壞事降臨，譬如痛、失去與悲傷。但就算懂得了這道裡，我還是必須用力阻止自己往那方向去想，也才發現：憂慮是恐懼在心中的回音，重複著可能會發生或不會發生的負面細節。

筋疲力盡之後，我暫時拋下恐懼與憂慮，發現自己這才站在生命真實的模樣上，既有困頓也有喜樂。只要我活著，不論活在什麼處境，那就是最安全的所在。從這裡我才能真正伸手觸摸那些愛我、關心我的人。從宏觀的視野來看，正是在恐懼過後伸出手的時刻，使得我好轉。

· 找一件你憂慮的事。用呼吸，讓自己化身為一面旗幟。
· 吐氣，搖動你的雙掌，讓憂慮的強風穿過雙手。
· 感受憂慮離開你雙手的瞬間。
· 在這一天裡如果感到恐懼或憂慮，就緩慢吐氣，並且張開雙手。

步出恐懼

我將永遠都有恐懼，但我不成為我的恐懼。因為我有內在的其它地方可以說話並行動。

——帕爾默（Parker J. Palmer）

沒有其他情緒能比恐懼更能迅速接管生命。它看似沒有來由，卻在眨眼或吞嚥的瞬間就足以影響所有的事情。

法國的盲眼作家雅克．路賽亞（Jacques Lusseyran）曾經描述，恐懼才是真正使他看不見的東西：「總有些時候光會變得微弱，幾乎可說是消失。這情況在我感到害怕的時候都會發生。假使我不讓信心把我背起來，不讓自己投入事物當中，卻是遲疑、估量後果，聯想到牆壁、半開的門及鎖頭的鑰匙，或是告訴自己這些東西都懷有惡意，隨時可能攻擊我或刮傷我——這時，沒有例外，我必定會撞上什麼或是弄傷自己。若我要在房子、花園或海灘移動，最簡單的方式就是什麼都不要想，或者盡可能少去想。如此，我就能像蝙蝠一樣在障礙物之間自由移動，否則恐懼將會體現我所失去的視力。正是恐懼使得我失明。」

恐懼比什麼都更能讓人目盲。唯有毫不猶豫踏入未知，才能在未來生命裡建築信心。

- 擺放三個小物品，靜靜坐著。閉上眼睛，集中心神。
- 毫不遲疑地伸出手，觸摸面前每一樣物品，以此練習在未知中移動。
- 呼吸，把一個物品拿起來，再把它放在身旁近處。
- 持續這個練習，直到你伸手抓取的動作與呼吸一樣順暢。

在你的血脈

不要管什麼頓悟，就坐在你本來所在之處，聆聽風在你的血脈中唱歌。

——約翰・威爾伍德（John Welwood）

起初我極度想成為一位詩人，將這個目標放在眼前，把它當成一座我必須站上它頂峰眺望的山丘。終於抵達頂點之後，某個東西不見了，於是我又得繼續攀爬下一個山頭。最終我明白，實在不需要攀登什麼才能成為一位詩人，我原本就是一位詩人啊。

同樣情況也發生在愛情裡。我極度想要成為一個情人，但爬過一重又一重山丘般的感情關係之後，我發現原來自己一直都是個情人啊。

然後，我極度想變得睿智，但在諸多旅行與研究之後，當我因癌症困在床上，我才懂得自己早已是睿智的，只是我尚未學會我的智慧所說的語言。

現在我了解，這些事物的化身都在我們裡面活著，只要我們勇敢活在現在的生活裡，勇敢聽見風在血脈中唱歌。我們帶著智慧與愛的種子，時光會令它們發芽。

- 坐在你所在之處，單純地呼吸。
- 透過每一次呼吸，放下一件你執著的事物。
- 穩定呼吸，然後放下各種情感關係的名稱：情人、父親、母親、女兒、兒子。
- 坐在你所在之處，身上不攜帶任何名稱，聆聽你血脈裡的風聲。

September

拆開或組合

我們不能妄用上帝的造物。你必須顛倒你的俳句，不是：蜻蜓，拿掉翅膀——成了一顆辣椒。而是：辣椒，加上翅膀——成了一隻蜻蜓。

——日本俳聖松尾芭蕉回應寶井其角的詩作

世界是漸趨崩壞，或者逐漸痊癒，端看我們在看待的時候是拆開它或組合它。這兩者差別甚大。引言裡，芭蕉的指導透露了人類歷史如何開展：一個朝聖者把事物拆開，另外一位則把事物加以組合，如此循環。

例如，有兩位大異其趣的探索家形塑了我們現在所知的世界，一是探險家哥倫布，另一是心理學家榮格。哥倫布橫越了地表的海洋，意圖分析事物並且帶回他所能找到的寶藏；榮格則穿越內心的海洋，嘗試把他找到的一切共同組合成他本就擁有的寶藏。我們一定要問，是什麼讓某一探索者踏上未曾看過的大陸，然後宣布「這是我的」，又是什麼讓另一個探索者虛心低下頭，輕聲說：「我屬於這個」？

其中差異也許在於，哥倫布帶著確切的征服意識向外探索，而榮格則帶著未定的愛與覺察向內尋覓；兩個人都全心投入自己的探索之路，然而哥倫布想要區分事務並且佔有它們，榮格則與松尾芭蕉相似，想要結合事務並且歸屬於它們。

我們必須謹慎，因為我們既有衝動想要區分並佔有事物，也有衝動希望結合並找到歸屬。作為建造者的我們，不斷拆開事物然後再將它們放在一起，就像眼睛不斷地閉合又張開。視野仰賴張開的眼睛，療癒則仰賴事物之結合。

在愛情、友情與學習與成長的路上，在我們認識自己的過程中，我們是否常像寶井其角一樣，在事物尚未有機會釋放我們之前就先拿掉它的翅膀？

・靜靜坐著，喚起一個你進行中的探尋，可能是對自我的詢問、追求讓情感關係更上一層樓，或者是尋找一個更好的家、一份工作。
・仔細覺察自己在這個探尋中是以哪一種方式努力。
・你拆開它嗎？或者是組合它？
・你正試圖區分它並佔有它？還是結合它並屬於它？
・你正在拿掉翅膀，還是加上翅膀？

九月二日

情深之處

在情深之處，很多事情可被完成。
——鈴木鎮一（Shinichi Suzuki）

儘管我們的文化過份強調「做」，但凡事真的要「做成」的話，還需要天時地利人和。事實上，我們能「不做」的事少之又少，多半欠缺能力去設想美夢可以成真，也缺乏完成夢想的信心。

我小時候常聽到祖母鼓勵我要懷抱夢想，只要是用自己雙手打造出來的，再怎麼小的夢想都好。她會先指著我的額頭說：「在這裡看見它。」接著她會握住我的兩隻小手說：「現在，在這裡看見它。」最後她笑著說：「很快的它就會在這了。」這時她會環顧四周。

人類奇妙之處在於能把內心的感知建造於世間，我們似乎天生就有愛與創造的本能。在至深之處，愛與創造的動力有相同本質。祖母不正是透過愛來創造我嗎？當我們鼓勵別人用心觀看，那一瞬間不也正協助那人誕生嗎？給予他人信心令他們創造出心中看見的東西，不也正協助世界誕生嗎？

我們註定要與大地奮鬥，將木頭、黏土或大理石塑為種種形貌，我們註定要捕捉空氣，讓音符、語言、色彩化為種種符號，我們也註定了要擁抱另一個呼吸的課題，例如擁抱自己，並在分離的時刻顫慄。我可以繼續說下去，彷彿宣告人生值得一活，它讓我帶著喜悅詢問：今晚該愛上什麼？該把自己生命傾注於什麼顏色？接下來該化身成什麼樂器？

· 閉上眼睛，想像某個你所夢想的未來：有一段穩定的感情關係、擁有一個家，或是用自己的雙手建造不朽的東西。
· 深呼吸，設想這個夢已經完整實現，存在於世上。
· 緩慢呼吸，花一點時間，進入這個畫面，並環繞著它轉圈。
· 現在，張開眼睛，看著你的雙手。
· 感受那份得到實現的夢想進入你張開的的雙手。
· 感受你雙手的脈搏與那份等待實踐的夢想的能量一同搏動。

九月三日

無人觀看的空間

我太用心取悅他人，以至於從未發覺沒有人在看。

求學時我跟其他同學一樣，以為父母坐在我視線之外的地方，如同沉默的醫生在鏡子後面靜靜觀察，評判我的一舉一動。我成人之後仍保有這份習慣，走到哪兒都擔憂別人認為什麼該做什麼不該做。這造成的負擔乃是自我意識的種子，由於太過仔細觀看自己，太害怕做錯而緊張萬分，由此妨礙了隨興與喜樂的機緣。

正是這種對於被人審視與評論的擔心，使得我們從自認必須追求成就誇大到必須變得有名氣。我自己在不同階段都想像：未來會有觀眾聚集在我面前，他們看到我用這麼少資源卻成就了這麼偉大的事，一定會嘖嘖稱奇。那些注意力是從何而來的並不重要，只要得到觀看與評價，我就會開心。

直到我在那次大手術過後流著血醒來，身旁彷彿只有飛蛾一般的眾家天使吐露著氣息。這一刻我才明瞭：觀眾不見了。我大哭。不是因為剛被開刀移除一根肋骨，也不是因為身處抗癌的戰鬥。我哭是因為我不只肉體被打開了，內心深處那塊無人觀看的空間也終於接觸到了空氣。我無法跟任何人解釋，我哭其實是因為我終於鬆了一口氣，我的淚水來自褪了殼的靈魂，浸濕了土地。

很多年過去，我佇立於陽光下良久，看見白樺樹的枝條由於重量而垂落湖中，像是替上帝的默劇打了個標點。沒有一絲悲傷。現在，觀眾都走了，生命正在以靜默卻蓬勃的方式展開，不受任何干涉。現在，某些夜裡，狗兒睡去而貓頭鷹凝視無人看見的東西，我站在甲板上感受夜的甜美從星星灑落，包覆了地球、包覆了樹木、包覆了孩子半夢半醒的心靈。我感受著寂靜如何使得所有關乎名聲的想法逐漸蒸發，去向那無人觀看的空間等待光亮。在這片未被扭曲失真的寧靜裡，上帝的存在是一個吻，在這無人觀看的空間開始了平靜。

- 靜靜坐著，用呼吸驅走那些似乎注視著你的眼光。
- 集中心神。用呼吸驅散你的同事與朋友們的意見。

- 專注於內在那無人觀看的空間，呼吸。驅走那些活在你心中的批判眼光，包括父母與祖父母的眼光。
- 從那塊無人觀看的空間吸氣，用呼吸驅走你那追求認同與名聲的夢。
- 從那塊無人觀看的空間吸氣，感覺你生命的專注力與萬物連接。

九月四日

在歌裡成長

位於我們之後與之前的，與在我們裡面的那些相比，都只不過是微不足道的小事。

——愛默生（Ralph Waldo Emerson）

我看見一個懷孕的女子在唱歌，我想像歌曲的韻律如何影響她體內成長的生命，想像那首歌讓未出世的靈魂更接近世上的時光，彷彿光讓地底的根茁壯。

看著那女子唱歌，我了解她體內的生命正在歌裡成長。房間裡，大家圍成一圈唱歌，每個人都透過歌讓自己的靈魂更接近世上的時光。那個男子在唱歌時比較不緊張了，我旁邊那個缺乏安全感的女子，在唱歌時放鬆了對自我價值的懷疑。而我也暫時不再播放自己的傷痛，在嘴巴張開而眼睛閉上的時候。

此時此刻我領悟了，不管歌詞或旋律為何，唱歌這個動作就能打通外在成長與內在成長之間的通道。

現在我相信，可以一邊唱著歌一邊懷抱夢想、憂慮以及對真理與真愛的渴望，是很重要的事。因為透過唱歌，我們守護著精神的小小種子一如對待體內正在成長的生命。要關懷自己獨一無二的身體，因為它承載著生命的魔法，讓我們度過一日又一日。

・集中心神。把手放在腹部冥想，想像自己懷有身孕，某種模樣的自己正在體內生長。
・深呼吸，當你感到舒適了，讓你的呼吸發聲，讓它發出任何想要的聲音。
・緩慢並徹底地呼吸，了解這樣單純的呼吸就是一首歌。
・一邊用手握住在體內成形的靈魂，一邊唱這首呼吸之歌。

九月五日

我們走的路

行者，沒有所謂道路。是你走出道路來。
——安東尼奧・馬查多（Antonio Machado）

我專心聽他描述女兒學走路的第一步，他鼓勵女兒直視他，若是不看他眼睛她才會摔跤，若她分心，過度意識到自己的步伐，她才會跌倒。

我很怕他接下來要大談某些應該以父母為主而非以孩子為重的教養觀念，諸如要不是他滿懷慈愛地待在一旁，女兒便不可能走出自己的路云云。令我驚訝的是，他對於女兒的第一步有更深的智慧，而那智慧對我們每個人都有用。

他望著遠方緩緩說道：「女兒讓我了解到，若我停止尋找某種真實感，我就會摔跤。當我失去專注，忽略真正重要的東西，就會跌倒。」

這個小故事在我腦海盤旋。我們不正是永遠在踏出第一步？不正是透過往外看而把真理帶進內心，於是揭開了力量？平衡感，也不過就是一種可以自然地踏出下一步的能力。就像那個小女孩，別想太多，就踩進比我們恐懼還大的一切吧。

・靜靜坐著，喚起那個你更希望變成的模樣：更能去愛，少一些畏縮；更有信心，少一些懷疑；更明白、少一些批判。

・和緩呼吸，不要煩惱該怎麼做。帶著你的心，踏入這成長的領地。

九月六日

自己的元素

魚不會在水中溺斃。鳥不會在空中跌落。上帝所造的一切必活在屬於自己的自然裡。

——德博的梅哈堤（Mechthild of Magdeburg）

中世紀德國某一偏遠角落，一位善於內省的先知領悟了這份智慧：活在自己的自然元素裡，是最能促進內在健康、平和與喜樂的道路。

她舉的例子發人深省。把魚兒拋上空中而把鳥兒扔進水裡，結果會如何？可以想見若不能屬於自己的元素會有多危險。當然，魚兒跟鳥兒的歸屬之處顯而易見，人類卻不是如此。

生為人的祝福及挑戰之一，是要發掘上帝給我們的本質是什麼。這並不是一種崇高卻抽象的追尋，而是必要的內在活動。唯有活在屬於自己的元素中，才可能無憂無慮地發展茁壯。只有人這種生物能夠溺水了還一邊工作、要從天空墜落了還一邊摺衣服做家事，所以我們更應該知道找到讓自己真正活起來的元素是多麼重要的事。

我青少年時期的掙扎，至今歷歷在目。母親希望我能當律師，父親期許我成為建築師，我卻知道自己必須成為詩人，因為寫詩帶給我真正的生命。只有好朋友維克了解我這份想法。維克自己正為了考進醫學院預科而拼命念書，有天忽然明白自己必須當一個種花的人不可，因為和花朵一起工作能帶給他真正的生命。

重點並不在於詩人、花匠、律師或建築師，重點是一旦發現自己所愛，就能觸碰到靜候在所有職業底下的真正生命力。如果你感受到了活力及興奮，如果你頭一次覺得生命正在進行，也許你就距離上帝賜予的本能不遠了。享受我們正在做的一切，那喜悅並不是外加的特色，而是標記了健全內裡的記號。

- 靜靜坐著，吸入上帝賜予的本能，它跟你很近，像空氣跟鳥一樣近。
- 吸氣，想一想自己必須投入怎樣的事才能感受到自己的真實本能。
- 不管現在的職業為何，你該如何在日常生活中更成為真實的自己？
- 在這一天當中，投入一件事，它能讓你觸碰到屬於自己的真實。

每日的實驗

你就是實驗室，而每天都是一個實驗。去找出預料之外的新東西吧。

——艾爾斯基（Joel Elkes）

每當我們跟別人說話，總會收到一張地圖，彷彿指導著我們接下來應該怎麼做。我們分享困惑，得到了方向；我們分享痛苦，往往得到指示；我們分享渴望，往往得到計畫。這些地圖不說話，卻含有不可輕忽的力量。我們被各種期待拉過來扯過去，無論我們是拒絕或順服，我們多數的想法都被它們主導，也被召喚出大量的能量。

事實上，在所有計畫、壓力和期待之下，在他人以手肘輕推我們的含蓄指示底下，真正的下一步是全然未知的，也從未被任何人走過。每一個人都是孤獨的探索者，如何維持這探索的驚奇乃是我們精神上的任務。

我很珍惜如此探索的驚嘆，但我大半生裡仍常常順從於別人的期待，為求被人所愛，我不只做了我該做的事，甚至還多做一些。我曾經叛逆，刻意做出違背我「應該做」的事，想要突破加諸於我的控制。然而，真正新鮮的步伐發生在這樣的時刻：當我夠勇敢踏出所知的邊界，踏入未知的新大陸，呼吸到新的空氣，感覺到新的感覺，在所有的可能之中得到驚喜，並且不為了回應任何人的期許。

・站著進行這個冥想練習。集中心神，了解到：凡是活過的人都曾經行走，卻沒有人踏過你接下來要踏出的這一步。
・緩慢吸氣，在這份矛盾之中呼吸。
・呼氣，吐出關於下一步的所有想法。
・單純地呼吸，藉由踏出下一步，練習新的東西。

九月八日

等霧散盡

能靠近珍貴而美好的東西，卻不能體驗它，那是最微妙的酷刑。

——羅伯・強森（Robert Johnson）

我們都經歷過這種時刻：玫瑰失去了顏色、音樂無法撩撥心弦，對面那個原本溫柔甜美的靈魂再也不能柔軟我們的心。

確實，在意義中來去就像在光影之間來去，如雲霧時起時散。但這在什麼時候會成為酷刑？是我們從此認定玫瑰再也不會鮮豔、音樂再也不會動人，最糟的是斷定對面那人再也不會溫柔甜美。

比起「完全看不見」，更糟的是「看見了卻不被它觸動」。事物跟人當然都會改變，我們的需求與喜好也可能轉換，但如果不能承認並接受自己有時候感受不到所看見的一切，一旦面對真正的改變或者失去，我們就可能無法承認並接受它們。

情緒的悲劇時常發生在生命重組之時：我們換伴侶、信仰或工作，只是為了尋找那沉睡在我們體內的茫茫意義。

這讓我想起一個男人，他把自己的家搭在臨海的懸崖上。遇上長達一個月的濃霧，他咒罵這個地點，然後搬走。就在他搬走後一個禮拜，霧散了。

濃霧有時會盤據我們的心，而甚多時候生命仰賴那份可以沉穩等待事物轉為清晰的勇氣。

- 靜靜坐著，旁邊擺放一個對你已經失去意義的東西。
- 呼吸，讓吸入的空氣使心靈變新鮮。
- 隨著呼吸，讓吐出的空氣使你眼睛變新鮮。
- 步入你的生活，想像那個東西還在你身邊，不時用新鮮的眼光看它。

九月九日

知道太多

兩個科學家越過半個地球，詢問印度智者對他們的理論有什麼看法。智者慈祥地領他們進入花園，為他們倒茶。

兩個小茶杯滿了，智者卻沒有停下來，茶一直溢出來。

兩個科學家禮貌卻略帶尷尬地說：「神聖的智者，杯子已經裝不下了。」

智者終於停下倒茶的動作，開口說：「你們的心就像這茶杯。你們知道太多了。淨空你們的心再回來找我。到時再聊。」

知道每一個人的生日不等於領略到降生於世的美好。精通各種歡愛姿勢不等於懂得了激烈的感情。偉大的加拿大學者諾思羅普·弗萊（Northrop Frye）指出，了解航空動力學的所有原理，跟實際體驗飛行毫無關係。

有時你對於自己所知道的那些感到麻木或者相隔很遠，這時也許你的心就像那只杯子一樣裝得太滿。有時你像一只缽碗裡擠了太多的魚，沒有空間容許你最深刻的想法移動。我們應該時時拋卻那些已經擺不下的東西，讓上帝像一陣大風那樣灌入我們騰空的腦袋。

資訊不等於智慧。心是偉大且無以替代的器具，卻也有可能只是累積而不去感覺、只是分析而不理解，像一隻水獺建起水壩圈住所有珍貴的東西。假使我們無法滿嘴食物還能說話，又怎可能使用未經消化而堆滿資訊的心來想清楚一切？

應該如何淨空腦袋呢？不要過度思考、堆積和分析；不要一再重播恐懼、夢幻、懷疑或讚美。要在列不完的清單中選出最重要的那幾樁，撕掉清單，然後全心全意做好你選的那些。

所有的智慧信仰都教導平靜的道理。靜，能讓無用的知識鑿出孔竅。應該如何開始安靜呢？每當你發現自己在腦中分析生命，就停下來，注意周圍最亮的光點觸碰著何處。一個禮拜後，與你自己做個交易：用五個如何生活的資訊來交換沒有計畫的一小時，然後，用那一個小時好好兒喝杯茶。

- 如果你的生命是一個公事包，只能裝五樣東西，你會裝入哪五樣？
- 當你日上某件麻煩事，你會讓它進入腦中幾次？為什麼？如果只讓這件事進入腦中一次，會怎樣呢？
- 準備入睡時，你的腦袋會重播資訊、加以分析並將它們歸檔嗎？
- 當你轉來，你的腦袋能否更輕鬆地體驗眼前事物？
- 如果可以，試著在日常生活中把生命託給第二次感覺的醒轉。
- 只帶公事包裡的一樣東西出門。把公事包留在家裡。

九月十日

本性與教養

自誠明，謂之性。自明誠，謂之教。

——孔子

我們似乎依循著兩個方向不停學習：做自己，有助於我們學得更多；而一切所學又讓我們更能做自己。觀察人們如何活著就會發現，「人」是由本性及教養混合而成的結果。小時候手被爐子燙傷，於是了解火的危險；當「經驗」化為導師，我就是本性之子。青少年時，聆聽別人訴說他們在愛裡的失敗，這些知識也造就了我愛人的方法；當「理解」成了導師，我則是教養之子。

得悉這兩種學習方式之後，我也改變了我看待自己的方法。我了解到，雖然我自豪於我隨順本性與經驗而活，其實我深受教養的栽培，大部分時間都扮演著旁觀者的角色。第一種，出於本性的學習者，他的危險在於不願將個人經驗轉化為理解，而成了輕飄的人，不肯將傷痛與喜樂編織成教訓，以至於反覆重蹈覆轍。反之，教養學習者的危險在於，不把理解化為經驗，遂成為沉重的人，停留在思量與考慮，卻從不行動，永遠不投身於任何事物。

不管我們接近哪一種人，當我們不知如何把「我是誰」的認識應用到「我們知道什麼」的時候，我們就與真實有所隔閡。這是一種慢性病，患者很多，我也為此所苦。

小鳥飛翔，並且脫毛。蜘蛛結網而獵捕；蛇虫滑行並且褪皮；而人類關懷，並且取得知識。小鳥不知道牠褪落的羽毛能做什麼，蜘蛛會卡在自己所結的網中，蛇虫忘卻了所褪下的老皮。而我們，一心盼望所學得知識能派上用場，但其實知識應該應用於關懷。

- 集中心神。回顧人生，試著認識自己的學習方法，是本性取向或教化取向。
- 穩定呼吸，問自己：誰是你的主要導師——經驗，還是理解？
- 留意自己的強項在哪一邊，而你又該將哪一邊更加帶入生命。

九月十一日

新的不舒服

焦慮，是自由的暈眩。

——祈克果（Kierkegaard）

我們初次經歷這樣的徬徨，是在學走路的時候，逐漸離開牆壁、椅子和爸媽扶持引導的手臂。為了得到行走的能力，這種過度期的不舒服是絕對值得的。

同樣事情又發生在我們陷入愛河，當我們的關注範圍超過原先熟悉的牆。為了獲得這種超越自己的牆去愛人的能力，踏出新步伐造成的暈眩感是絕對值得的。

每次面對一種全新的經驗，我們都必須跨越自由的暈眩。每次要踏出自己熟悉的範圍，都需要經歷適應的過程。這是學習一切事物的法門。我們不需要害怕這種暈眩，不需要讓如此暈眩造成過多的掌控，只需要一點一點靠近我們正在學習的東西。

- 看一看飛行的小鳥，注意突來的陣風如何讓牠們下墜偏離，注意牠們如何調整自己，繼續飛行。
- 深呼吸，了解你的心靈就像小鳥，下墜或偏離都造成了新的不舒服，體驗這些不舒服，才能繼續飛行。

九月十二日

鷹眼

無垠而遼闊的天空，映照在老鷹的眼角。同樣的，心高高舉起，便映照出宇宙。

月亮將太陽帶到先前遠離光的地方。打開的心，把愛帶往黑暗中的掙扎。但要記得，月亮只是光的反射，而非光源本身。一樣的道理，心再怎麼偉大也不是愛的本源，心只是一種力量的傳達者，而此力量在我們掙扎的時候往往不見蹤影。

我漸漸發現，我敬重而試圖模仿的人，都像是夜裡的月亮。我暗暗期盼自己能變得和他們一樣美好。然而，使得他們在黑暗中閃耀的只不過是他們的敞開。我無需複製或羨慕他們那份開展的心，只要能從自己體內發掘出來就可以擁有。

我想起祖母，她的溫暖讓我看見自己，就像月光令你在黑夜中看清雙手。我想起一位雙眼金黃明亮的老師，在一群自我卻困惑的年輕學子面前高舉真理，卻使得我因此慢慢看見真正重要的事。我想起領導康健團體的七十歲牧師，他的愛如此真實無偽，並用同等的細膩與慈悲反映我們的悲苦與恩典、恐懼與希望、困惑與篤信。

這些告訴我們：所謂關懷，乃是超越事物而又不離開事物本身。當我們付出關懷，我們就接收到言語之下的真理，而那些盡在不言中的就會從心映照出來，撫慰周遭的人。

- 與一個你信賴的親愛之人一同坐著，描述一個你所欣賞的人的心地。
- 你如何受益於這個人帶來的恩典？
- 這份恩典活在你體內何處？你可以讓你自己受益嗎？
- 一起思考你所欣賞的這些人有哪些特性，邀請這些特性透過你展現出來。

九月十三日

智慧的生物

展現你自己，而我會游向你。

我們是住在肉體裡的靈魂。我們都活得像是鯨豚，在接近海水表面之處流連，永遠被上方看不清的光芒所吸引。魚兒在海裡穿梭，海水沖刷牠們的眼睛，歲月也塑造著我們觀看的方式。

在我們向世界展現的種種感覺、想法與表情之下，內裡其實暗潮洶湧，而情緒僅僅只是表面濺起的波浪。因此，若望入人們眼眸最深處，人人都是人人都是智慧的生物，充滿著無法言說的事。我們都是一條靈魂的魚，為了愛與空氣而突破水面。

我們不那麼願意花時間、承擔風險站在另一人面前，直到他們的真實浮出水面。但我需要的是你在那裡守候，等我走到那裡，從內到外煥然一新。我們千辛萬苦才找到彼此，那更應該等待再等待，直到所愛的人帶著屬於他們的智慧，浮出水面。

- 與一個所愛之人面對面靜靜坐著，閉上眼睛，集中心神。
- 準備好之後，望入彼此的眼睛，保持沉默。
- 吸入彼此的智慧，然後向對方鞠躬。

九月十四日

單純如魚

我是一條魚：浮在水面時尋覓著水底，潛入水底時尋覓著水面。
上帝之海的緞帶穿過了鰓，成了我的感覺、思想和言語。

一條沿著海底尋覓道路的單純小魚，就是一個老師；而真正有深度的老師根本不會知道自己正在教導什麼。世上靈魂該當如何生活，此一奧秘卻盡皆存在於牠小而能幹的鰓裡面。

九月十五日

自己的故事

你上一次講自己的故事是什麼時候？

——美洲原住民醫者問病人的問題

我們知道，小魚能一邊游泳一邊將水吸入，魚鰓會把水轉成維持生命的空氣。這裡面的細節可以用生物學的理論來解釋，但這件事在本質上堪稱生命的奧秘。

該問的問題是：我們的鰓是什麼？是心靈、是意念、是精神，還是三者的綜合體？不論是何者，它都必須像魚鰓把水化為空氣那樣，把經驗轉化為足以支撐我們的東西，這意味著把苦痛化作驚奇，把心傷化作喜樂。

其它的都無關緊要了。我們得像小魚不斷游泳那樣，游過歲月流年。我們無法阻止各種經歷如河水流動，也需要接收體驗，但我們更該盡力學習的是鰓的奧秘，學著如何把自己的經歷轉化作空氣。

所以，你的鰓是什麼？對我來說，心就是我的鰓，而我身後那道看不見的足跡是愛。對你而言呢？真正重要的不是理解你的鰓如何運作，而是彰顯體內的鰓，努力游過每一天。

- 靜靜坐著，緩慢呼吸。
- 一邊呼吸，一邊覺察如何將空氣化為自己吞吐的氣息，那乃是存活的關鍵。
- 繼續緩慢呼吸，打開心，朝向那份能把經驗化為感覺、把苦痛化作驚奇的奧秘。
- 深深吸氣，讓體內的鰓開始運作。

故事就像小小的時間膠囊，它們攜帶著穿越間的真相與意義。無論是遠古神話還是你自己從未對人提起的童年往事，故事的意義都像是乾燥口糧，只能藉由下一次的訴說來使它們膨脹、軟化，然後才適合食用。說故事時流下的淚水與汗水，把意義從沉睡中喚醒，彷彿時間從未流逝。而「訴說」這個動作就具備療癒力量。

有些故事一講再講，不是因為我們忘了自己曾經講過，我們也不是沉迷在故事裡，而是因為故事裡隱含太多意義，只說一次不足以把意義完全消化，所以我們一次又一次分享那些貼在心頭的故事，直到完全明白它。我第一次墜入愛河，跌得很深摔得很痛，當對方為了另一段感情離開我，我簡直要被摧毀。那是我大學歲月裡一道需要透氣的傷口。我找人訴說，一遍又一遍地說，連跟我不熟的人都聽膩了。可是我每說一次，就為心上傷口縫補了一針。

我岳母失去結褵五十五載的丈夫，半個月後，我坐在她身畔。告別式的獻花與哀悼儀式都已結束，她望見丈夫離去的剎那，然後對我說起他生前的最後一口氣、他癱倒在椅子上的情景。起初我以為她恍惚了，而後我明白，岳母只是透過訴說來理清她悲慟裡有何意義。就像通靈人或修道士念著咒語，她呢喃著這死亡經驗，是要讓意義得到解放。

聖經裡的使徒保羅，說了幾次他被上帝從馬背上打落的故事呢？他很可能是透過一次一次的重述，可以被領入更深刻的啟示。摩西講了幾次他遇見上帝的故事呢？他這麼做，肯定是因為他每講一次，就能把上帝看得更清楚。至於拉薩路又說了多少次耶穌讓他復活的故事呢？無庸置疑，他每說一次，就能以更深刻的方式再次覺醒。

我們講故事的時候，雖然知道自己下一句要說什麼，但這故事仍然有話要說，仍然可以拯救我們。奧秘萬分，講故事就像呼吸，每一次都一樣，卻也都不一樣。

・跟一個你信賴的親愛之人一同坐著，輪流進行下列的動作：

・喚起一個自己心上的印記。

・挑選某個印記，觀察它如何隨著你的呼吸轉變。
・一陣子之後，講述你如何得到印記的故事，以及這個印記如何影響今日的你。

九月十六日

到過的地方

我一次又一次出生，而每一次，都找到東西去愛。

——哥頓・派克斯（Gordon Parks）

找到東西去愛，而且一再地愛上彷彿初戀，這取決於我們如何分析及整合曾經去過的地方。鸚鵡螺是個很好的例子。這絕美的貝類生物活在海底，殼中有許多氣室，在深海一寸寸移動，看起來就像柔軟的人穿著堅硬的殼，沿著海底尋覓自己的禱詞。隨著時間，牠的氣室會增加，形成螺旋狀的外殼，但牠總是住在最新的氣室中。

他們說，鸚鵡螺的其餘氣室含有不同比重的氣體與液體，可以幫助鸚鵡螺控制浮力。這是自然界藏著的一門無聲的課，教導我們如何運用「過去」：要住在最新的氣室裡，然後利用舊的氣室讓自己浮起來。

我們能不能為創傷搭建出堅強的氣室？能否不住在創傷裡，但將過往逐漸分解成為液體、失去大半重量？把經歷過的每個地方加以內化，直到恍悟自己不再住在那裡了。如果我們能做到，生命會比較輕一些。

鸚鵡螺的消化較慢的尾段，演化成為能飄浮的身體。這告訴我們：唯獨時間可以讓我們正視過去，唯有把過去放在身後而不是放在眼前，才夠空、夠開放，足以感受即將發生的事。住進心的最新氣室，我們才能一次次像第一次愛那樣地愛。

- 集中心神。閉上眼睛，想一想走過了哪些通道才成為現在的自己？
- 和緩呼吸，看一看是哪一條通道承載最多情感。
- 穩定呼吸，自問：是過去活在我的體內，還是我活在過去的體內？
- 今天什麼都別做，單純地與心之答案共處。
- 明天，找一個朋友分享這份感覺。

九月十七日

餐桌轉盤上

我們體內的上帝，不僅只有一半。在「自己是誰」裡頭，沒有所謂的阻隔。

多年來我像是餐桌上的轉盤那樣活著，旋轉「我」的各個面向，把他人可以理解的那面轉出來，只提供別人想要的、需要的或是願意相處的我自己。

我越來越擅長在至親所愛之中旋轉自己，同時滿足多種需求，因而漸漸覺得自己無私而機靈，又善於傾聽，既可靠又願意付出。我以為自己找到方法保持體貼卻又不失去自己。

那時我卻沒有察覺到，真正的自己其實被隱藏起來，只展露別人能接受的部分，但這對我來說不是全部的真實。我成為一個藏起感受與信仰的間諜，付出的代價雖然不太明顯，窒息感卻揮之不去。

沒有人要求我這麼做。沒錯舊日傷痛使得我習慣性會在某些時候隱藏自己，但真正讓我練就變臉技藝的，卻是因為我誤解了我自己與世界溝通的方式。

我害怕衝突、害怕被拒絕、害怕不被愛、害怕自己展現的信念沒人能懂。我不敢相信體內的花朵也能在外面成長。這些，在我像旋轉盤那樣處於世間的年歲裡都沒有獲得照顧。

有過經歷之後就會了解：「隱私」與「隱藏」只有一線之隔。我痛苦萬分地領悟，人人都是一曲完整的交響樂，縱然有時沒人聽見，但真正的不舒服發生在我們不是以全部的自己被演奏出來的時候。

・靜靜坐著，想一想你總是轉開哪一部分不讓別人看見，是你的溫柔、傻氣、懷疑或者夢想。
・緩慢呼吸，問自己：這一部分的自己若被人看見了，你害怕發生什麼事？
・深呼吸，讓自己下沉，沉入心的中央，進入這些珍貴的面向存活之處。
・在此刻的安全之中，無拘無束地呼吸。
・靜止，透過呼吸，將那一部分的珍貴自己，吐進這個房間。
・覺察這種感覺：如此珍貴的自己流過你，從你的心進入空氣之中。

九月十八日

天助

直到自尊耗盡，才能放手相信。

——羅布・雷曼（Rob Lehman）

有個老故事關於一個困在洪水裡的人：起初大家叫那人從家裡出來避難，他冷言拒絕，說上帝會來救他。洪水沖進街道，淹沒房屋地基，市區一片水鄉澤國，救難隊搭著橡皮艇來營救，他再一次拒絕，說上帝會來救他。水勢愈加兇猛，洪水灌入他家窗戶。現在，他必須坐在屋頂上。一架直升機前來救援，他還是拒絕了，說上帝會來救他。

洪水無情，他終究溺死了。到了彼端，他氣憤難平，質問上帝：「祢怎麼沒救我？我可是到最後都沒有失去信心！」困惑的上帝回答：「有啊，我派了橡皮艇跟直升機過去，但你都不理。」

上帝發端於看不見的事物，卻往往透過塵世的平凡直接現身。愛便是如此。

・閉上眼睛，為一樣你需要的東西祈禱。
・深呼吸，直到禱告漸漸失去言語。
・睜開眼睛，進入日常生活，聆聽周遭事物，因為它們就攜帶著你所需要的東西。

九月十九日

一切問之外

如果你想在被擁抱之前先理解愛，你將永遠感受不到慈悲。

有個男孩非常懂得以友善的言談讓人放鬆，一待他人卸下心防，男孩便開始提出問題，但總是一個人回家。隔天，他會多說一些話，並且遲早提出關於愛的問題，繽紛多彩的問句猶如樹葉紛飛。

很多年過去，男孩一直這樣生活。那些深刻的問題把他的心靈打開，他內心空間變得很寬，化成一座問句的果園。人們像鳥兒般進出果園，但當人們離去，只剩男孩一個人和他透過問題所得知的一切。

一天，一個充滿活力的人出現了，她不願進入男孩問句的果園，無論男孩多麼友善，她都不肯回答問題。她只是走近，擁抱男孩，在世界裡等待。男孩已經裹上了男人的殼，所以才發現自己是想要被擁抱的。於是男孩將自己連根拔起，離開心靈的陰影，開始活著。

· 深呼吸，想著你自己是如何為了被愛而做準備。
· 透過每一口吸氣，把你以為要先達到什麼才能夠被擁抱的想法解開。
· 透過每一口呼出的氣，放下不必要的一切。
· 緩慢呼吸，先讓你自己被你所呼吸的空氣擁抱。

九月二十日

無條件的愛

無條件的愛，並非全部接受、百般容忍，而是關乎更深刻的誓言，在任何情況下，都不會停止向對方展露不夠完美的自己。

很多人談論所謂「無條件的愛」，我擔心它會被誤解成極端的意思：被人打了左臉，還獻上右臉。這對於那些在情感關係裡受到虐待的人可不是好建議。這樣誇張的順服，不同於承載真實的、毫無阻礙的愛。

無條件的愛，指的不是被動接受以愛之名所發生的一切。相反的，無條件的愛代表一份承諾：任何情況都不能阻止我們要把誠實無偽的自己帶給彼此。

例如說，某天我可能滿腦子想著自己要什麼，而忽略了破壞了你的需求，同時也傷害了你，之後你會告訴我這件事，並讓我知道你受了傷；我感到抱歉時你也接受了我先前的盲目。我們深深地看見彼此，你接受我的缺點，但是不接受我的行為，而我心存感激，把握機會改善。這一切讓我們更加靠近彼此。

無條件的愛，不是我們內裡接收垃圾的洞，而是我們體內閃耀的太陽。

- 集中心神。想想自己最近以愛的名義忍受著哪些痛苦。
- 深吸氣，想想是什麼情況阻止你說出這份痛苦。
- 深吐氣，把「無條件」想成是把內在的東西帶領出來，而不是承受外來的事物。
- 開始你的日常生活，以愛之名，把真實的自己帶領出來。

九月二十一日

沉默的老師

直到我停止搜集證據之後，石頭才開口說話。

來談一份寶貴而明顯的道理。這道理我窮竟一生才學會，我曾在別的篇章稍微觸及這主題。我相信的不僅僅與知識有關，還與「知」有關。

一直以來我喜愛閱讀，那些誠實的聲音穿越古今，一次次挽救我於困惑與孤寂。半百人生，我有四十年時間待在校園裡，當學生或老師。雖著年歲過去，所謂的教室越擴越大，所謂的指導逐漸減少，而做越來越多的是去探究純粹事物的奧秘。這絕非巧合。

我想說的是，一路走來，追求真理所得到的酬賞，不是正義、不是智識，也不是專長（這些東西倒是常常伴隨真理而來），而是喜樂。追求善所得到的酬賞，不是美德、不是被看作好人，不是得到同樣的回報（它們也常常隨善良而來），卻也是喜樂。

辛苦攻讀博士學位多年，研讀了無數文獻，我領悟到，體驗到萬物合一所得到的祝福，不在於伴隨這份體會而來的力量或是清明，而是更深刻的東西：一種由於不去區分事物而得到的平靜。

我從醫院病床上醒來而痛終於逐漸散去。我從情人的臂彎醒來，她指尖抹去我腦中的憂慮。我坐在椅子上打盹，膝上攤著已故偉人寫的書。這些時候，我回返一種少有而單純的時刻：真理與慈悲同樣敞開，我的所想、所感、所知與存在一起發生。如此瞬間，難以尋得，轉眼消逝，它就是我沉默的老師。

- 閉上眼睛，想起一份你在書上讀到的或課堂學得的有用的知識。覺察它從哪裡進入你的意識。是活在你的腦袋、心靈，還是腹部？
- 想起一份你從生活中學到的知識，覺察它從哪裡進入你的意識，又活在體內何處？
- 不要去評論這兩者的好壞。注意這兩者活在你體內的方式有何相異與相同之處。

面對神聖時

精神生活的至高目標，不是累積豐富的資訊，而是面對神聖的時刻。
——海舍爾（Abraham Heschel）

美國文化裡面有一種態度是：只想在事物之上建造事物，而非面對事物。顯然我們的祖先深信，他們的命運就是要不斷前進，直到天涯海角。如今已沒有多少地方是尚未去過的，於是終於出現新的探索在呼喚我們。

不再修築道路通往我們之外，精神的生命要求我們，打開那些等在眼前或內在的門扉。這就是海舍爾所說的「面對神聖的時刻」，打開那通往我們早已擁有的生命的門。

建造道路通往其他地方，這種努力值得讚許，甚至帶有英雄氣魄，但這常常讓人無法專心安住在被賜予的生活裡。

改善外在環境並沒有錯，但若要讓這一切建設具備意義，我們必須先面對純粹的生命脈動。那脈動一直靜靜等候，彷彿慈母守候著疲憊的遊子。

- 靜靜坐著，想起一個你所體認到的神聖時刻。
- 呼吸，回到那個時刻。隨著吸氣，面對它。讓它的光芒從內部開始溫暖你。
- 隨著吐氣，面對你的日常生活，讓神聖的東西找到你。

重複非失敗

重複並非失敗。問一問波浪、樹葉和風。這道理它們都懂。

內在的學習沒有既定步調。不分男女老幼，無論重來幾次，不管需要學習同樣課題多少遍，一切需要學習的事物，都會在最需要學習它的時候出現。為了學會如何摔倒與爬起，需要跌幾次，我們就跌幾次吧。為了學會如何擁抱與被擁抱，需要愛幾回，我們就愛幾回吧。為了真正聽見那些圍繞四周的豐富合聲，需要誤解真理幾次，我們就誤解真理幾次吧。為了學會如何破碎又如何痊癒，需要承受多少痛苦我們就承受多少痛土。

沒有人會喜歡這樣的過程。但我們也來用相同方式處理我們的不喜歡吧，一次又一次，直到我們學會什麼叫做勇於接受的謙卑。

・靜靜坐著，想起一個常常回到你面前的課題，可能是關於放棄自己，關於難以信任某人，或者你老是用某種方式傷害他人。

・坐著，呼吸。不要抗拒這份反覆，那是生命想在三教導你的功課。

・坐著，呼吸。把自己想像成海岸，這項反覆出現的生命課題是波浪，它的工作是要讓你平滑。

個體化之路

遠洋之處，一列捕鮪魚的船隊環繞著一群游在鮪魚上方的海豚。船隊灑下巨大的漁網。小而有力的快艇盤旋，製造出音牆，使得海豚失去方向感，大為驚懼。牠們在網中慢慢下沉，只有眼球的移動稍稍顯露生命跡象。這些海豚終於越過漁網的邊緣，知道自己已然自由，猛然向前直衝，尾鰭強力地划水。然後牠們潛入深水，全速向下探入幽深海底，最後以一連串的高空跳躍破水而出。

——傑佛瑞．麥森（Jeffrey Moussaieff Masson）

這些海豚的經歷，說出了人類必須再三面對的過程：若我們不是出於自願（有時也許是我們自己同意）而受到約束，我們便失去生命力，因為我們是需要空間的。感覺受阻、恐懼、衰弱，不確定哪裡是網的邊緣——這些乃是在獲得自由之前令人沮喪及困惑的掙扎。

然而，我們也像這群海豚一樣，可以立即覺察到自由。因為這時我們內在的力量湧出，滿滿的喜樂令我們非往更深處探索不可。而深處的恩典將可讓人突破水面，短暫躍入難以言喻的一體性之中。這個過程就是榮格所稱的「個體化」——一個裡外分離的個體，探索內在深處的限制，追求完整的存在。

如果說我們有使命，那使命就是要度過漁網的限制，潛入深處，最後破水而出。

- 集中心神。想像你的精神是一隻強壯的海豚。
- 深呼吸，試著感覺那張限制你的漁網。
- 看見那張漁網的邊緣。
- 要怎麼做才能突破這張網？

九月二十五日

追或躲

如果說追與躲是瘋狂的兩面，那麼信心就是敢於冒險與接納的勇氣。我閉上眼，被光刺穿……

——羅伯特．梅森（Robert Mason）

我們花了太多時間在追捕與躲藏。渴望愛情時，我們追趕某人或是把自己當作誘捕的餌食。在為了成功而做的夢想裡，我們獵捕目標，避開自己與別人看成失敗的東西。然而這一切為了謀得好工作或為了避免受傷而採取的躲藏，都無法讓人獲得平靜，也沒辦法保有生命。

我為了出版自己的作品，為了找到一個能讓我看起來較有價值的出版社，我浪費了甚多時間。結果看似成功，但這一切努力都無法使我更靠近寫作帶給我的生命脈搏。

我們常常私下幻想，以為遠方的生命比此處更美好，如果能去到那裡就好了。於是我們在夢裡的努力比在生活裡的努力還要多。面對感情關係，我們會想像在現有的人生之外，有個男子或女子正在等待，他可以減輕我們的痛苦與麻木，於是我們把自己對於眼前自作自受的種種不滿隱藏起來，卻偷偷求取幻想中的解藥，以為那將能讓自己找到存在意義。

面對滿足與處理不快樂的方式，並不是去獵捕更大的獵物、隱藏深層的傷痛，也不是把我們內在的傢俱搬到別的城鎮或臥房。最能改變生命的機會，在於停下我們習慣的心態，打開一顆永遠的初心。

- 閉上眼睛，緩慢呼吸。
- 想像在你體內醒來的東西一直都在。它在柔軟而有彈性的組織裡醒着，那組織將會在你需要的時候將你包覆。透過這層細緻的表皮，你能感受風、看見光，並且感受到其它永存的靈魂。
- 想像你醒來之後，走在新的世界裡。小巧的生物在頭上飛翔歌唱，鮮艷多汁的東西長在樹上，土地所生的一切都可以實用。身旁總有潺潺流水，隨手可以掬起，洗去倦容。

·想像你醒來之後，活在新的時間裡。有人可以與你一起討論生命的奇蹟，有人可以一起哭一起笑，有人可以愛。

·想像你可以張開眼睛，在新的世界裡跳舞。在這裡，水從天空落下，你一放開喉嚨就有歌曲從口中流出，而你可以找到太陽溫暖你，讓你幻化成花。

·現在，睜開眼睛，接受剛剛的想像都是真的，全部都在這裡，全部都在此刻。

九月二十六日

放下苦與痛

時候到了，就該放下手中的石頭。抓著石頭的手不能盡情打鼓，而緊握過去的心不能自由歌唱。

我花了一輩子才學會這份道理，它雖然深奧卻也十分簡單：只要抓緊一個東西，石頭、欄杆或武器，我們就不能為了其它的東西而打開手。

活在未知裡，其永恆而根本的奧秘就在此一簡單手續裡：必須先敢於放下手中緊握的石頭、棍棒或槍械，才能去建造、去觸摸或去創造音樂。

我想起一個不願意放下過去的朋友。「過去」彷彿是他抓緊的一條繩索，他深怕一鬆手自己就會墜落。然而，只要繼續抓著自己的歷史，他就無法擁抱眼前的愛。於是他從未痊癒。

真的，千真萬確的是：雙手必須先清空才能重新填滿。我們的心也是如此。這就是為什麼一天一天過去，勇氣永遠不可或缺。

・靜靜坐著，想起一個你的心緊緊抓住的東西。
・吐氣，一邊張開手，讓那份你心裡緊抓的感覺放鬆。
・練習用你的手來打開你的心。

九月二十七日

靠進去

很少有什麼狀況會由於暴怒而改善。
——梅樂蒂・碧媞（Melody Beattie）

哲學家麥可・齊默曼（Michael Zimmerman）小時候發生了這樣一個故事。學校裡有人遞給他一副玩具，叫作中國手銬，它的嵌環結構看似無害，兩端各有一個開口。好奇心使然，他把左手食指套進一端，再把右手食指套進另一端。

神奇的是，這玩意之所以被叫作手銬，就是因為愈是用力拔出伸進去的手指，它就箍得愈緊。他發現手指被卡住，一慌，用力拉拔，小手銬就鎖得更緊了。此時他靈光一現，決定朝相反的方向一試。他讓手指往問題的來源靠過去，手銬就鬆開了，他於是可以輕巧移出手指。

生命中有太多時候，驚慌的拉扯只會使得我們嵌得更緊。在這個故事中，小小哲學家讓我們看見勇氣所包含的矛盾：向著那糾纏我們的東西靠過去，可以帶來解脫。

・靜靜坐著，想起一個你覺得受困的處境，或者是你選擇要固守的立場。

・呼吸，試著放鬆自我防備，稍微靠向那個情境。
・注意你的感覺。覺察那個處境周圍的能量是否因此鬆開。

九月二十八日

關於原諒

為了知道真相，必經痛楚。但這不表示為了讓真相存在就也得讓痛苦活著。

我之所以無法真正原諒，是因為不願讓經歷的一切煙消雲散，倘若那些傷害過我的人沒有看見自己的作為，我吃過的苦就變得一文不值。就這一點來看，扔進湖裡的小石子都比我懂事，至少它造成的漣漪終會消失。

說到底，要做的是讓內心清明，不再以傷害我們的人來定義自己，而且敢於冒險愛自己，從內到外認可自己包括苦痛在內的一切。

任何一個曾被錯待的人都會說：為了讓正義之火點燃不熄，必須燒灼自身的傷口，使它們成為永遠的證據。以這種方式活著的話，永遠不可能痊癒，我們成為自己的普羅米修斯，日日被傷痛的巨鳥啃食我們的內臟。

原諒，不僅是接受了他人對我們造成的傷害。若想得到更深刻的療癒，必須交出自己的憤恨，以換取內在的自由。最後，就算加害者沒有承認他所造成的傷，但你的傷口一樣會癒合，生命會繼續。

原諒（forgive）這字，原來涵義包括了「給予」與「接受」為了（for）什麼而給予（give）。這個字的本意讓人明白，原諒的內在報酬是生命的交換，是靈魂和宇宙之間的施與受。

這究竟如何運作是很難理解的，但，真正的原諒在於放下心中所記的帳，放下那些不公平與報復的念頭，才能重新找回心的感覺。我們只能希望，這樣的交換可以從今天開始，從當下開始，透過原諒彼此的破碎之處，想像愛如何讓這些神聖的碎片再次復合。

- 呼吸，感覺一道屬於自己傷口的痛。覺察你把那傷口當成磨難的證據所帶來的痛。
- 透過呼吸，放下那份屈辱、不公平與傷痛的感覺。
- 吸氣，吸收空氣裡的柔軟與新鮮。
- 呼吸，原諒那道傷口。交出那個傷痛的你，換取那個不知不覺在痊癒的你。

九月二十九日

思考或進入

如果你在呼吸之前想先理解空氣，結果必死無疑。

我們思考的時間只可能太長了。只要一段時間，各種資訊、選項與看法就會開始拖垮我們。總會有個聲音出於好意提醒我們該做與不該做的，然而當看得較深的眼睛看清了處境，那些提醒聲反而像是無法斬斷的繩索。

可憐的哈姆雷特，他的命運說明了這個道理。他過度思考人生，考慮太多應該往何處去，以至於深深感到窒息。面對重大抉擇，想要慎重與思慮縝密是再自然不過的事，但如果想知道是什麼在前面等著我們，唯一的辦法就是親身體驗。

幾世紀前，一位印度智者得到這番頓悟：某天早晨，所有人正在禱告，他忽然起身，請所有學生離開修道院。他像趕小鴨般驅散學生，大聲疾呼：「歲月是用來體驗的，不是用來理解的！」

- 集中心神。一手拿著裝滿水的杯子，一手拿著空杯。
- 把杯裡的水倒進另一個杯裡，替換著倒水。冥思你眼前等待著的選項。
- 等你厭倦了倒水的動作，深呼吸，把水喝下。
- 開始你的日常生活。

九月三十日

我們稀有

我們稀有，而非完美。

手中拿滿雜貨。腦中塞滿俗務。心裡滿是回憶。夢裡都是計畫。我們總覺得，只要能離開或者完成所有待辦事項，挽回已做過的事，或者完成需要做的，我們就可以活得更完整也更完美。但我們是人，多彩但帶有缺陷，以回憶與計畫為食物。

在我們內心運轉著深深的矛盾。不管我們多麼渴求掌握自我，得到心靈平靜，卻終究只能得到暫時的完整。作為活在肉身裡的有意識的存在，我們被歲月消磨，直到我們能把自己敞開，面對萬事萬物，這便是啟蒙的瞬間。當那些如世紀一般古老的清明與慈悲從我們體內升起，我們突然超越了自己，到了隔天卻又被路旁垃圾絆倒，對愛人說出重話。

以前的我會將這樣的驟變看成失敗，認為這證明了我不夠努力，用「不足」與「無能」的利刃戳傷自己。我感到沮喪，似乎怎麼樣也學不會關於生命本質的重要道理。我覺得自己殘缺不全。

後來我漸漸了解，這只是人性中的原始之處，不需要修正、不需要消滅，也不需要被超越——只需要被我接受。

這一秒，我們如光一般純粹不朽：下一秒，我們丟了東西或破壞了至寶。我們需要的是安撫自己，而不是苛責自己。我們稀有，而非完美。我們似乎註定只在剎那間頓悟，而後便碾碎那份認識，把它做成麵包。

- 靜靜坐著，想起一個光明的瞬間，那時，生命對你來說特別清晰。
- 現在，想起你傷害自己或親愛之人的瞬間，那是出於你的笨拙而造成的。
- 不要評論好壞，在你這份清明之中，持守著你這份原始人性，讓兩者軟化彼此。
- 同時帶著你對於自己人性的清明與慈悲，開始一日。

October

窗邊的蒼蠅

信心就是知道自己最終是被關心著的。
——保羅・田立克（Paul Tillich）

所有問題終究回歸同一個核心：該如何完滿地活著？該怎麼生活才能讓驚奇的感受超越破裂的痛苦？這是無人能擺脫的生命大哉問。

我不知道該怎麼做，也還在嘗試。人人都是一個渺小的意志，努力在生命消逝之前找到宇宙的流動並且設法搭乘它而行。就此，「信心」似乎是重要課題。這是一種能力，它棲息在慈悲的寬闊與深奧之中，它讓我們在身陷黑暗時也確信在看不見的地方仍有美好與喜樂，它讓我們在跌倒之後也知道，自己仍然屬於某一個比自己肉身還要大的生命之流。信心，是意識的難題，也許我們會一直做不好，但我們是可能有信心的。

萬事萬物湧動無窮，彷彿一條深不可測的河。我們如魚兒，所能做的只是設法找到事物流動的方式並搭坐上它而前行。那流動是上帝，是賢者老子所謂的「道」。當我們的微小意志與上帝或道融合，將會被強大的力量高高舉起，那瞬間我們就經歷了恩典，神聖的光明。

一日置身這股流動，生命中的準備就結束了，各種防衛結束了，對於個別特色的丈量也停止了。恐懼坍塌了，變成信任；控制消散了，變成臣服。剎那間，魚兒和水流合而為一。神聖的瞬間跟上帝是同一件事。這瞬間，不再為了什麼而活，因為再也不是「為了什麼而活」，而是「活出來」。永遠是由內而外的，一旦往外了，保持敞開，就會有完整流進來。

於是，信心將不再是進入那道洪流的「意願」和駕馭它的「勇氣」了。奧秘之處在於：冒險讓自己完全沉浸於活著的瞬間，將可以使得我們加入那些大於我們的一切。那麼，所謂慈悲，不正是進入別人的流動而不失去自己？

某個夏日我坐在窗前，窗門旁有隻仰躺的蒼蠅，六隻腳激烈掙扎，努力翻轉身體。我本來想打死牠，但我在那掙扎之中看見了自己。蒼蠅一直旋轉身體，漸漸耗盡體力。我只站在原地，吐出一口氣，那口氣成為一陣突來的風，使得蒼蠅順利翻身，六腳著地。牠飛走了。我繼續凝視那個窗門，期許某天也會有個無法理解的東西吐出一口氣，讓我回到對的位置，讓我展翅飛翔。

- 探訪一條溪流，把樹葉一片一片丟進去。
- 看著每片葉子被河水帶往下游，注意它們的下沉與翻轉。
- 注意它們被水流承載，多麼輕鬆。
- 注意那些葉子，絲毫不知道自己要被帶往何方。
- 閉上眼睛，傾聽流水聲音，想像生命就是這樣一片葉子，落在上帝時間的洪流當中。
- 感覺時光在你的周圍如潺潺水流，享受這趟旅程。

十月二日

紅色王國

我從未遇過什麼苦難是不暗藏著祝福的。

——吉恩・霍夫曼（Gene Knudsen Hoffman）

這是真的。婚姻破碎、失去一根肋骨，任教十八年後被解雇，我遇過。當苦痛、恐懼與憂傷逐漸平息，總有一份禮物在等待。

所謂的祝福並不是指疾病或不公平本身。我即使感激自己經歷了癌症而使人生徹底改變，但是我不希望任何人得到癌症。

就算改變帶來的疼痛和重新活過總是令人難以承受的，但每個人的內心都有某個永不被摧毀的東西。哭泣總會止於寂靜，太陽在無盡的黑夜之後會升起，而天空包含所有的飛翔與墜落。

小時候，我不小心被刀片割傷了手，那道傷疤現在還在。那時我痛得跺腳大聲嚎哭，卻不可思議於初次看見傷口裡的紅色王國。

・集中心神。想起某個你身體或心靈的傷口癒合的時候。
・深呼吸，問自己：疼痛消散之後，能否從全新角度重新體驗世界？
・等你做得到的時候，向一個親愛的人描述這些。覺察那個傷口讓你付出了什麼？又將你打開，迎向了什麼？

十月三日

真不懂情緒

我們如此不懂情緒，以為感覺深了就是悲傷，以為覺得未知就是恐懼，以為平靜的感覺都是無聊。

學校教育使得我們遠離了表面之下的深刻生命，使得我們會被表面之下的東西嚇到。然而我們一直需要往深處探看，如果不往自己內在觀照，這需求必須另外尋求滿足，譬如各種故事中的暴力，人的軀殼被強行打開或者開膛剖肚。拒絕向自己內在探看，只會讓它往另一個方向發展，於是我們付錢坐在黑暗之中，不忍觀看卻又無法別過頭，注視著螢幕上的人就好像自己強迫著打開身心。

每個人可能會有自己的模式。我三十幾歲時不肯探查是甚麼原因造成我低落的自我認同，有一次卻莫名衝動想在花園挖掘植物的根，摳著表皮傷疤直到它們再次流血。我緩緩明白過來，那其實是來自靈魂的需求，想往內在看，先前卻被我狠狠拒絕。

我自己這個打開心的過程很漫長。我結過兩次婚，活過癌症，從冷酷的母親錯待之下倖存，整整二十五年把朋友當成食糧。而這一切都過去了。現在，我視孤獨為一盞明燈照亮我從未看見的角落。有時我會害怕我仍然後一無所有，但我相信，往內在深處走去，並把所找到的任何東西帶出來，一切便會有所不同。

把被封在內裡的東西引領出來，是既神聖卻令人驚惶的，因為不知道自己該不該觸碰，那像是爬上梯子去撫摸巢裡的幼鳥，牠們太柔軟，而且我這樣做太褻瀆。這裡不是人類的手該出現的地方。但我邀請你——讓其他人誠實地觸碰，這樣我們就可以說：「沒有別人在看時，我就是這樣。」因為人人都是羽翼未豐的雛鳥，一旦被餵飽，終能展翅高飛。

・閉上眼睛，在一面鏡子前靜靜坐著，冥思某個自己沒有安全感的部分。
・深呼吸，試著把那份不安的來源高舉到自己的意識之中。
・現在張開眼睛，看著鏡子，溫柔地檢視自己的臉孔。
・看見自己的不安與這份覺察同時捧著你的臉，接受你自己的模樣。

一切的本能

沒有任何個體是只有自己的本質，而自外於其他生命的。每個生命都以一整個宇宙作為基礎，全宇宙就成為所有個體的共有背景。而當每一個個體覺察到了那擁抱一切的真正本能，這經歷就是頓悟。

——戈文達喇嘛（Lama Govinda）

想像這個精神上的事實：在「我們是誰」的基礎上，擁有整個宇宙。鯨魚竄高水面時看見了什麼，並非人所能得知。老鷹飛翔時羽翼感受到了什麼，並非人類任何疑問所能解；樹端葉子初次張開時對於光的體會，不是任何關於愛的嘗試所能得到。所有生命的本質都深埋於心，飽含力量卻深深沉睡。戈文達喇嘛生動地說明，所謂頓悟就是「經歷」了本質的連結，它遠遠多於「知道」，而彷彿可以觸摸到。本質引領出本質，而那原本就存在的合一於是甦醒。

想想看，在所有的不信任底下，仍然流動著萬物合一，而我們進入它的方法就是像脫掉衣服那般把所有的不信任與負面經驗都褪去。想像我們裸身進入那股與萬物合一的流動之中，由此碰觸到每一雙伸出來的手。

我自己曾經覺察那樣的瞬間，它超出時間的框架，在那時刻光不只是光卻也單單是光，微風穿過池畔的黃色落葉，那時刻既是今天，也是百年以前。我進入這樣的片刻時通常是獨自一人的，這是我朝上帝攀爬的方式。

不過，當我勇敢愛人毫無保留之時，我也曾和其他人一同進入這種時刻，在那裡全然擁抱生命，擁抱彼此。我們往外看，也向內看，一切都泛著光。真正的愛侶都來過這裡，攀越各自的生命，抵達某一無人明白的片刻。在這裡，與別人在一起也就是獨處，觸碰彼此肌膚就是撫摸自己的內在，那生來被該被觸碰的神聖空間。

以這樣的方式，頓悟就是經歷了、感覺到了所有生命的一體，而非智慧的累積

- 單純地呼吸，展開雙臂與雙掌，開始冥想。
- 吸氣，想像自己與所有事物連結，直到無法再吸氣。
- 吐氣，想像整個宇宙把你拉進日常之中。
- 讓自己去擁抱人，也讓自己被人擁抱。

十月五日

從靠近骨頭之處醒來

我到處尋找生命，卻發現它在自己燒灼的肺裡頭。

我醒悟卻又闔起，如此反覆半個世紀：我逃離什麼，然後停下。我抵達哪裡，然後停下。我攀爬某處，然後停下。我解放一些，然後停下。我問的問題從來沒有答案，卻又活得像個從沒被提問出來的答案。我好像螞蟻打造暫時的家，搬動著應該留下的東西，放下負荷不了的一切，在世界與靈魂的皮膚之間，經歷沖刷著我。

現在，單純醒來，情感的浪就在接近骨頭的地方鼓動，它的衝擊如此深刻而讓人疼痛。這是活著的痛。以前我以為這種痛就是悲傷，現在我知道，這份痛比起得不到自己想要的或者失去自己需要的，還要更深。這份清醒離骨頭這麼近，成為讓喜樂與悲傷浮現、讓苦痛與驚奇相遇的動力。現在，我在秋日醒來，抵抗著冷意；我在日出之前醒來，整個溼潤的世界都翹首盼望。覺察這份痛，一如地球感受它核心無人看見的火焰，這是因為存在於此而有的輕微燒傷。

· 早一點起床，冥思你當下的心情。
· 深呼吸，冥思這份心情底下的感覺。
· 穩定呼吸，冥思這份感覺底下的脈動。
· 如果你做得到，冥思那份活在你骨頭裡的生命脈動。

十月六日

感覺風

有兩種方式可以感覺到風：爬到開闊的地方然後靜止，或者不斷移動。

每個有生命的東西都能使「在」（being）與「做」（doing）具體化。藉由跑動所創造的風，是「形成」（becoming）的能量；藉由靜止不動而迎來的風，是「存在」（being）的能量。

身為人類，我們需要數不清的「靜止」與「移動」，我們需要它們的機會其實一樣多，而問題出在我們想用自己自在的那一種方式去換掉覺得不舒服的另一種。

不懂如何靜止的人，往往找不到本來就存在的風。那些在世間活得不舒服的人，能夠退回開闊的靜止，但裡頭沒有活著的力量。

但這些顧慮其實可以沒有對立。我的乾兒子艾里，在六歲的秋天掌握到了「存在」與「形成」的合一。他和父親站在有楓樹和柳樹的開闊原野，一陣風吹過，艾里非常興奮，他張開雙臂在風中旋轉、狂奔，穿梭在被陽光照亮的樹木之間。他喘著氣，拉著父親的衣袖大喊：「爸！爸！如果跑得太快，就會分不清楚什麼是真的！」

小孩子總有令人驚喜的洞見和無以倫比的純真，他們以自己的智慧活著卻毫不知情。諷刺的是大人必須花一輩子的時間找回這種珍貴的狀態，讓「形成」與「存在」融為一體。

- 何者對你來說比較簡單，「在」還是「做」？為什麼這麼覺得？
- 對於「做」的那份能量，你想改變什麼？
- 對於「在」的那份能量，你想改變什麼？
- 找機會，全心全意，在開闊之處張開雙臂旋轉。
- 還有什麼事情也帶給你類似感覺？當你投入什麼事情，作為與存在能夠化為一體？
- 接下來的兩週，讓自己全心全意地投入那件事情至少兩次。

十月七日

直到活過

我們生來就帶著這些碎片，沒有任何指示該怎麼拼湊。

開始旅行之前我們好想先知道答案。我們喜歡先弄清楚自己要走的路，偏愛帶地圖、雇用導遊。但我們其實更像一張會呼吸的拼圖、一袋有生命的碎片，每一天都訴說著其中一兩片的用途，以及它們應該擺放在哪裡。時間過去，圖案浮現，我們逐漸明白自己在世界的位置。

不幸的是，我們虛耗大把的光陰尋找某個人來告訴我們，如果照下樣活下去我們會活成什麼模樣。要求別人替我們畫出地圖，反而流失了自己重要的內在力量。如此徘迴拖延，到最後每個人還是得冒險踏出，看看會發生什麼事。

其間的指示就在生活裡面。我必須承認，當我說我喜歡這個而不想要那個，卻沒有一個選擇是我的或是你的，因為地球的開始就像個破碎的盤子，所謂永恆就是以緩慢的倒轉方式使那破碎過程回返原狀。你和我以及吸引著我們的一切，都是碎片，要讓上帝一一放回位置，直到完整。

・集中心神。想一想今天有多麼新鮮。
・透過每一口呼吸，拋下自己必須往哪裡去，或是必須做什麼的成見。
・單純地呼吸，了解一切都是可能的，就算到了今天，在你活過之前，一切仍然未知。

十月八日

打破罈子

男子把幼天鵝養在長型玻璃罐中。牠漸漸長大，卻卡在罈裡，動彈不得。男子進退兩難，因為唯一解脫的方式是打破罈子，將那隻天鵝殺死。

——禪語

這則寓言鮮明呈現了我們如何對所愛的人加諸限制，從來沒想過他們也會成長。出於恐懼或自負、甚至出於最良善的保護之心而設下的界線，都可能令我們所珍愛的一切窒息。

更具毀滅卻難以覺察的是，我們如何把自己困在玻璃罐裡。如果我們的理智是那個男子，那麼天鵝就是我們的心。為了保護自己免於傷害，我們把柔軟的心靈放進名為「不信任」的透明容器裡，從未想過心也在持續長大。我們往往為了求生而限制了存在。

我們就這樣築起心的高牆，就連最謹慎的人最後都會發現自己必須打破心房，改變感受世界的方式，才能把自己從強硬決絕的決定中解放出來。

但很多人就這樣帶著那份堅硬活著（如果這般的局限也可稱為生活的話）。對著快要悶死的心，瑞雀．雷門（Rachel Naomi Remen）問：「有必要活得如此防衛，使自己像是從未活過嗎？」她的詰問與禪之故事顯示了求生與活力之間、活命與生命之間、忍受與喜樂之間的差異。

生而為人，我們把不信任構築在純真之上，堅硬的心意恰似銀器暴露於空氣之中逐漸有了污痕。唯有靜默且不間歇的勇氣能夠再次軟化我們的心。

- 想起上一次你感到脆弱或受傷，卻沒有顯露出來的時候。
- 因為沒有顯露自己的傷口，你的內在發生了什麼事？
- 現在，在獨處的安全之中，回想那個脆弱的瞬間。
- 軟化那個瞬間，讓原本的感覺通過。
- 想要別人如何接納你，就如何接納自己。

十月九日

燒出一條路

靈魂盤旋如內在的太陽，燒出自己的路，卻未曾離開核心。我們稱此燃燒為熱情。

熱情從何而來？熱情不能用教的，只能任憑它通過或者不允許它通過。若我們抵抗熱情，它會一天天把心削弱。若我們允許熱情通過，它會激昂、滿溢，讓我們沒入它的灼熱。然而，既不阻止它也不浸溺其中，這種穩定的呵護才是有助於釋放熱情的。穩定而溫柔謙虛地打開雙唇，讓內在的光奔流而出，讓感覺的悸動傾瀉而出，這就是恩典的節奏，也是所有歌的源頭。

有一股熾熱高溫，不顧重力的拉引而抵抗重力，並且與世界的重量對應，它可以被阻擋卻不能被掌控，從愛、思想、渴望與和平之中流出。倘若我們允許這份震顫通過，我們就打開了共同的心靈，活在人類的渴望底下，而居於核心的火焰於焉燃燒。

我為此而活，為此繼續生存。如果我是舞者，我會用身體一遍一遍將此演示於天空，再三釋放它。心靈像鯨魚不得不浮出水面，否則就會死去；浮出水面之後，又不得不往下深潛，否則也會死去。除了給出書本、花朵和精心準備的禮物，我還給予的珍貴東西，就是帶著靈魂的光輝在你面前升起。因此，我尋覓最真實的友情，凝視深處是否有靈魂一身濕淋淋地浮出水面。

- 靜靜坐著，透過呼吸，感覺你核心內震顫的光。
- 穩定呼吸，不帶任何目的或意圖，讓這份熱情在體內升起。
- 緩慢呼吸，當你感受到它的熱度，環視身邊簡單而純粹的東西。

天分

得到啟示的是這個世界，我們只是在世間點綴之物。

我們像一台收音機，處在種種干擾之中，設法接收那始終存在的聲波。我們無法永遠維持必要的清明時時覺察萬事萬物的奧秘，一次又一次在平凡與非凡之間搖擺。大多數的人將此怪罪於世界。

無怪乎我們只是斷斷續續感受到自己是有天分的，但天分其實一直都在。如果頓悟來自於清明的存在，那麼天分就是清明的行動，當靈魂與雙手合而為一。對「天分」來說的主要障礙乃是一種缺乏：人們不可能沒有天賦，只是缺乏一份清晰眼光去看出天分何在，以及如何運用天分。

說來，天分是一種等待誠實投入生活之後而得到釋放的能量。多數人只在乎自己有沒有能力，卻忘了根本沒有把自己的開關打開，那開關乃是風險、好奇、熱情與愛。

如此一想，幸福可以說是：當我們取得了「在」與「做」的終極和諧的時候。在那和諧的片刻，我們的目的就是生命，我們的天分是活在它最近的細節之中，不管是烘乾碗盤、耙梳落葉或者清洗嬰兒的頭髮。

每當我找不到目標的時候，都會求我自己去坐在陽光下，看著地上螞蟻，希望能遇上屬於我的清晰。當我論定自己沒有一點天賦的時候，我懇求自己去尋找那個開關，去嘗試眼睛還看不到的東西，為了那在遠方呼喚的事物而冒險。當我看到這一顆彗星之後尚未接到下一顆彗星，當我蹣跚跋涉，這時我試著去看魚兒游動、去聽鳥兒滑翔，然後在顫慄的信心之中明白：如果我連試都不試，就會霎時回到原點，一如光被黑洞吸盡。

・集中心神。想起上一次「存在」與「行動」合一的經驗，可能是剷雪、可能是整理花園、可能是聆聽音樂。
・緩慢呼吸，那經驗可能很短暫，也請你把體現合一的能力看作是自己的才華。
・在一天當中，試著運用這項才華。

十月十一日

裁員

生活經驗將與我們的最深處共鳴，如此我們才能感受活著的狂喜。

——喬瑟夫．坎伯（Joseph Campbell）

一位好朋友說：「我認識的每一個人都著魔一般工作，並且擔心失去工作，被裁員然後剔除。」我承認自己也有一段時間擔心過這樣的事。我無意看輕這種憂慮的嚴重性，尤其如果我們有其他人必須照顧，失業是很可怕的。不過，仍有許多故事描述那些不得不拋棄職業生涯的人，反而因為離開職場才找到生命真諦。

神話裡，奧德修斯做了一輩子的水手，歷經長達十年的戰爭終於找到回家的路，在另外十年的漂泊之後也遭到裁員，被迫退休。

他日夜渴望重返海上的榮耀歲月，直到一個預言者出現在他的夢中，告訴他：「拿起你心愛的槳，朝內陸走去，直到沒有人聽過你的名字。然後你繼續往更裡面走，直到沒有人聽過船槳或是海洋。這時，把你的槳栽進土裡，種出一片園子。」

生命可以裁去我們所依賴的東西，縮減我們觀看自己的方式。但靈魂是一首裹在毯子裡的歌，不管那毯子的織紋多麼接近我們的靈魂，在我們體內一定有更加親愛的東西靜靜等候我們掀開毯子，讓靈魂歌唱。

- 想一想你在工作上遇到的一個轉變。
- 想一想你的工作如何幫助你定義自己。
- 閉上眼睛，把你的工作想像成玻璃杯，把你自己想像成水。
- 冥思：你還可以把自己傾倒入哪些其他的工作之中。

十月十二日

總是執著

我羨慕樹木，它們伸展，卻不緊抓。

重要的人事物來了，又走了。我們受到觸動，又感受到生命繼續流過，而我們傾向於抓住，不希望任何改變。這必然失敗，而事物必然改變。我們常常頑固，拼命追求那些離開的東西，想要控制並掌握生命的流動。是啊，這也必然失敗。

我們無法阻止生命的流動，於是總說起以前如何、現在如何，總把其中的不同說成是失去。但所有的執著與抓取只會使得一切更糟。新事物來到眼前，某些人預見了失去，於是就放任生命流走，不想要有任何感覺。

這些我都經歷過。後來，當我足夠清明開闊，我開始試著讓事物進來，讓事物碰觸我。當它們經過，我試著不再拉住它們。這不能減少失落，但當我有足夠信任可以讓它們發生，我就化作了風中的豎琴。

· 靜靜坐著，想起一份你試圖抓住的感覺。
· 和緩呼吸，想起一份你試圖割除的感覺。
· 緩慢呼吸，想起某個你現正深深感覺的東西，試著在不干涉它的狀況之下，讓它進來。

十月十三日

破裂的智慧

當一面旗子承受了強風，就變得柔軟彷彿無骨，而我就用這種方式愛人。

旗子的課題挑戰了我們在日常生活生命中的信任有多深，它要我們別抵禦迎面而來的靈魂之風。這是因為，透過一陣陣突如其來的經歷，生命的珍貴能量正在降臨。當我們舒展真實的自己之後就會明瞭：如果放下抵抗，在一切的痛苦與磨難之後，我們的目的就像旗子一般單純美好。

偉大的詩人里爾克說過：「我想要舒展，在任何地方都不願被折疊起來。因為哪個部分的我被折疊，那裡就是謊言。」再一次我們被邀請去活在開放之中，被鼓勵去超越恐懼，舒展真實的自己。如此，比我們更加遼闊而古老的生命才有可能使我們飄揚，進入完滿的生命。

這不會是簡單的任務。過去的負面經驗與充滿保護的教養方式，使得我們習慣於在突發的強烈力量襲來的時候加以抵抗。然而，跌跤後我們很快就學到，斷裂的只會是硬要抵抗的手臂。

我們的抵抗讓事情變更糟。對此，中國智者老子在兩千五百多年前是這麼說的：「人之生也柔弱，其死也堅強。草木之生也柔脆，其死也枯槁。故堅強者死之徒，柔弱者生之徒。是以兵強則滅，木強則折，強大居下，柔弱居上。」

為了與其他的生命共存，我們常常需要召喚出「不抵擋的勇氣」，這不是逆來順受，也不是向壓力低頭。反之，它是張開雙手雙腳面對世間各種痛苦，既非全部吞下或者全部推開，而是親近那些能帶來養分的東西，然後讓其餘的都流過。

心以這樣的方式成為一張破損的旗幟，其國籍已不堪辨識。隨著時間過去，我們應該感激那些由於在開闊的曠野活過而產生的裂痕，有了它們使我們疼痛，才可能有難以承受的強風從我們通過。

這份謙卑透過磨難而來，它要我們別試圖抓住任何東西，以在生命中持續前進。這就是智慧，來自破損之心的智慧。

- 集中心神。讓你的呼吸化作感覺之風，舒展心靈。
- 讓自己單純感受最近一個痛苦的瞬間與喜悅的瞬間。讓兩者都通過你，一如風通過旗子。輪流通過。一次又一次。
- 隨著呼吸，向兩種感受靠進去，練習不抵抗。然後，不要抓住什麼，讓它們通過。

創造的步調

第一口氣，總能給予生機。

放慢我們思考、感覺及接受這世界的速度，是一件關係到能否回到內在中心的事。所有智慧傳統都有某種形式的冥想或是祝禱，透過放慢自己來重返中心，那裡有最初的造物的氣息。所有的精神儀式與修行法門，都自有方式幫助人們回到安住於心的狀態，讓我們躍入肉眼看不見的生命流動，那兒永遠新鮮，充滿蓬勃活力。

在創造的步調之下，萬物都以相同的方法呼吸。所以，當我們放慢、敞開並集中心神，我們就能與萬物共同呼吸，汲取其中力量。當我們放慢腳步呼吸，就好比樹木向著一切打開，全天空的雲朵攜帶著全人類的夢境。若能放緩至創造的步調，真理將如飛鳥飛過山岳，那最原初的起點將進入我們，而我們成為全新的人。

當我們夠勇敢到能放鬆靈魂，敞開它，這時腦子思考的步調也會慢下來，配合心的感受。當腦與心同步，它們將會打開一種節奏，使我們的眼睛看見靜待於尋常事物底下的奇蹟。

- 閉上眼睛，放慢呼吸，直到感覺集中心神，回到自己。
- 然後睜開眼睛，與周遭的生命同步呼吸。
- 在一天當中，每當你速度變快，請跟著身旁某個小東西一起慢慢深呼吸。

十月十五日

自己的人

智慧告訴我，你什麼都不是。愛告訴我，你就是一切。在兩者之間，我的生命流動。

——孟買大君（Nisargadatta Maharaj）

一位待過納粹集中營的長輩米芮安．艾爾克斯，當年撐過了在立陶宛的科夫諾（Kovno Ghetto）的慘痛遭遇，熬過丈夫艾爾奇南．艾爾克斯博士的過世，多年後對兒子談起是兩件物品讓她活了下來。她的兒子轉述：「一個是麵包，她身上一定藏著一塊麵包，以便遇到了誰比她自己更需要。還有一支破爛的梳子。她早晚一定會梳理頭髮，確認自己這個人還在。」

這位女士隨時帶在身上的東西和她使用它們的方式，是一則意義深刻的典範，說出了靈魂如何將尋常物品化作有益於生命的象徵。

她隨身攜帶的物件和攜帶它們的原因，表露了一份愛的智慧。我不禁想問：我們帶著什麼小東西可以隨時施捨給比我們更需要的人？又，我們一直做著什麼動作來確認自己這個人還在？

僅僅是攜帶著這兩個問題，就足夠支撐生命。隨身帶著一塊小麵包或一則小真理準備給人，這提醒了兩個事實：其一，我們並不是獨自活著；其二，不論處境多艱難，我們都還是有一些東西可以給予別人。縱使這給出去的動作無法消除痛苦，卻能讓我們確認自己在痛苦之中仍有價值，仍然值得活著。

我們都活在「無」與「有」之間的某個地方，只要採取任何一種小小動作來表示你看重生命，這就是在執行上帝的工作。唯有透過確認自己這個人還在，人性的莖梗才能破土而出，然後向著自由生長。

· 集中心神。用呼吸打開一條路通往靈魂的暫停之處，它在你可能面對的艱難之下等待。
· 緩慢呼吸，讓心告訴你，你攜帶著什麼小東西，準備隨時給予更需要它的人？
· 自在地呼吸，讓靈魂給身體一個動作，令你可以隨時確認自己的容貌。
· 吸氣，確認自己這個人還在。吐氣，將你的禮物施予這個世界。

十月十六日

心與路

凝視每一條路，仔細看，謹慎地看。想看幾次就看幾次。然後問自己，只問你自己就好：這條路是不是也擁有心？如果有，它就是好的。如果沒有，它毫無用處。

耗費六百萬顆花粉才成就一株牡丹。鮭魚花一輩子時間找到回家的路。若我們需要數年光陰才找到真愛、才理解人生的使命，無須為此緊張或失意。

大自然的萬物皆有韌性，再三排練著自己如何找到自己的道路；這排練是為了一旦那條道路出現，便可由於經過了練習所以能把握這片刻。萬物，當然就包含我們在內。

事情不如意，愛情猝然結束，事業陷入一灘死水，這些確實使人痛苦悲傷，但若我們不肯接受這片更大的風景拒絕，將會使得我們找不到屬於自己的堅韌彈性，使悲傷轉為失望，苦痛腐化為絕望。

就像眾多花粉成就了一朵花，從眾多魚卵中孵化出一條魚，我們認真愛過的每一個人、追過的每一場夢，都使我們更靠近活著的奧秘一點點，所以我們需要多多嘗試，直到我們那許多愛變成唯一的愛，那許多夢想變成唯一的夢想，直到我們的心與我們所走的道路感覺一模一樣。

・靜靜坐著，想起你在夢與愛裡的失望。
・溫柔呼吸，不要過於陷入悲傷。
・深呼吸，別將失望看作失敗，而要看它們是閃光的寶石，鑲在一條由生命製作的項鍊上。
・俐落呼吸，讓其中一顆寶石帶領你進入下一顆。

十月十七日

反射或反應

我活下來不是為了不被觸碰。

我們的情緒模式非常強大，而情緒模式的形成，往往是因為我們需要它們。然而遲早我們會發現，始終保護我們的東西，也在殘害著我們。保持隱形不把自己流露出來，這做法曾經讓我們免於傷害，但現在我們的自己漸漸消失。傾聽他人，曾經有助於我們維持關係，但現在我們就快要被自己從未被人聽見的哭訴淹沒。設法避免衝突，曾經使我們遠離戰火，但現在我們渴望真實的接觸。

我年輕時候就學會保護自己。我非常擅長「接東西」，走到哪兒都帶著一個捕手手套，無論什麼東西飛過來我都不會訝異。這項專長曾使我逃過家人對我的一次突襲，甚至陪我度過抗癌旅程，但它最後有了自己的生命。那副手套的快速反應，攔截了飛鳥、女人、朋友與真理，沒有東西能穿過手套的防守。它曾經幫助我活下來，此刻卻令我無法被他人觸碰。我的世界裡沒有美好與柔軟。

但是我活下來可不是為了和世界保持距離呀。所以，我為了放下那副手套，重新選擇保護自己的方式，不得不踏上一趟痛苦而長遠的旅程。最後我終於領悟：讓生命進入我，才是最深刻的存活之道。

在這旅途中，我體驗了一層薄薄的呼吸的內襯，在它之下是心跳，這是我們對一切遭遇產生真實無偽反應的地方。而在這呼吸之上則是殘存的情緒反射，這是我們行為模式的快速扯動。

直到我們能在出現行為模式的快速反射之前，就先用呼吸開出一條路，這才可能趨向真實與自由，真正觸碰到自己。我們需要戰勝「想去接住狀況」或是「想要修補問題」的焦慮，才能從生命核心做出真實的反應。

因為不願失去別人的愛或不想失去自己的好人形象而去幫助某人，這大大不同於你是因為心跳而去幫助某人。

人人都陷於重複的戰爭裡，經常要決定是要防備自己不再受到曾遇過的傷痛，或者是決定要一次次在純真之中敞開自己，面對生命意料之外的碰觸。

- 靜靜坐著，直到你找到那條路，通往那層包覆心靈的呼吸的內襯。
- 讓一份你從親愛的人身上所感受的壓力，進入你的意識。
- 從那層薄薄的呼吸內襯裡，嘗試不同的回應。
- 以前幫助你存活的回應方式，是什麼？
- 現在，什麼樣的回應方式能使你活得更完滿？
- 哪一種感覺起來更能為你帶來生機？

失敗是蜂蜜

昨晚，我夢到美麗的錯誤！在我心底有一個蜂窩。
那金色蜜蜂從我老舊的失敗中，造出白色的蜂巢，釀出甜美的蜜。
——安東尼歐・馬恰多（Antonio Machado）

懂得謙卑的生命都曾喊出一個看似不可能的道理：我們覺得遺憾並試圖隱藏的東西，那些看似充滿缺陷有令人丟臉的秘密，經過時間與大自然的作用之後，慢慢釀成獨特的蜂蜜，這時，生命的甜美迎面走來。說到底：唯有在不完美之處、在碎裂崩壞之處、在風聲呼嘯而過之處，才有生命轉化的材料。

我跟許多人一樣，曾經想要的許多東西後來都粉碎為灰燼，成為燃起下一個夢想的煤渣。我那些無意說出的傷人語句，隨著時間使得我的舌頭遲鈍，成為從未想到的良善。每一次當我沒辦法成全別人的需求或渴望，無法滿足自己的需求及渴望，每一次愛的失敗都凝聚為意外的學習。每一次的痛苦刮削都成為下一次喜樂的香料。

他們說，丘比特的箭矢如果沒有落在心上，就只是一把傷及無辜的武器。我們也像丘比特一樣再三嘗試，一再失手，沿途傷害了許多人，直到有一次直射進某顆心底。在失誤的時候，傷人多深，我們自己也被傷得多深。

以上種種無法減低人生旅途的痛，但帶來安慰，讓我們知道自己意料之外的跌倒都只不過是人生的醬汁，將會把我們調理得更加甜美。

只要記得：當一切分崩離析，這時你正在整理自己的土地，等候果實熟透。現在還看不到，但有朝一日必能品嘗。

・跟一位信任的朋友一起靜靜坐著，冥思一段自己認定為失敗的感情關係。
・一段靜默之後，跟朋友討論你為什麼覺得自己失敗。
・討論你如何背負着這種失敗，它如何影響你現在的感情關係。
・設法辨認出你由於那次失敗而在哪裡變得軟化且有所成長。
・那段關係沒有持續，也記得你看過一份從它而來的一個美好之處。

十月十九日

使命感

每一年，北美馴鹿沿著地球的北極圈邊緣，奔馳於同樣的遷徙路線。牠們生來有某種東西召喚牠們年年要去同一條路。每一年，成群的土狼在這條遷徙之路上等著襲擊馴鹿。然後每一年北美馴鹿都如常上路。

大自然常常把困難事物變得很清楚。所謂的困惑，往往只是人類拒絕去看見事物的原貌。當北美馴鹿奔馳於地球之巔，牠們震耳欲聾的蹄聲向我們呼喊著什麼道理？牠們證明了一件事：每一個活著的生物，內在都擁有一種不計一切後果的「必須」。那些馴鹿很清楚牠們的必須是什麼。

但人的靈魂不知道自己的使命。這既是恩典，也是詛咒。我們之所以遷徙有一部份原因就是為了發現使命。以冠冕堂皇的計畫之名，我們究竟被呼喚往何方？北美馴鹿告訴我們：就算世上有豺狼虎豹，也不得不活出自己天生就有的東西，找出自己本來就應行的道路。

這些優雅的動物說出了比勇氣更深的力量。縱使有人覺得牠們愚蠢，但他們的遷徙揭示了無從掩蓋的真理：活著，而不是躲著；存在，而不是思考；參與，而非觀看；樂活，而非苟活。

馴鹿在北極一帶不僅被看作依賴本能而活著的生物，人們還相信牠們不顧險阻的奔馳，正是讓地球轉動的力量。在某個地方，在遲疑與絕望底下，不斷呼喚我們去存在，自己好好兒存在，與所有人一起好好兒存在，讓地心之火持續燃燒。

- 靜靜坐著，問自己：你被什麼東西召喚。如果你沒有內在的使命感，請你繼續往下讀。
- 描述你內在浮現了什麼。如果感覺你被歌唱召喚，不要下結論說你想成為歌手。如果你感覺被繪畫召喚，不要下結論說自己要成為畫家。如果感覺被栽種召喚，不要說自己需要成為園藝家。
- 持守這份召喚的本質。把它看成是存在你體內的能量，而不是你必須達成的目標。

十月二十日

中間的路

站起來，被磨成更深刻的東西。這是生命要我們遵守的誓言。

我沿著加州海岸開了八百公里的路。幾天來，左邊的高山和右邊的大海一直訴說著站立與磨損的道理。我行駛於這兩者之間開鑿出來的道路。到了第四天，路成了狹長的緞帶狀，就在這個時候最是好看。

我在這裡看見了世界，我明白，生命要我們一次又一次站起來，承受磨損並不代表被擊敗，我們只是在一個新的層次裡重新坦露自己，我們註定要在站起來與被磨損之間活著。

如此，生命變得愈來愈珍貴。這是譬如滲透或重力的自然定律：站起來，然後被磨得赤裸。在路上的所有東西都是如此被削薄，讓我們知道自己活得多麼徹底。

- 靜靜坐著，想起某次你站起來面對當下的經驗。
- 深呼吸，想一想那個經驗以何種方式將你磨損。
- 集中心神。設法辨認出那樣站起來然後被磨損的經驗，對你造成什麼改變。

十月二十一日

誠實的朋友

如果你說你早就懂了，我會有點悲觀。如果你說你不懂，我會樂觀一點。

——一行禪師

一行禪師是以洞察聞名的越南僧人，他這話幫我們記得：沒有人能活成自己以為的樣子，我們只能活出自己想問的問題。

我是從兩個極端學習這件事的：一個遇到什麼都能給答案的人，以及一個遇到什麼都提出問題的人。我們要直到不再只是與人分享自己的結論，更是互相分享「自己是誰」，這時才會有真正的連結。這個學習花了我很長時間才明白：直到我以「我」的身分開口說話，不再把自己的苦痛推給「你」，直到我能承認自己的撲跌踉蹌，不再將所有不幸投射於身邊的人，這時我才同時擁有愛與真理。

我有一個認識二十九年的朋友艾倫，我們相距十八個州，一起度過以為不會歇止的風暴，在婚姻破裂、遭遇意外與治療癌症的時候，我們互相擁抱，當我們各自的祖母都過世，我們依靠彼此來支撐。

在話語找不到他的地方，我看見他孤身站在滂沱大雨裡。我們勇於向對方打開那扇小窗，曾在彼此眼前帶著能曾經以為的真理碎片，於是我們擁有特權可以再次詢問對方彷彿我們這是初次見面：「你是誰？」

多年過去，我毫無防備地看著他，說：「我想認識你。不管你保留了什麼，不管一直以來我沒有聽見什麼，且讓我們坐在林中空地，像兩隻老去的鳥兒那樣，用翅膀來依偎，而非飛翔。」

擁有一個誠實的朋友，可以在對方面前掏出整顆心卻仍感覺自己有價值，這是一種富裕，它無法為你買下什麼，卻可以給你全部。神秘卻也公平的是：想要找到一個這樣的朋友，你自己得先成為這樣的一個朋友。

- 這是一個環繞著冒險的冥想練習。集中心神。自在呼吸，想起某個你想親近的人。
- 深呼吸，想起你曾經對那人表達過的一個信念。
- 現在，冥思是什麼經驗帶領你遇上你的那份信念。
- 自由呼吸，感到安適。對自己立誓：下次遇見那人時，要對他分享更多。

留在當下

我與所有人一樣，沒什麼耐性。

——聶魯達（Pablo Neruda）

等待很難，然而只有耐性可以使得我們接近完整。這一部分是因為，生命的奧秘難以理解，而可以理解的那些常以太慢的語調說話，我們遂由於停留得不夠久而沒有聽見。就像偉大的智利詩人聶魯達說的：耐心，乃是靜候於人性騷動之下的禮物。唯有設法勉力停留在當下，生命才得以揭示合一的力量。

我去了一趟海邊，整夜聆聽波浪，隔天退潮時，前一夜隱沒在水中的斷崖浮現出來。我踩上顯露出來的石壁。波濤在岩的兩側翻騰，拍打著平常看不見的路。痛苦不也一樣？只有撐過黑暗，所有際遇的尖銳之處才會像浪潮般退去，露出底下生存的東西。凝視悲劇事物夠久，它就會顯現出它其實是一個大轉變的一部分。

我記得曾在森林裡看過一塊地方，濃密覆掩，令人望之蕭然，彷彿任何東西都無法穿透。我自己的性格中似乎有某個部分與之呼應，所以我多次造訪。冬天來了，樹葉落盡，同一塊空地褪去原先的覆蓋，成為一片明豔光照之處，原來它位於一片丘陵之巔。此情此景使我謙卑，原來寒冬也能使人自由，原來是回憶、思慮與龐雜心思遮蔽了照進我的光。

太多時候，我們騷動而不耐，匆忙來去，充滿焦慮不安，一味尋覓愛與平靜，卻從未想過一開始看見的地方就有光亮透入，就有真理萌芽。野生的酸蘋果樹要好幾個月才能甩去酸味長成蘋果，或許人需要更長的時間，才能得到喜樂迸發。

·深呼吸，集中心神，帶著自己回到心中的濃密樹林。

・前往一塊讓你了解自己的林間空地。
・坐在許多回憶、思慮與感受在你心中竄長的葉子底下。
・覺察是什麼經歷使得光照不進這裡。
・不要分析，也無須留戀，停止思考。深呼吸，讓你的呼吸釋放一片遮住光的葉子。
・讓深處的呼吸聚成一陣溫柔的風，吹落心中的葉片，讓心自由。

十月二十三日

生存的智慧

母親說起她是怎麼學會游泳的。有人把她載到湖心，把她丟下船。她就這樣學會了游泳。我說：「媽，他們並不是在教妳游泳。」

——寶拉・龐史東（Paula Poundstone）

把降臨於身上的事加以重新詮，是一種有助於在遭遇可怕事件之後存活下來的方式，否則那些慘事就會化為一層否定的簾幕，使得我們無法前進。我們時常需要相信，當自己夠強大並且準備充份，就能看見事情的真相。

不去看見事情的真相是有危險的，這會使我們以為，為了學習某件需要學到的東西，我們必須被人丟出船外，或是被趕出一段感情關係之外。如果我們分不清楚，所經歷的殘忍與難關是一回事，為了生存而等待的智慧是另一回事，就會誤以為學習都需要先遇到災禍與苦痛。不是的，並非每種學習都是這樣而來的。

我們不需要等到事情不對了才改變。

· 靜靜坐著，想起一個你不敢做出的改變。
· 深呼吸，捫心自問：你是不是在等某個人把你推下船？
· 溫柔呼吸，先不擔心該做什麼或是該如何做。只是吐氣，感覺著生存與成長的智慧正在你體內靜靜等候。

十月二十四日

如是

知足不辱，知止不殆，可以長久。
——老子

在活著的基本所需之外，所謂的「讓自己更好」，逐漸變成「盡可能擁有所能貯存的東西」，並在現代社會成為一種癮頭。這種想要擁有物質的渴望，源自於匱乏感，由於總是覺得缺少什麼而焦慮，而以為擁有了什麼就多少可以帶來撫慰。

讓自己的內在更好，是另一回事。越是帶著這種往內追求的渴望去靠近自己的心，我們越是會發現自己正棲息在從一開始就帶著的東西息。這種往內的渴望來自於豐足感，想要解開早已存在的奧秘。

我在抗癌期間，更加看清楚這兩者的差異。我一直祈禱一切能變更好，但在某天早晨醒來，深深感到無論發生什麼我都滿足於我就是我自己。一切並不如我願，但確實我什麼也不缺。正當護士們忙著處理晨間勤務的時候，我暗自立誓，我不與任何人交換處境，但要與所有人分享心靈。

- 集中心神。感受今天早上人生的真實情境。
- 讓呼吸帶領你往更好的夢想底下待一個片刻。
- 隨著吐氣，覺察那包覆著渴望的痛楚。
- 吸氣，感受奧秘的中心，那裡毫無匱乏。

十月二十五日

直探核心

誰都無法在先前瞄準的地點著陸。就算上帝也做不到。

我們急著譴責這個、驅逐那個，排斥那些破壞了承諾的。事實上，大自然中沒有任何事物會按照想像到來。我們所想的與所做的，兩者距離太大，我們得一直開始。我們所感受的與所述說的，兩者的斷裂極為驚人，我們只好一直嘗試。我們所遭遇的與所明白的，兩者相隔萬分遼闊，於是我們只得一直成長。

這可不是要你刻意逆著所相信與所說的而活，那樣是欺騙，也是虛偽。然而大部分時間我們就是會錯失目標，帶著好意瞄準，卻射得太近、太偏或太遠，總之就是射不中預定的靶心。

我漸漸相信，這是內在生命轉為外在所必須經過的摩擦。我們所感受的、所思考的與所瞄準的那些，在進入世界之後必定會偏移位置，絕不會是我們原先設想的那樣。這好比小學認識的折射現象，把筷子插進水中，它會落在視線以為它該在的地方。

就是這樣，於是我們挫敗，生命變得有趣，而愛變得艱難。人人都有機會一次次帶著重新確認的信念，宣佈各自的「世界是平的」宣言，卻只會撞上什麼是永恆的真。

我想起自己宣揚過的信念，它們如同暴風中的樹木折毀。我曾立誓不顧一切代價要守護的約定，最後使得我像彼得一樣拒絕上帝。那些我說我永不屈膝的驕傲，結果我痛得不得不跪下。而後，當我接受了人生之旅是從脆弱來開展，那些誓言信念與驕傲，變得不像錯誤了，而更像自然本身的運作。

我們朝向真理成長，一次長一個自己。質問、斷言、瞄準、失手，然後再一次提問。果實熟透之前都被表皮包覆，光在黑暗中滿溢，而真理在心中抵達圓融。認識真理的唯一方法，就是用生活穿過它層層的外殼。

- 集中心神。冥思你體內的靈魂，它已經活過一種又一種的你自己。
- 深呼吸，專注於一個你曾經斷言，現在卻明白那絕非真實的事。
- 緩慢呼吸，透過每一次呼氣吸氣，卸下你可能浮現的尷尬、羞愧或失敗的感覺。
- 帶著謙卑，去愛那顆在不同的外殼裡成熟的果實。那個果實就是你。

十月二十六日

用力傾聽

到底是什麼那麼重要？我們有時間讀一堆關於愛與關係的書，卻沒時間去傾聽愛人的心？

——莫莉・娃斯（Molly Vass）

我們都苦於學習某件事物卻不把它活出來。我們盡力修補並給出建議，卻怎麼也不肯傾聽和擁抱。但神學家田立克（Paul Tillich）是這麼說的：「愛的首要義務就是傾聽。」

我想起那些我真正傾聽的時刻：聽海浪無止盡的拍岸，聽祖母以為無人在身邊時的嘆息，聽自己在別人身上造成的苦痛……我發現，我是因為接收了這些單純的真實才得以成為一個更好的人。

很多時候我們不肯傾聽，我們就困在自己的想像所塑造的世界裡，而不是敞開內在面對靈魂原本的模樣。

從最深的層度看來，我們的工作不是讓自己被聽見，而是學會靜止，好讓我們聽得見。就像美洲印第安長者 Sa'kej Henderson 所言：「真正傾聽，就是冒著被完全改變的風險。」

・在這一天當中，挪出五分鐘，什麼都不要建造、什麼都不要做、什麼都不要想。只要聆聽就好。

十月二十七日

世界的身體

擁有千種名字的大地之母啊。願大家都記得，我們是你身體的細胞，一起跳著舞。

——Starhawk

搭過飛機就會知道，在雲朵下方各種公路多麼像血管，而車輛彷彿細胞。從上方俯看車流就會看得更清楚：我們各有各的去處，但其實都只繞著街道循環。我們加速、剎車、熄火、發動，不能預知即將轉進的前路究竟是暢通還是迴堵。

我每隔一天都會扭開車燈沿著大街前進，有時候一路遇到綠燈，一部車都沒有；有時候我卻非等不可，等到不耐煩。不管那天比平常早或晚出門，世事的擴張與壓縮都不在我掌控之內。

我們就像一顆顆小細胞，在路徑上來回、散聚，感覺擁擠或孤寂，這樣的動作讓世界的身體保持健康。血液流過人體，我們也像是被街道運送的生命，就算只是在等紅綠燈，我們也正在協助世界的生命繼續。

- 下次被困在人群當中時，放慢速度，感覺生命在周圍循環。
- 在那當下，放下你的目的，單純地呼吸。
- 用呼吸排出你的憂慮，感覺自己是一顆健康的細胞，正用簡單的動作清理世界這個身體。

十月二十八日

鴦掘摩羅

我今常住，汝自不住

——佛陀《鴦掘摩羅經》

有一個故事說，殺人犯鴦掘摩羅即將被吊死，這時他遇到了佛陀，因此成了阿羅漢，成為一個值得尊敬的高潔者。鴦掘摩羅似乎受到自己的生命催逼而不停地奪取他人性命。也許機緣巧合，一個準備赴死的人遇上一個不動如山的真實靈魂。沒有人知道真正發生什麼事，但傳說是這樣的：兩人站在彼此眼前良久，長久的沉默稍稍移除了鴦掘摩羅眼裡的迷障。佛陀對他說：「我停了。你沒有。」其後，又是同樣意味深長的沉默。而鴦掘摩羅用殘忍在心上建造的堡壘，就這麼崩毀了。據說，吊死鴦掘摩羅的繩索，是以被害者的手指骨頭串結而成。在佛陀的話語與殺人犯最後的氣息之間，鴦掘摩羅真正活過了。

這故事是一道難解的謎。鴦掘摩羅是因為「沒有停下什麼」而一直殺人？佛陀是因為「停下了什麼」得以頓悟得道？我們無法確切知曉，但我們可以推測：「沒被停下的」，指的可能是某種逃離，逃開活著的風險及苦痛，這些逃離的形式譬如像是否定、隱藏與投射。任何一種對於真相的逃離，都可能領我們走向麻木，使得我們為了有所感覺而行使暴力。倘若不停止這樣的逃離，我們就會藉由奪取他人生命、經由暴力傷害肉體、透過性作為征服、藉著情緒獲得掌控與支配，從專業展現權力等等方式，一次又一次殺害自己

無論你如何理解這道謎題，我們都是佛陀，也都是鴦掘摩羅。為了保有慈悲與真實，我們必須一再與自己進行這種對話。

- 集中心神。透過吸入的氣息，讓你內在的佛陀說：「我停了。」
- 深呼吸，透過呼出的氣息，讓你內在的鴦掘摩羅說：「我還沒停。」
- 緩慢吸氣，答應自己不再逃開自我生命的真實。就算你不知道怎麼做到，也帶著這個承諾，開始你的日常生活。

嘗試的能力

如果你在學之前就教，或是在留下之前就離開，你將會失去嘗試的能力。

太多方式足以讓我們與自己的經歷分離。我年輕時害怕被愛所傷，終日對別人的愛情與掙扎提供意見。猶記得我因為害怕與親愛的人發生衝突，我總選擇留下紙條，而不是當面對話。我想跳過與他們面對面的情況。我也記得，面對又要進行一次的可怕化療，我試著預測並且準備迎接下一瞬的恐懼，結果只發現不管我做了多少準備，我都無法脫離自己的遭遇。

在學之前就教，在留下之前就離開，做出各種預測但並不進入……這些做法掏空了我體內深層的資源，它們是生命的原動力。把自己移開，就算是從痛苦中移除，也只會讓人蒼白枯槁，無力再繼續下去。

當針頭、手指、雨水或陽光接觸你的皮膚，我們該做的是從內在去迎接它們的碰觸。這種內在遇上外在的過程，釋放了精神層面的電流，它的能量將贈予我們覺醒的溫柔。

- 跟一個你信賴的親愛之人並坐，集中心神。開始輪流進行以下動作。
- 讓你的愛人慢慢把手掌貼在你的心上。
- 當他的手掌落在你的心上，練習用你內在的能量去迎接對方手掌的觸碰。

面對的藝術

人們忘記的東西，鮭魚都知道。

——羅伯特·柯拉克（RobertClark）

關於面對的藝術，鮭魚有很多東西可以教我們。鮭魚逆著瀑布水流向上游，這非比尋常的生物彷彿對地心引力不屑一顧。如此景象，遠看令人感到不可思議，靠近一點看，則會發現其中藏著讓所有追求成功的人無比受用的智慧。

鮭魚似乎知道如何把從腹到尾的身體直接靠向洶湧水流，水流的力量衝擊牠們的底部，把牠們推往水流的上游處，牠們繼續用身體的底部衝撞猛烈的水流，一次又一次不斷被向上拋。主動靠向自己應當面對的東西，讓牠們在這趟逆流之旅上持續朝目的地躍進。

從遠處觀看，此景有如魔法，這些強而有力的魚兒彷彿在飛，征服了自然。事實上，牠們是與自然的元素融合，積極且徹底地投入水流，跟著水流舞動。這場舞讓牠們穿越水與空氣，直赴天性的本源。

如果用精神生命的話語來說，鮭魚對於把自己的底部迎向衝擊的這件事是信心滿滿的，也正是這般舉動，帶著鮭魚以最直接的方法穿越生命並認識生命。我們可以從這個弔詭中學習如何面對日常經驗：若想保持真我，就必須活得開闊。若不願被歲月橫掃而過，我們需要用自己的方式靠向迎頭襲來的阻力。

鮭魚教導我們不要封閉，勇敢面對真理。就算我們不喜歡衝擊，若能主動往經歷靠進去，可以使我們向前。長此以往，也許我們還是會想逃，但因為我們願意展現脆弱，正是這個被揭露所造成的衝擊，將使得我們同時領受奧秘與恩典。

・靜靜坐著，回想上一次你對著迎面而來的生命敞開自我的時候。

・專注於三件事：敞開自己如何令你開展？迎面撞上，如何改變你的生命立場？像鮭魚那樣的跳躍，使得你降落在何方？

・穩定呼吸，邀請上述敞開、改變與降落的課題，進入你的心中。

・緩慢呼吸，了解到自己正處於這些過程之中。

・放鬆，用你的心的底部，迎接這一天。

十月三十一日

愛著的時候

假使你有一個悲慘的童年，那又如何？有一隻腳，就可以跳舞。有一隻眼睛，就可以看雪花飄。

——羅伯特・勃萊

我大老遠飛到南非，帶著我的煩惱像攜帶一只無人願意受理的超大行囊。然後，就在照開普敦的陽光下，我在街上看見一個男孩撐著拐杖跳舞。

我放下那一大包煩惱，專心觀看。他輕快的枴杖彷彿跳躍於街道的鼓棒，當他停下來，枴杖又只是一根枴杖。這只有在跳著舞或者看別人跳舞的時候才能覺察。

然後，我回國。以不同的方式看待事物。因為，唯有說出真相，真相才能讓我們輕盈。一旦我們停止說出它，真相又再度變得沉重。我把行李的若干部分遺留在赤道以南那條街的某一處。現在我背負的東西少了，試著用自己的枴杖跳舞。只有在愛著的時候，痛才會變得輕盈。

· 想起一道你所背負的傷疤。

· 感覺它那合理的沉重。

· 現在，看一看自己有沒有一只可以支撐的拐杖。如果有，不要緊抓它。

· 深呼吸，與你的拐杖玩耍。

· 徹底地呼吸，把枴杖放下，一段時間裡。

November

下一個愛的片刻

如果讓自己困在各種互相衝突的憂慮裡，對過多要求都說好，答應太多計畫，想要幫助每一個人做每一件事，這樣就是屈服於暴力。一個行動派的狂熱實踐，抵消了他為了和平而做的努力。

——湯瑪斯．梅頓（Thomas Merton）

這句引言的智慧指出了放慢速度是多麼重要，它也突顯了接納自己極限的必要性。我們的最佳狀態也許充滿神性，但再怎麼說都只有兩隻手和一顆心。想要「什麼都做」，就等於想「成為一切」，這種想望也許是為了做好事，卻往往變得偏執，因為「自我」會抓住這份善意而變成渴望受到尊崇。

我自己曾有多次這樣的經驗，不想拒絕別人、不想錯過機會，更不想被視為不仁，但如果我無法全心待在一個地方，我就完全不在那裡。一次端太多杯咖啡，沿途必會濺到無辜的人。海倫．路克在討論善的陷阱時也談到這點：「那些人躲避自己，未經深思就一味行善，他們傾力於拯救社會與他人，卻看不見自己的陰暗。」

有句老話是個好開端：「一次做一件事，然後把它做好。」我想把這句話稍作修改：「一次做一件事，完整地做，然後它就會領你前往下一個愛的時刻。」

- 集中心神。想著那些你覺得你該做的好事。
- 呼吸，讓你的心為其中的一件事發光。
- 不再多想，為其他的事祈禱，但只把今天的你投入最重要的那個。

十一月二日

獵捕真理

我拿了狼的肋骨，削尖兩端，
用鯨魚的油脂將它包覆，放在
熊必經的路上。
等它消失，
我追著熊的足跡，徘徊數天。
——金納爾（Galway Kinnell）

這首詩作〈熊〉捕捉到愛斯基摩人為了食物獵捕熊的方式。我們也常像愛斯基摩人獵熊為食物一樣，尋找名為真理的內在食糧。「真實活著」，可不僅只是一種有趣的概念或一種可以滔滔不絕的感覺而已。所謂「真實活著」，是體現了真理，它是我們最豐盛的食糧。沒有了它，我們將會凍死。

金納爾筆下的愛斯基摩人，碰上兩個難以接受的課題：獵人在追蹤熊跡的第三天，與他的獵物一樣飢餓。到了夜晚，獵人知道自己只能低頭屈就，吞下浸泡在血液裡的熊糞便。

這說明了無論我們宣稱自己將要做什麼或不要做什麼，無論我們用多蠻橫的標準評判自己與社會，當我們為了獵捕真理而近乎餓死之際，我們實在不知道自己會做出什麼事。沒錯，在世上活著，往往會為了讓某些東西紮根，於是只好屈膝跪下。當我在癌症的死亡邊緣徘徊，身為曾經發誓絕不下跪的驕傲猶太教徒，竟然也跪在一個天主教治療師面前，讓他把手覆蓋在我腦部的腫瘤上。然而，以真理為食糧，也許可能顛覆我們看待自己的方式，卻也能證明人類的堅忍程度可以超過想像。

獵人的第二件緊迫任務發生在追蹤熊跡的第七天。熊終於死去，獵人也快要凍死，為了在嚴寒之中存活，他得掏空熊的內臟，躲進熊的軀殼裡。對於那些在現代冰冷街道尋覓真實的人，這件事告訴我們，找到了真理還不夠，必須住進去，然後把真理穿戴在身上。

那麼，我們該怎麼開始呢？噢，愛斯基摩獵人也用製作誘餌的方式教導我們如何獵捕真理。不是在知識上進行論辯或進行深奧的研究，而是要我們給出自己的某個東西，把某個造成麻煩的卻也甜美的東西拿出來。藉由把我們的飢餓裡的某一本質提供出來，用脆弱將之包覆，我們便是在用較小的真理引誘出較高的真理。對於真理的需求，會把我們領往一種料想不到的生活，超越所有對於完美的想像。

・你有沒有做過一些自己曾發誓絕對不做的事？
・這事在你眼中，是凱旋歸來或者落敗而逃？
・當初是什麼促使你做它？是勇氣、需求，還是出於一個錯誤？
・這份意料外的經歷，使你的生活起了什麼轉變？

十一月三日

看不見的

天才是個轉捩點，它加入了被埋沒的自己，在特定時刻，來到我們日常的心。
——葉慈

我們所受的教育與訓練，把「天才」（Genius）想像成顯赫的心智能力，擁有驚人背誦或計算能力，或是把大量訊息概念化的能力。但「Genius」的原意是指靈魂的陪伴，被某一看不見但近在身旁的東西看顧著。這真是另一個對於「完滿」或「上帝」的定義了，也是另一種對於「道」的詮釋。

葉慈提供了一個對世間生命的洞見。這位偉大的愛爾蘭詩人暗指，「轉捩點」（crisis）乃是路途上意料外的衝突與危機，帶領我們碰觸到我們被看顧的靈魂。

我想到中文裡「危機」二字其實可以被讀成「危險」加「機會」，這不是鼓勵我們尋找危險，而是鼓勵我們，當我們被經驗打破，這時就要去探索開口——使我們找到與忘記自己是它一部分的那道洪流再次連結。

如果危機有它的目的，那不會是把我們折斷，而是為了讓我們敞開。

- 靜靜坐著，感覺自己是那道隱形的洪流的一部分。
- 緩慢呼吸，冥思你的天才，你的靈魂陪伴。
- 溫柔呼吸，不管你處於什麼危機之中，把這危機向你的靈魂陪伴露出來。
- 設法在日常生活裡感覺危機與天才的深度。讓這兩者結合。

十一月四日

凝視他人

每件事都只要一次，一次就好，不要再多。我們也是，只有一次，再無重來。但曾經如此完整地存在一次，就算只有一次與世界合而為一，感覺也已然超脫。

——里爾克

我去拜訪某位朋友，他問：「在與自己尊敬的人見面之前，你會做什麼準備？你怎麼知道要說什麼或者問什麼？」

這問題我從未細想，卻引我回想罹癌之後我每次踏入某個聚會，總會有一個聲音對我說：「如果我今生只有這一次機會跟這個人相處，如果從今而後不會再見到這些人，我想問些什麼？想知道什麼？我需要或想要對他們說些什麼？」

我發現，我與人接近的方式彷彿我剛剛跨越一片沙漠，所遇見的每一個人都是綠洲。這是真的。我們遇見的每一個生命都是可以悠游的水域，都是足供我們解渴的奇蹟。用這般方式尊崇他人，使得我打開了自己，面對智慧。若非如此做，智慧很可能就在我活著的時間裡靜默無聲。

- 跟你信任的愛人或朋友並坐，閉上雙眼，冥思你們同時活在世上是多麼稀罕珍貴的事。
- 當你徹底覺察如此，張開眼睛，注視彼此。
- 緩慢呼吸，如果你只有這次機會與對方相處，讓你想問的問題浮現腦海。
- 看著對方，然後問出那個問題。

計畫與計畫中

計畫本身無用，然而做計畫的過程是無價的。
——邱吉爾

我們很容易混淆了計畫本身與做計畫的過程、分不清楚夢想本身與做夢的過程、愛的本身與愛的過程。邱吉爾這句話的智慧是：我們都活得像飢餓的漁夫，編織漁網並把網撒出去，不知道漁網能捕捉到什麼，不知道是什麼東西可以餵飽我們，直到把魚網拖上岸。所以佛教徒這麼說：「想做一個好的漁夫，必須學會將自己與對於漁獲的幻想分開。」這會使你捕捉到的一切都成為寶藏。

看著我寫過的書，我必須承認，每一本都是在做別的計畫的時候被發掘的。一開始我想要寫的，跟後來真正寫下的，從來就不相同。我的生涯規劃也是這樣。對我來說最有意義的工作經驗，從來不是事先設想的，而是在追尋其他夢想的途中碰巧抓住了突然出現且令人動心的機會。我也必須承認，我對於愛人與愛情也有種種想像，但是每個我有幸愛過的人，都以出乎想像的方式出現在我的生命。

我們有時候必須預先設想可能發生的事，有些時候必須即興。但太多人只願意二選一，事事作計劃或者事事隨緣。計畫能夠引燃各種火苗，而沒有兩種火焰是一模一樣的，我們需要的只是它們的光和熱。

- 集中心神。想想你現在為了追求幸福而訂的計畫。
- 呼吸，把所有計畫擺在你的心靈之前，如同一條條的引信。
- 不知道哪一條引信會點燃你心中哪一把火，開始你的生活，尋找火花。

十一月六日

我們瞇起眼

我們斜眼瞥視，以為自己有老虎般的目光。
但當真理如陽光灑落，它偏偏不落入已經變得狹窄的眼眶。

當事情變得艱難，我們都聽過有人建議要更加投入。這種想法往往會化成具侵略性而警覺的姿態。把思想與專注摩搓尖利，準備面對任何狀況。不幸的是，為了戰鬥而武裝自己，也就同時使得自己的眼界變得狹窄，阻隔了恐懼的同時，也可能阻隔了自己需要的事物。

我不是要大家捨棄思想與專注。我卻是要指出所謂的警覺其實有更深的定義。雷射光束的銳利，不同於遍灑在曠野的陽光；一個處於危機之中的銳利心靈，與開闊胸襟的溫暖之間也有很大差別。在我們最需要慈悲的時候，若以一顆緊繃的心隨時備戰，如此狹窄的縫隙不可能讓人帶著慈悲看待自己。

我的腫瘤從腦部消失後的幾個月，我在餐廳巧遇一位向來聰明伶俐的朋友，她一直追問我到底用了什麼方式擊敗腫瘤。我向她訴說我感受到的關於臣服於生命的道理，我說我實在不知道如何解釋這份奇蹟。聽到這裡，她用力瞇起眼睛，彷彿奧秘所散發的光芒令她覺得刺眼。她硬說那不就是意念戰勝一切嗎。就在她瞇眼的瞬間，我感覺到她的心封閉了起來，這很悲哀。之後我跟她就沒什麼話好講了。

有時候，我也會發現自己無法停留在當下，因為我的警覺之心像是潛望鏡一般偵查著危機，將我從心靈抽離。待我回過神，已經迷失在分析問題與估測有利與不利的條件。就像那位朋友瞇起眼睛一樣，當我只專注於用意志來使我有力量面對世界，這時我就已經把自己封閉起來，看不到任何奧秘。然後我感到悲傷，因為我跟我自己之間沒有話好講。

這教了我一件事：注意細節也可能被誤解為是一種出於關懷的行為。事實上，所謂的保持警覺，其實是要求我們放寬焦點，用蘇非教徒所說的「心靈之眼」來看。意外與危機會讓我們像老虎一樣瞇起眼睛、展露利爪，但只有努力放大心靈並讓它維持開闊，才真正幫助我們最多。

· 在鏡子前，閉上眼睛，冥思某個困擾著你的恐懼或難題。
· 想一想這份困擾的情境，想一想可能的解決方式。
· 看著鏡中的自己，覺察你臉上的壓力，以及這壓力對你的眼睛造成的影響。
· 繼續待在鏡子前，再一次閉上眼睛冥思。放鬆你的分析，試著用心靈之眼觀看那份課題，不要試圖去解決。
· 現在，看著鏡中的自己。你的臉孔與眼睛有否改變？如果有，是哪裡改變？
· 跟一個你信任的親愛之人討論其中的差異。

十一月七日

內在的水

靈魂如水，是生命之泉源。我們不可能乾燥地活著。

我們受到人生經歷的消磨越來越多之後，就變得更像一片海灣了，有越來越多的生命之水從內奔流而出。正因為這樣，在世上待得越久，就越容易流眼淚。

也許所謂智慧只是這種無以言說的水，從體內湧起，溢出眼眶，就像海水濡濕了沙灘，見證了那需要花一輩子時間才升起翻騰的浪。

我們很怕內在的水，所以一見到眼淚就慌。我們總是急著問流淚的人：「你怎麼了？」但其實，我們應該問問海上的人：你看見了什麼？

・靜靜坐著，回想你上次哭的時候。
・緩慢呼吸，重返那種解放的感覺。
・在那份解放裡呼吸，從讓你流淚的事物底下觀看。
・深呼吸，感覺那份難以言喻的智慧升起，將你包覆。

十一月八日

柔弱的模樣

我們都被造成柔弱的模樣，否則就是壞毀。這可是悲傷所編織的布匹？

硬的東西碎裂。軟的東西彎折。頑固者以自己的衝撞，抵抗那些無可撼動的；柔韌者則讓自己適應一切。我們都既硬也軟，既頑固也柔韌。我們不斷碎裂，直到學會如何屈服；我們承受衝撞，直到接受眼前一切。

我想起一則蘇美人的古老故事：強硬而固執的王，吉爾伽美什，向永生者探求生命的秘密。永生者告訴他，途中將有石頭引領。但這王一因急迫二又傲慢，在途中受到石頭阻礙而震怒，動手摧毀了原本可以幫助他的石頭。他的心盲目了，以致破壞了自己需要藉以成道的一切。

我們也有同樣的迷惘，以致也破壞了自己需要的，推開自己所愛的，在最需要被擁抱的時候反而孤立自己。我在人生幾個重要關頭，因為過於自負而不願尋求協助。我也曾因為太過害怕，不敢要求擁抱，反而在孤立的狂亂之中像吉爾伽美什那般砸碎了本想打開的窗，拆毀了本想修補的凳，惡化了本想改善的情況，傷害了本想溫柔以對的人。

活著的樹幹會彎曲，死去的細枝會應聲折斷。我們必須屈膝在哀傷中軟化，否則就會在某個易碎的時刻成為下一個悲傷的人。

- 冥思一個你正面對的情境，你在其中堅硬、固執而頑抗。
- 看著自己的固執。你為了保存什麼而堅硬？倘若繼續抵抗，會有什麼碎裂？
- 現在，看穿你的固執。如果你屈服，你怕會發生什麼事？軟化，可能會讓你得到什麼？

十一月九日

半盲地潛水

我們向外尋覓的驚奇，其實早就在我們的內裡。

——湯瑪斯・布朗（Thomas Brown）

鸕鶿與普通的海鳥在潛入水裡覓食的時候，差不多是半盲的。牠們從水面潛向水底，氣泡卡在羽毛間閃閃發光，因此可以說，牠們潛入水的時候，幻化為銀色。

我們也是如此。苦痛的氣泡不就正卡在我們的翅羽之間，隨著我們靠近萬物深處的流動逐漸化為珍珠？這是真實感受的受洗之禮，我們潛得越深，世界就變得越慢，道路就越發柔軟。所以，我們應當持續召喚彼此，進入所知的深處，因為我們在水面之下都能發光，往下潛，就能化作銀色。

只接觸空氣，世界在我們身上刻下的傷口會燒灼刺痛，假使勇敢潛入水深之處，背負的傷痕將軟化發光。我們越是接受自己的缺陷，就越是向深深的傷口臣服，廣闊的汪洋因而能使得我們浮起。唯有潛入，才能體驗這些。

- 集中心神。拾起一份自己背負的痛楚，溫柔地將它放在眼前。
- 隨著緩慢的呼吸，用愛的關懷包覆那份痛楚，透過冥想，持續放寬自己的祈禱，讓它涵蓋所有的生命。
- 讓無聲的禱告漸漸停息。
- 現在，感覺著你的痛楚被你自己對世界的愛逐漸軟化。

十一月十日

邊緣的生命

你正是你所尋求的一切。

——聖方濟

寂寞的時候，我最先想的是你擁有解開我寂寞的鑰匙。困惑的時候，我最先想的是你（或某個你我都不認識的人）擁有解開我困惑的答案，我只需要找到這個人，讓他跟我說話，一切就沒事了。需要得到尊敬的時候，我最先想的是我要在世界另一端那個我非獻身不可的巨大成就之外等候，那裡就有我想要的尊敬。我如此努力地在自己之外尋找我的需要和想望，篤定它們一定在彼處的某地。

最終，這番尋覓只使得我們站在自我認識的邊緣。假使我們從來不往內在探求，我們會成為生命邊緣的專家，卻解不開所有追尋的真諦。我們可能成為攀登名山的高手，卻從未開鑿一條前往傷痛的蹊徑；我們成為暗夜飆車的好手，卻從未穿越內心黑暗的角落；我們成為以愛之名引誘陌生人的獵豔專家，卻從未擁抱自己柔軟而殘缺的那一面。

塵世的追尋是一面鏡子，反映出我們內心需要觀照的地方。而尋求外在的危險刺激只會讓我們分心，忽略了靈魂的吶喊，它喊著要我們進行一趟內心的冒險。

· 冥思某個你正在追尋的東西，愛情、權力、極限運動的刺激感、功成名就後的認同。
· 想像你所追尋的東西已經活在你的體內。隨著呼吸，把這個東西放在心的眼睛前面，把它當成一扇門，這是你想要得到完整所必須穿過的門。
· 深吸氣，感覺你所追尋的東西就在你那需要得到關注的靈魂裡，是它的一部分。
· 深吐氣，不管你知不知道應該怎麼做，用這份專注對待自己。

十一月十一日

維持驚奇

一顆原子裡，有整個地球的全部元素；一個心的動念中，有萬物的全部運作；
一滴海水裡，有無盡汪洋的全部奧秘；一個你的模樣裡，有生命的全部實相。

——紀伯倫

生而為人，我們不斷繞著圈子。理智打造了殼，保護著縮在裡面的靈魂，殼卻罩住了靈魂使它無聲；直到靈魂大過了殼，我們才想辦法打破它。我們造了殼，然後拆毀它，再將殼打造得更薄，再拆毀它。唯有在重複建造的過程裡，我們才得到完整的碰觸，在層層的殼之間被愛貫穿。

這不能怪我們。自然界裡的一切生命都被召入同樣的輪迴。樹木滋生苔癬，銀器終會褪色，心靈則因為概念長大而日漸駑鈍。然後，暴雨刷去苔蘚，刮痕抹除了鏽痕，而危難則揭示了心靈最原初的面貌。

我們在時間的構築與侵蝕之中轉變。風將沙子吹積成沙丘，沙丘被浪夷為平地：年輕時日累積出我們，而中晚年歲月無聲無息把我們淹沒。我們只能承擔這層層堆疊的掩覆，並忍受隨之而來的打磨與侵蝕。

對於人類來說，這場堆疊與侵蝕不只是在物理層面出現而已，它還在思想、感覺、觀看與存在方式上形成作用。我們多麼容易黯淡而後又發亮，多麼容易在停止參與和體驗之後，迷失於觀察與分析之中，遂變成健忘的靈魂。某一天醒來，我們發現自己知道生命的輪廓，卻遺忘了生命的感受。我們清晰看見生命裡複雜難解的細微差別，但仍然無法感受它。想法和言語蔓生於心，一如植物爬滿星球直到遮蔽了天空，於是我們必須砍伐我們的思考和言語，是的，是的——沉默就是那把斧頭。

我們能否擁有盎然生機，仰賴於我們有多少維持驚奇的能力：把我們真正被發現的瞬間加以延長，不要出聲，不要移動，直到地球所有元素與汪洋所有奧秘都翻攪於那靜候我們體內的生命實相。

·走到戶外，讓冷空氣洗滌你閉上的眼睛。

·如果你正掙扎於某個記憶或想法之中，深吸一口氣，讓冷空氣沖走上面覆蓋的薄霧。

·感覺血液往臉上奔流，帶著新鮮的感受張開眼睛。

十一月十二日

燒掉外包裝

打從一開始，恢復的關鍵就是褪去並丟棄陳舊的皮膚。

波里尼西亞人相信世界是這樣開始的：他們的造物主塔阿若阿醒來，發現自己在一層殼裡成長。他伸展四肢，弄破那層殼，於是地球誕生了。塔阿若阿繼續長大，過了一段時間又發現自己其實身處另一層殼中，他再度伸展四肢，弄破那層殼，於是月亮誕生了。再一次，塔阿若阿繼續長大，發現又有另一層殼將他包覆。這一次的突破，誕生了星星。

波里尼西亞人用這個古老故事帶來了關於打破的智慧。每個人都藉由持續地打破層層的殼而成長。當我們體內的上帝碎片不斷伸展，再也沒有空間可以容納，為了以全新的姿態重生，我們就必須打破眼前所知的世界。

如此，生命即是不斷活出自我，直到再無空間足以容納，然後就得像塔阿若阿一樣，為了誕生下一個我而打破原來的我。我們也用這種方式看待世界，一次次拋開先前的看法而有新看法；並不是因為先前看法是錯誤的，而是每種方式都有適當存在的時機與所要達成的目的，但它們隨著我們的成長漸漸變得不再需要。

我經歷過諸多的自我。最開始我急欲變得偉大，點燃眼前的一切，推開平凡無奇的事物。我追逐冠軍的光環，希望成為知名的音樂家，渴望廣為人知並且成就非凡。但隨著成長，我發現成名只讓我在夜裡孤獨入眠，王位不論裝飾得多麼華美，終究只坐得下一個人。

第二個我，想要被海潮覆蓋，吸入星光，想要移動如一首樂曲。我希望成為偉大的音樂本身，但想要成為偉大的事物的這念頭儘管壯麗，還是令人感到孤獨。

我的第三面放棄了偉大，並因此讓其他人靠近我。我問了更多問題，未必是想得到答案，而是更在意那即將開口的臉孔之下的面容。

然後在抗癌歷程中出現了另一個我。身軀佝僂，表情扭曲，躺在泛黃的病床上，夕陽流瀉於枕頭之上。病床上的我是死的，枕頭上的我卻是活的，我是兩者之間一道安靜的氣息，死與活同時存在。奇妙的是這並不令我感到害怕，我在這安靜的氣息中可以感覺生命的脈動，也能感覺這裡就是我得到昇華的地方。

瀕死的經驗，是我另一層必須打破的殼。由這裡我領悟到每一面的我打開之後，都朝向另一個我發展，每一面的我都環繞著同一個中心點，都是彼此的中途。我相信我終會抵達，為了那些沿路打破的抵達而抵達。

- 閉上眼睛，緩慢呼吸。現在的世界似乎限制著你，感覺其中一個面向。
- 不要專注於所牽涉到的人或環境，試著將這份限制當成通往下一道成長的門檻。
- 冥想：體內的上帝碎片如何伸展或站立得更好，讓更完整的你可以更徹底打破這層限制的殼。
- 祈禱自己能夠了解，這一切都不是壞事，而是為了讓靈魂成長的必要之事。

十一月十三日

與靈魂結合

對自己誠實，就是在自我的黑暗之中帶上靈魂，彷彿點一根蠟燭。

如果不想使自我沉寂，不想命令自我的重要成分噤聲，就必須與自己訂定並持守一份誓言。在婚姻中所宣告的承諾，也可以理解成是為了照顧自己的靈魂——擁有並且擁抱……無論日子好壞……健康或生病……都會愛著並珍惜著，直到死亡將我們分開。

這是要你忠實對待內在的道路，就算處境變得艱難混亂也不能與自己離異。它要你接受並擁抱自己的缺陷與錯誤，無論別人如何看待都要愛自己。它要你珍惜活在體內的光芒，不管經歷多少傷口和瘀痕。它要你立下肅穆的誓約，將生命綑綁在靈魂的真實之上。

有趣的是，航海學裡，「marry」這個字的意思是：「兩條繩索末端的麻線交織，將兩條繩索連結為一條。」與自己的靈魂結合，意即交織我們的心與智的生命，交織信念與真實、質疑與焦慮的生命，連接在一起的繩索可以打出兩倍強大的結。當我們的人與靈魂緊密融合，會有一個雙倍強大的生命誕生。

- 靜靜坐著，集中心神。
- 冥想一個事實：當你回到自己，就是包含著你的困惑與憂慮。你就像一個湖，是許多鳥兒和魚兒棲息的家。
- 溫柔呼吸，讓你的氣息化為水。

十一月十四日

分割的代價

生產嬰兒的同時，若再三深思熟慮，就會引發瘋狂。
——創巴仁波切（Chogyam Trungpa）

再怎麼樣努力地嘗試，若要同時扮演參與者以及旁觀者，我們非得讓自己分裂不可，而所謂瘋狂，似乎就是在經歷的過程中分割自己所付出的代價。急著住進下一個動作，或者在分享真實的時候急著回應，這些都會分散心的感受能力。做愛的時候，住在肉體中會分散兩顆心的結合，行善的時候，住在報償中會分散我們的真誠。

這常是身為人必須做的最困難之事：當我們看著愛人的眼睛，我們一定覺察自己正深深望進愛人的眼睛，當我們踩在乾枯的落葉之上，我們一定要覺察自己置身於那個地方正踩著落葉的乾枯，當我們撫摸路人養的狗，我們一定要不受干擾地在心的洞穴裡覺察那隻狗的氣息。

- 集中心神。當你冥想，看見自己在這個房間裡冥想。
- 透過連續的呼吸，練習先擺脫這個房間，再擺脫心裡的房間。
- 當你呼吸，試著什麼都不要想，什麼都不要看。單純地感受空氣來去。

十一月十五日

由死而生

最終，每個人都會領悟這件事：沒有人永保他所擁有的，生命只是暫時借來這一身骨頭。

——聶魯達（Pablo Neruda）

手術過後三年，某一天我沖澡，我摸到頭上手術傷疤的旁邊有一顆疙瘩正要冒出來。接下來三十秒，我被「如果是——怎麼辦？」的疑問像瀑布那樣從頭往下沖刷。如果這是另一個腫瘤怎麼辦？如果它正在擴散怎麼辦？恐懼隨著落在身上的水撲打在我身上，我可以看見自己站在醫生的診療室，脫下衣服準備進行手術……走在恢復室外的長廊，躺下來準備接受化療，然後愈發虛弱，漸漸步向死亡。然後，我回過神來。都在這短短三十秒內。

裸身站在水中，我的心劇烈跳動。我好想活。我如此清醒，終於平靜下來：但如果剛剛所想的都成真了怎麼辦？我該怎麼做？我該往哪去？蓮蓬頭的水不斷澆灌著我，沖著沖著，於是我回來了。我發出一聲深深的嘆息，從沒想過嘆息可以這麼深。如果都成真了，我就快要死了，我知道我會怎麼做——我會把澡洗完。

在那個當下，我領悟到存在的一切就在所處的當下。無論苦痛及憂傷，我們在什麼時刻覺醒，那就是生命的全部。生命就存在於那個瞬間，我清楚看到並感受到是對於死亡的恐懼讓我們拼命逃跑，但我們無處可逃。奇妙的是，所有的恐懼中心都有個平靜的邊緣，重點是我們得抵達那樣的中心。

現在，每次淋浴的時候，我都試著記得：唯有接受最終會死去的這件事，才能完滿地活著，否則我們會不斷逃跑，從這裡到那裡。在這世上我們都是脆弱的過客，唯有接納這份事實，我們才能以所處的地方為家。

- 淋浴的時候，讓水同時澆灌你心中的漠然與恐懼。
- 徹底呼吸，感覺清澈的水滴接觸你的皮膚。
- 深呼吸，因為自己活著這件事，心存感激。

破曉的時候

人人體內都有一顆太陽——那個你，我們稱作同伴。
——魯米（Rumi）

「縱使沒有人能替你走你的旅途，你也不是孤獨的。」你必須了解並擁抱這樣一個重要的矛盾。人人都走在同樣的旅途上，都有同樣的痛苦、困惑和恐懼，當這些東西被放置於我們中間，它們便失去稜角，較不會割傷我們。

關於我們都是一起獨行的人，《塔木蘭經》裡有一則動人的故事。一位猶太祭司問學生：「如何知道天已經破曉？」長久的沉默之後，一位學生開口：「可以辨別一隻羊和一隻狗時，就知道天破曉了。」祭司搖搖頭。另一個學生說：「可以辨別一棵無花果樹跟一棵橄欖樹時，就知道了。」祭司還是搖頭。許久沒有其它答案出現。祭司繞著沉默在學生之間來回走著。他說：「當你可以從別人的眼睛裡看見自己時，你就知道天已經破曉了。」

・靜靜坐著，透過呼吸，找到前往中心的路。
・呼吸，以呼吸敞開心靈，試著同時感受自己的孤獨，以及你與別人共享的一切。
・深深地、緩緩地呼吸，試著不要去理解。試著去感覺。

想走了嗎？

牆壁是一點一點地打磨出來，心靈是一點一點地感覺打開。

我跟蘇珊坐在一家冰淇淋店裡，隔壁桌的兩對情侶聲音轉大，他們開心，但我有點鬱悶，覺得被打擾了。我需要離開，於是靠向蘇珊低聲問她想不想走了，卻見她心滿意足地回答：「不想耶。待在這裡不錯！」然後她看到我臉上的驚愕，問道：「你想走了嗎？」

在這樣冰淇淋店裡的尋常時刻，我突然醒悟：五十年來的大部分時間，我照顧自己的方式就是把我的需求投射到旁人身上，並且假裝自己是在照料別人的需要。隨著冰淇淋融化，我也把自己看清楚。我笑著搖搖頭，羞赧一嘆，認真說出那個顯易見的事實：「沒錯。我想離開這裡。」

我們用迂迴的作法，作狀照顧身邊的人，以此獲得自己想要的東西，這使得我們一邊隱藏自己的脆弱，一邊扮演好人的角色。我不是唯一一個有這種病的人，這情況在人際相處的日常關係中自然出現且難以察覺，我們甚少發現牽涉於這當中的掌控和欺騙。

我們之所以會如此的「不直接」，主要是我們在人生途中某處開始相信，坦率要求自己想要的東西根本是自找傷害。想要顛覆這樣的習性，必須帶著謙卑在一切狀況中抓住自己，把自己從洞穴往外拉，承認自己的不直接，然後盡可能說出自己的感受與需求。

為了默默讓別人來滿足自己需求，我們浪費許多精力，也導致了焦躁與疏離。不直接與不誠實不會令我們免於傷害，只會讓我們更孤立於生命的意義之外。

人的感覺會被生活消磨，一如樹的葉子會被啃食。我們有權力如此，那證明了人的季節更迭。

· 回想某一次你問別人是否想做某事，卻沒有直接表達是自己想要如此。
· 是什麼讓你不直接說出自己想要的？你害怕什麼？
· 想像一下，如果以比較直接的方式面對當時的情境，你會說出什麼話？
· 現在，雖然你只有一個人，也開口說話，重演當時情境，練習直接表達自己。
· 感受直接活著的輕鬆，開始你的日常生活。

十一月十八日

池塘裡的狗

人人都能愛，在自己所處之地。
就算不離開房間，我們也能在自己那一份愛上添加愛。
——海倫．聶爾寧（Helen Nearing）

晚餐時，一位友人分享她最近面試工作的經驗，她說自己有時會過度渴望對方的接納，彷彿落入池塘裡的小狗在心裡狂吠：「快把我撿起來！快把我撿起來！」

我們都笑了，因為我們也會這樣。當徬徨與迷惘到達一定的程度，我們以為自己被天賦與可能性拋棄了，深深痛苦著。我們覺得自己相較於自己必須提供出來的事物實在太過渺小，於是絕望到可以不惜代價去任何一個地方找到歸屬。

接著，我們就隱藏一部分的自己，這讓情況更糟。我們認定，倘若未來的老闆、夥伴或是朋友認識了全部的自己，他們不可能會接受的。

一旦落入這樣的想法，補救的工作變得很艱難。我們也必須反覆面對「不要丟掉真實自己」

的拉扯。如果只剩下一點點自我的碎屑，有什麼用？如果只有耳朵被接受，身體的其他部分卻被屏除，有什麼用？如果只有你的溫順、服從與彬彬有禮能被接受，其餘的熱情與個性都必須被埋起，又有什麼用呢？

其實，沒有人能夠靠著碎片過活。因為碎片縱使是純金，也近乎無法擁有。

- 集中心神。想起一個你感覺需要被接納的時刻。
- 放任這份感覺來去。透過呼吸，將那個急欲被愛的部分拉到表面。
- 徹底呼吸，讓吸入的每一口氣化作擁抱，讓最古老的靈魂擁抱你最人性的渴望。

十一月十九日

那條絲線

你如何而來的方式中，藏著你必須如何走的秘密。

希臘神話裡有這樣的故事：迪休斯（Theseus）為了找尋回家的路必須先通過一個迷宮，那迷宮將他領往黑暗的中心，在那裡他必須殺死一頭強猛的怪獸，彌諾陶洛斯（Minotaur）。他只有一個方法可以返回光明的日常生活，就是沿著進迷宮時所沿途留下的絲線，那是善良女子阿麗雅德妮（Ariadne）給他的絲線。

在走向完整的路上，我們必定會遇到這個故事裡潛藏的智慧。每個人的核心之處都藏著惡獸，為了得到平靜，我們得親手屠殺惡獸。而屠殺之後若要重返光明，必須循著我們走進黑暗時所留下的善與愛。

正因為這樣，我多年以來覺得受到不公平對待，也才發現自己正用同樣不公平的方式對待他人。覺察到這一點的瞬間，我感到謙卑。因為多年來為了被愛而捨棄自己的我，終於抵達了內在那個全然無愛的黑暗核心，而我走回光明的唯一路標就是沿著一條接納自我的細線。循著那條線，我回到起步之處，不同的是，這次我哭了，因為我知道了自己在世上的位置。

· 靜靜坐著，雙掌張開。
· 吸足氣。在你的右邊掌心，冥思你個人迷宮的本性，以及走向心中猛獸的路徑。
· 同樣呼吸，吸飽氣。現在在你的左手掌心冥思那條女性的線，以及你回返光明的路徑。
· 在一天當中，張開雙掌，同時熟悉你的迷宮、你進去的路、你的絲線、你出來的路。兩方都是朋友。

十一月二十日

獻身與風險

當一個人全然奉獻自己，就震動了整個未來。原本不該發生的事，都為了幫助這個人而發生。沒有人敢幻想會降臨自己的一連串機緣，也因那個決定而啟動。

——莫瑞（W. H. Murray）

做出決定或是冒下風險之前，我們往往喜歡先得到擔保。矛盾的是，我們必須先冒風險才能將自己敞開，面對命運。冒險之前想要得到保證，就好比把食物放進嘴裡之前想要先知道味道，那是不可能的。

我一再學會，我要先真正的獻身付出，而不是要先知道事情將會如何進行。為此，我們需要傾聽內心。不肯從棲息的樹枝上跳下來，鳥永遠不會飛翔；不肯從心的靜默中跳出來，愛永遠不會發生。不肯追求完整，神性的本質就靜靜等在所有事物當中，像沒有被咬過的硬麵包。

如今回首，我發現我是在不知道自己需要說什麼的時候開口，然後才成為詩人；在不知道應當如何被愛時大方承認自己想要愛，然後，愛的恩典才進入我的生命。

只要我們把自己奉獻於尋求真實，宇宙會用各種形態找到我們，如同風找到葉，浪找到岸。

· 集中心神。透過每一口呼吸，獻身於自己正存在著的地方。
· 一陣子之後，在房間裡緩緩走動，踏出每一個腳步，都感受落地的承諾與生命的風險。

十一月二十一日

設法走遠

我們停在哪裡，山巔就在哪裡。

我循著落磯山脈的山嶺公路（Trail Ridge Road）往山上開，打算開到大陸分水嶺（Continental Divide）為止。猛然出現兩道鮮明的感受。行駛在海拔三千六百公尺的狹窄山路上，我這個從來不受高度困擾的人竟然感到恐懼，同時也浮出一個無可逆改的真理：一切事物在哪裡，我們就在那裡。

這兩種同時貫穿我的感受，使得我把車子停下來，在樹木不生的高地上走著。就在那裡，突如其來的事實將我征服：「我已經無法走得更遠，也沒必要再走得更遠了。」這趟穿山越嶺的旅途不就反映了人生之旅？古老巖石之間令人暈眩喪膽的狹窄小徑，不就代表著磨難？我們不斷向前，直到無法再繼續，然後接納了人的極限，在這一時刻，山頂不就自己來找我們了嗎？

多麼不可思議的真理啊。我長途跋涉來到最遠處，然後在一片光禿禿的地皮上領悟到，我無法再往下走的地方，就是我的終點。我們付出崇高的努力，攀登難以攀登的山巔（不論那是財富、愛情或夢想的巔峰），卻無人能逃開這般心的磨蝕：真正的頂點其實在我們的心裡。是我們的努力與疲倦——也就是旅途本身——揭開了一個隨處可見的真理：與其說我們到達山頂，不如說我們被磨蝕打開，然後才迎接山頂。

人的極限把我留在哪裡，那裡就是我抵達的地方。得悉這份真理已然足夠。我發出一聲吶喊，那聲音如煙霧一般消散。我們像是被風雨消磨的險崖峭壁，無論多麼努力地繪製地圖並往下傳承，當我們耗盡自己所累積及儲存的，終會抵達自己一直擁有的。由此，我們學習到謙卑。

一旦接納自己的脆弱，我們就能了解，所有活著的東西都是多麼頑固地脆弱著；我們就能看見，山縫裡的一滴水就能救活樹根，只要我們堅硬的心底給出一滴愛，就能讓靈魂綻放。

- 在前面的篇章裡問過這些問題，而現在它們似乎值得再度探索一番。所以，深呼吸，看看這些問題會觸動你心中什麼地方。
- 關於身為人類這件事，你最感激什麼？
- 關於身為人類這件事，是什麼持續令你訝異？

悲傷

如果去拉它，悲傷這條絲線會讓我們在歌裡赤裸。

朋友把我帶到紅杉木林之中，那裡的樹木會跟上帝對話。一棵五六百年的神木讓我感覺祖母就在附近。祖母已經辭世十二年，而我仍時時把她帶在我左眼的後面，靈魂看得見的地方。我倚著那棵古老樹木，發出細微聲音。月桂樹葉開始沙沙作響，年輕一點的小樹，也伴著我咯吱咯吱。我真的好想念她。我盡力抵擋沒有了她之後的失落與空虛，但每當我靠向這一份悲傷，一切總會在餘波裡變得更加翻騰，更加真實。

我知道悲傷是一種慢性疼痛，似乎永不歇止。但當我們感到悲傷，我們所愛的那些人就更加成為我們的一部分。如此一來，若為了打開通往一切的大門，悲傷是心靈不得不唱的又一首歌。

事實上，有一個小小的生命在我們體內受著苦，他是一個天使，想要在黑暗中生出翅膀。等到那個天使學會歌唱，我們就不再想要躲藏。真的是這樣，一個心靈開口歌唱，其他所有心靈就飛了起來。這就是所謂的偉大——說出無法言說的一切，釋放了默默等待在所有人身體裡的一切。

- 靜靜坐著，如果你正因為失去什麼而悲傷，讓這份感覺流過。
- 和緩呼吸，透過每一口氣息，想像你心中的天使正試圖讓翅膀長出來。
- 深呼吸，了解到每一份被感受到的感覺都是翅膀上的一片羽毛。

風險與真相

給我力量，讓我行使誠實的權力，在此刻艱難的平庸，作一個參與者。

——泰德・婁德（Ted Loder）

有兩個人，他們是朋友。其中一個總是勇敢面對各種遭遇，總是嘗試新的事物，總是開闢新的道路。另一個在面對世界時比較畏縮，但能夠看見情境背後的真相。他們彼此幫助，一起成長。

一段時間後，他們相愛，成了伴侶：一人帶領著另一方踏入新的遭遇，另一人則向對方揭示他的所有遭遇裡的真相。多年下來，運作良好。到了最後，果敢的那個人想要往世界裡愈走愈深，而看得見事物真相的那個人，則想要往自己對真相的覺察裡愈走愈深。

終於他們必須選擇分道揚鑣。這結局令人難過。於是果敢的人必須發掘自己看見真相的能力，而可以看透情境的那個人必須發掘自己開闢新路的能力。

如此彷彿一輩子又過去了，他們再度相遇。這兩人曾經是朋友，曾經成為情人，又分頭找尋各自的路。現在他們比較不需要對方了，但他們更加渴望彼此了。

・集中心神。一邊吸氣，一邊把自己敞開，面對你內在喜歡冒險的那個部分。
・深呼吸。吸氣時，打開你的心靈之眼，凝視你內裡可以覺察真相的那個部分。
・穩定呼吸，直到你的心靈與心靈之眼融為一體。
・清楚呼吸，直到你喜愛冒險的部分接觸到你覺察真相的部分。

繼續的必要

人老了一點以後，你會在所有繼續發生的事物裡找到神聖。

——內娥米・希哈・奈（Naomi Shihab Nye）

覺醒於世間的時日越長，靜默的事物對我說的話就越響亮。我逐日體驗，每日活著，就更能在所有人都擁有的平常事物中找到真理。苦痛越是軟化我，喜樂就越深刻，偉大的靜止所帶給我的課題就越是偉大。

我在罹癌之前經常抱怨，懊惱於什麼瑣事做過了都得再做。剛修剪過的草皮馬上長回來，不管你對小草做了什麼事，它一定會再長出來。現在的我對於這樣的事實只有敬畏，因為我是如此需要這份知識。

脫離病床十二個年頭之後，我站在溫柔的細雨之中，每一滴雨水低喃著我難以明白的單純。現在，我心中那片等待降雨的天空，只有空氣。現在我比較瘦了，白髮多了，心思清明了一些，不善言詞，而我的心學到的永遠比我所以為的更多。現在，我想要學會如何親吻沒有削皮的柳橙，品嘗它的汁液。

十二年來，那份我不曾求取的成長消失了，然後，感謝人生，從此我蛻變了。只剩下一顆沒有武裝的想要活著的心。

- 靜靜坐著，將你的想法視為葉子，把你的心想像成一棵樹。
- 緩慢呼吸，試著傾聽你和萬物共同享有的土地。
- 深呼吸，冥思你心中什麼東西變得比較老了。

慈悲

我有三寶，持而保之。一曰慈，二曰儉，三曰不敢為天下先。慈故能勇；儉故能廣；不敢為天下先，故能成器長。……夫慈，以戰則勝，以守則固。天將救之，以慈衛之。

——老子

一開始我們也許會問：為什麼對自己慈悲就能與世上所有生命和解？

為了瞭解這個道理中的贈禮，我們得回想輪子與輪輻的譬喻：如同這個譬喻所指的，每一個個別生命都是一根單獨而特別的輪輻，而所有的生命就像是所有輪輻交會於共享的輪心。因此，當我們照料自己最深刻的中心，就等於照料所有的靈魂。

另一個可以讓我們了解彼此連結的描述是，將人類想像成長在河邊的一排山楊樹。每一棵樹看起來都獨立生長，完全不與別棵樹相連，但在看不見的土壤底下，每棵樹的根結合成巨大的根。我們靈魂也是如此成長，雖然看似獨立，卻與我們身邊的人緊密相連。就在視野之外，我們的靈魂正在中心之處交纏。

了解這點之後，我們就沒什麼別的選擇了：要全然擁抱周遭的人像是擁抱自己。我在癌症診療室裡領悟這份道理，知道有些事情千真萬確：隔絕陌生人就等於隔絕自己，抑制別人的根就等於抑制自我的成長，愛陌生人就是在愛自己。

到這裡，我相信老子的第三則教誨告訴了我們，如果能帶著釋放的心願來體悟痛苦，我們將克服不信任的感覺，重建與世間一切生命的緊密連結。以一種深刻而持久的方式，我們治療自己的同時也在治療著世界，因為身體裡每顆獨立的細胞能有多健康，全身就有多健康，世界上個別的靈魂能多健康，世界就可以多健康。

幾世紀以來，我們一直擁有這方永恆的藥：率真生活，等待，然後照料自己的靈魂，把它看成是全世界。

- 緩慢呼吸，感覺心靈就像你的眼睛，收縮，舒張。
- 緩慢呼吸，用每一口氣息照料你的靈魂。感覺心在延展，覺察自己正敞開著。
- 緩慢呼吸，在你照料自身靈魂的同時，感覺世界的觀感也打開了。

十一月二十六日

那些連結

當你讓兩者合一，讓內在成為外在，讓外在成為內在，就可以進入上帝的王國。

——耶穌

生命所有遭遇的目的，在於移除那些可能有礙我們完整的事物。我們從愛與痛之中學到的東西，降低了我們的壁壘，使內在與外在的生命相遇，與此同時，活著所遇到的種種摩擦，把剩下的種種阻礙都磨掉。

要讓我們的存在與世界合而為一，最簡單也最深刻的管道就是感謝那些連結關係。沒有其他方法可以更快把精神世界與物質世界拉在一起。

感恩的意義，不僅僅為了想要的東西而感謝，還要為那些超越我們的驕傲與固執的東西而感謝。有時候，一旦得到了一直想要也努力在追求的東西，反而會壓垮我們。

單純地感激奧秘，就足以讓所有的人事物更加靠近自己，一如引力讓水匯聚。所以，就算不清楚到底該感謝什麼，也找一個機會公開獻上感謝，然後感受所有生命向你的心沖刷而來的豐足。

- 靜靜坐著，冥思有什麼事物阻止你認識自己。
- 深呼吸，以不屬於任何特定事物的感激，降低自身的壁壘。
- 現在，帶著感恩吸氣。吐氣時，把擋在路上的剩餘東西跟著吐出來。
- 在一天之中，重覆這個過程幾次。

十一月二十七日

早晨的真實

有一份無垠使得所有的靈魂安靜。然而有時我們就處於生命中央，以致無法看見自己置身於什麼之中。

早晨的真相是一道初始的微光，一次又一次打破黑暗。這是寬廣而清晰的智慧，靜默且全然領著我們走過生命，而我們卻甚少看見。

一天又一天，我們被所遇事物的塵埃與砂礫覆蓋，幾乎被壓垮，於是我們開始思考、籌畫、解決問題，並且擔心一切會不會成真，一切到底正確與否。種種的憂慮與思量讓人黯淡而混亂。

不管有多少固執與煩憂，我們必定會累，終究會將一切事物交付給夜晚的床。這是好事。無論距離完成任務還有多遠，能放下事情進入夢鄉也就是一場靜默的奇蹟。

放下，進入夢鄉。這是與生俱來的冥想，就像蒼蠅擦洗自己的臉，雌鹿舔舐自己的孩子，我們不需任何訓練及投入，一天裡不管任何決斷或錯誤，遲早都要睡覺，向所有想望與懺悔的寂靜屈服，好讓那道初始的微光一次又一次在體內升起。

沒有人可以逃脫這份意義的深遠與純粹，發生的事情如塵土般將我們覆掩，它們蓋住了我們的心靈與意念，然後在精疲力盡的海岸，我們划入睡眠的深水，日日舉行一場洗禮，好讓自己可以再一次開始。

所以，當你感到焦慮急迫、不知所措，當你極度想要清出頭緒或思考不能細想的事——休息吧！好讓那無窮無盡的開端，有些人稱為上帝的聲音，可以打破發生的事情，而你會醒來，感覺自己宛若黎明。

・這是睡前的冥想練習。緩慢呼吸，想起你今天的意圖與懊悔。
・和緩呼吸，讓你的呼吸把那些意圖與懊悔吹得遠遠的，直到你可以清楚看見它們模樣為止。
・集中心神。了解到縱使這些想法與感受流過你，但它們不能定義你是誰。
・將這些想法與感受留在心外，透過每一口呼吸，更接近那可以放下一切的睡眠。

十一月二十八日

虔敬

誠意，是從內在深處往外流出的展現。沒有了誠意，就不夠坦率而且容易被誤解，好像一艘沒有槳卻想要划動的船。

——Mochimasa Hikita

精確地看清事物是一回事，讓自己以誠意來允許自己感受事物是另一回事，而讓自己在世間的行為舉止被如實地觀看與誠摯地感受，那又不同了。

我想起歐洲的彩色玻璃鑲嵌大師，他們為了打造聖窗，教導學生三種必要的觀看方式：第一，必須看見什麼樣的生命圖像能塑造出這扇窗。第二，必須以顏色填滿這扇窗。而最後一點，需要有一種行動同時也是一份誓約，去把那扇窗放置在光線底下，讓它活起來。

我們多麼像這些鑲嵌玻璃。誠實，使得我們能看見那塑造自己的生命形象，那些生命形象透過經驗將我們打磨上色。但如果沒有誠懇的心，一切都是枉然。最後，如果要活起來，我們還必須把自己放置在光下。

我們都知道彩色玻璃可以轉瞬變得華美炫目，前一秒還是骯髒晦暗的，被陽光一照射，下一秒我們就可以從室內透過玻璃看見陽光，玻璃就美得令人窒息。我們就像是在師父手中製作著的聖窗，最重要的功課都是要把自己放在光下，從內部看見別人。

這麼做，等於是在實踐我們的虔敬。這聽起來也許困難，但這就跟每天為了吃而同時協調眼、手和嘴沒有兩樣，乃是基本而必要的動作，只要學會了，想都不用想，自然就天天這麼做。

- 這是邊吃東西邊進行的冥想練習。在你面前擺放一碗穀片或水果。
- 深呼吸，然後慢慢吃。
- 當你看著那些食物，想著誠實。
- 當你舀起那些食物，想著誠懇。
- 當你吃進那些食物，想著虔誠。

天使

水看得見我們的天使，正以彼此的眼睛相看。

——瑞奇．李．瓊絲（Rickie Lee Jones）

當我們能夠放下所有渴望或目的，只是望入彼此的深處，不論為時多麼短暫，都要有無以名狀卻不可或缺的某種東西使得我們超越獨處時的自己。因此，看著鏡子與看著你所愛之人的眼眸，這兩者完全不同。

唯獨在心打開眼睛的時候，關係裡的天使才會降臨。它是如此強大的感受，很可能讓許多事情出錯。我能感覺到蓬勃的生機，並確定它只存在於你，因為它僅在我倆之間被喚醒。一心只想跟你在一起的我，說不定就這樣捨棄了自己。或者，深處受到撩撥的你，很可能被驚動了，以為是我的緣故，也許會因而逃離最美好的事物。

我為了照亮臉龐而追逐夏日的陽光，但我不是太陽，太陽也不是我。然而，在我們之間升起了決絕的美，無人可以擁有，卻無人可以離開它而活。

．跟一個所愛之人或是信任的朋友一起靜靜坐著，在靜默之中呼吸，同時溫柔而堅定地凝視彼此的眼眸。

．在你的呼吸之中，注意你們之間升起了什麼感覺，知道關係裡的天使正在現身，彷彿夏天灑落的陽光。

我們珍視的

我們珍視的東西，能治癒這個世界。

有個古老的故事是這樣說的：一群朝聖者出發找尋聖地，他們漫行數日，走到一條大河旁。河水太深了，實在不可能涉水而過，而且他們手邊沒有材料可以搭橋造船。其中一位朝聖者開始禱告希望得到指引。一個聲音在他腦中響起，那聲音要每個人放棄一件自己珍視的物品，供大家打造木筏，因為只有自己珍視的東西才足夠強壯支撐自己，越過河水，抵達聖地。

眾聲立即嘩然。有人指責那個聽見指引的朝聖者，說他只是想偷走大家最重要的物品。最終，這群手足無措的朝聖者裡有四人同意這項作法，各自拿出一件別人看來毫無用處的東西：一塊石頭、一莖羽毛、一片浮木、一頁沒人讀懂的書。神奇的事情發生了：在他們睡覺的時候，他們投注在這些物品中的珍惜與喜愛合流了，隔天醒來，眼前已停著一艘壯觀的木筏。

四個朝聖者抵達了對岸。然後，放棄羽毛的那個人又聽見有聲音指引說，他們上岸的地方就是聖地。那四個朝聖者安頓下來，視線猶可看見彼方不願意渡向前的其他人。晚上，四個朝聖者焚燒木筏，烹煮食物。指引聲音又說了：當你珍視的東西支撐著你，化為食物供你食用，你就到了聖地。

這則古老傳說裡的智慧告訴我們，自己偷偷以為最私密的某一物事，神奇地竟然屬於每一個人。也就是說，我們所珍視的東西一旦分享出來，便釋放出療癒力量。這不是要催促我們必須放棄對自己有療效而且自己日益珍惜的物品。而是要說，我們要適時放下對珍視之物的執念，好讓這些東西繼續去治療他人。

我想起有人在我生病時候送來一個聖人的遺物，那是一小片遺骸，屬於幾百年前某個創立宗教的人，他原本跟我毫無關係，但當我身陷恐懼裡，握著那片聖人的遺骸一身冷汗地禱告過、憂慮過，這個物品對我就漸漸變得珍貴。

康復之後，那片遺骨成了我神聖的護身符。直到有一天，那個送我遺骨的人自己病重，需要這片骨頭。我很害怕自己沒了這護身符在身旁，感覺像是赤身裸體，但當我放下了這個神聖之物，所有事物都變得神聖了。

從此以後，每當時機成熟，我便放下一些陪伴我生活的珍貴物品。東之高閣的水晶、書本和個人寶藏，這些東西唯有再次被使用，才能再度發揮療效。放下珍貴之物，幫助了我們跨越河流。

- 集中心神。冥思一件你珍視的東西，它對你而言擁有力量，可能是你握著禱告的一片貝殼或石頭，或者你心煩意亂的時候所燃起的一根蠟燭。
- 深呼吸，感謝你對這件東西的珍愛。
- 深呼吸，然後祈禱能讓心清明，知道是否該將這東西送給別人，何時可以將它送走。
- 今天先不要這麼做。當你還需要這件東西，先不要放棄它。當你還害怕放手，先不要抓得更緊。
- 緩慢呼吸，讓自己願意知道那個適當時機是否會到來，什麼時候會到來。

December

燭與蛹

夢想譬如蠟燭，領我們走過黑暗。然而一旦使用，就必須融化。

我們很常用渴望與夢想來定義自己，我渴望成為一個音樂家、總裁或是祖母，我夢想家喻戶曉、名留青史或英勇救世，然而當生命並不把我們雕塑成另外一種模樣，我們總覺得失敗、覺得委屈，覺得自己不夠好，無法成就夢想。

的確，我們將會發現自己的極限，然後就會那樣想。但就算我們有極限，也不是失敗，我們只是在演化，像毛毛蟲變成蛹，再化為蝶。一連串的生命歷練都是因為我們需要它們所以開展，讓我們找到真正的快樂和自己最適切的位置。

事實是，我們的渴望與夢想往往不長久，它們會隨著我們的成長而達成目的，然後就淡出，喪失原本的重要性。倘若我們堅持要攜帶著已經死去的東西，則可能造成巨大的傷害。

青少年時期我極度想成為職籃選手，在某一段時間裡，我的天分似乎遮掩了我的缺陷，所以我到高中和大學都打籃球，到了大二放棄籃球是發現了我想成為詩人，這個使命往下引領我十八年，直到癌症為我開啟精神生活的另一扇門。

作為一個籃球員我並沒有失敗，身為一個詩人我也沒有失敗。確切來說，隨著生活經驗轉化了我的內在，那使得我球員的身體在空中移動的力量，轉化為詩人靈感的舞蹈，然後又演化為一種恩典的靈性存在。我想當籃球選手的想望並沒有失敗，一如蝶蛹也沒有在成為蝴蝶的過程裡失敗，雖然說失去夢想的形狀仍舊令人痛苦。

夢想能否得以實現，比不上進入那個夢想並跟著這過程盡情伸展來得重要。

· 試著想起第一個真正擄獲你的夢想是什麼。

· 你想要從這份夢想中得到什麼？
· 這份夢想教了你什麼，又將你領往何處？
· 這份夢想的精髓仍然與你同在嗎？
· 你現在有夢想嗎？
· 它正在教導你什麼？

十二月二日

一份邀約

你該做的是活出它，而不是揭示它。

——海倫·路克

海倫·路克是非常有智慧的女人，深深紮根於精神靈性的生活。我與海倫相識於她人生的最後兩年，在那段時間裡，她是我的良師益友。上面那句引文，擷取自我們兩人最後的對話，它一直困擾著我。我這一輩子都在寫作，也相信自己的工作是寫出那些隱藏著的重要事物，向讀者揭示。

海倫過世之後，我才明白這句話原來是個邀約，邀請我們，不論多麼投入於自己的作為，都要拋開一切堂皇的意圖。這話不是要我停止寫作，而是要我停止為了變得重要而努力。她邀我，不要繼續紀錄生命之詩，而要親身走進生命之詩。

這個課題適用於所有的人。只要我們獻身於眼前的人生，剩下的一切都會跟過來，因為生命會透過那些有意好好兒生活的人展現出來。其他的，不論多麼美好，都只是廣告宣傳。

花了我好多年學習與接納這件事。一開始我很天真，後來遭遇不少阻隔，現在我明白：回歸最直率的經驗才能健全。我曾試圖追求前無古人的壯舉，後來才發現：生活，才是最原始的藝術。

· 集中心神，將生命想像成尚未被書寫的故事。
· 深呼吸，把想要紀錄自己生命故事的責任放下來。
· 深呼吸，將道路想像成鳥兒飛過的一塊天空。
· 現在，單純的呼吸與飛翔。開始你的日常生活，呼吸，然後生活。

殷勤

對心而言，所謂殷勤就是幫助對方跨越門檻。
——伊凡．伊利奇（Ivan Illich）

在但丁的《神曲》中，維吉爾慈愛地引領著但丁，穿過充滿否定的地獄與幻象的煉獄，直達一條必須自己穿越的火之通道。最後但丁抵達了真實。往前一點的歷史中，亞倫從西奈山領著他的弟弟摩西走進世界，這位先知亞倫必須依循上帝的揭示而活，甚至在伊甸園裡——先撇開那幾段關於懲罰的敘述不談，上帝同樣也領著亞當夏娃到世界的門檻之前，要賜予他們只有人類才能體會的奇妙而充滿傷痛的真實經驗。

這幾例都說明了精神層面的殷勤，說明了幫助同樣屬靈的靈魂走向他們生命的更遠之處。事實上，我們所能向他人索求的，最多就是沿途的指引與安慰，而且是不強迫的、不帶算計的、也不求報償的指引與安慰。人與人關係之中的殷勤是這樣的：家人幫助我們展現自己在世上的樣子，朋友引領我們到達真實之前的門檻，而愛人鼓勵我們跨越自己創造的障礙，走進完滿圓融的時刻。

愛的目的往往就是讓別人引領著我們，不帶期待、不加以干涉，讓他們帶我們到他們能到的最遠之處，然後我們才能開始。就好比誠實地歡迎我們上桌而不任意評論我們吃些什麼。

我想起一個生病時做的夢：夢裡我走到樹林邊緣，有塊小而明亮的空間呼喚著我。我呆立原地，錯過許多前進的機會。直到一個堅毅的年輕女子出現，說：「你沒辦法開始，我知道，如果我是善良的，我會陪你到半路，但我遠遠超越善良，所以你一定要單獨過去，我在另一頭等你。」

我不確定夢中那個女性的意義是上帝、是天使，或是我靈性裡的平靜本性，但她明確有力而態度溫柔的指引就足以讓我通過了。之後我再也沒見過她，然而現在，每當來到我或同行之人不知能否通過的小路，我都可以在手心感受到她。

這觸及了愛的深層使命之一：特別的殷勤給予受傷的人；強大的慈悲讓受苦的人療癒；使困惑得到清晰；以真實帶來安慰。如此，受過磨難的我們都能輪流扶起墜落者的頭，扶起他們疲憊的頸子讓他們喝水，但知道我們永遠不可能代替他們喝。

- 深呼吸，冥思一份你曾從他人那裡接受的，不求回報的引領與安慰。
- 隨著吐氣，為這個殷勤的動作獻上感激。
- 隨著吸氣，感受自己引領而不干涉的能力，感受自己施予安慰而不求回報的能力。
- 在一天當中，藉著在別人的途中留下善意或真誠的痕跡，練習付出你不具名的引領。譬如，在遊民聚集之處留下半塊三．明治、把書翻到印有智慧段落的那一頁然後將它留在某處，或者在公車座位上留下一朵花。

．藉由留下自己的痕跡，幫助這個世界。

十二月四日

工作與熱情

別問這個世界需要什麼。問什麼能夠讓你活起來，然後去做。因為，世界需要的就是活起來的人。

——華德．舒曼（Howard Thurman）

我讀大學的時候，似乎有許多教職的職缺，這使得很多人一窩蜂朝向教書的方向去發展。等到我們畢業，教書的工作變得很少。十五年後，當我在大學任教，許多學生們都一窩蜂擠往商學領域去，然而等他們畢業後幾年，商業領域的職缺也變少了。

這是一種被匱乏感操縱的生活模式。當我們由於別人的需求而捏造自己的興趣，便把自己可能快樂幸福的機會賣掉，換取我們自以為的安穩。供需原則在紙上也許說得通，在世上卻只會構築出無愛的生活。

因此，就算要花上幾年去尋找自己的所愛的事物，到頭來都能幫助我們熱情生活。什麼讓你活起來，什麼就可以讓你繼續活著，無論你的薪水高低：然後，在就業市場的趨勢之外，熱情的生命能讓我們成為世界裡一顆健康的細胞。

・集中心神。什麼東西能激發你，就讓什麼東西進入你的內心，也許只是很簡單的事情，譬如觀看蠟燭的閃爍，或是在風中奔跑。
・自在地呼吸，然後感受這些事情如何影響你的整個身體與生命。
・有機會的時候，與一位能讓你活起來的人討論這些。

十二月五日

追求障礙

追求障礙。它會讓你自由。

撞見那座山的時候我正匆忙，心想，繞過這座山可能要花很多時間，於是我決定開鑿一條路，穿越這座山。每一塊石頭、每一根樹幹都在浪費時間，唉——要是這座山沒有擋住去路就好了。我急著向前，劃傷了手和腿，愈來愈難呼吸，並且失去了方向感。現在，我必須爬得夠高，才能讓自己看得清楚。

我超越了有樹林生長的高度，體內有某種東西要我看一眼山頂。我繼續往上，一步接一步攀爬，不斷提升高度，卻感覺自己是在空轉。終於我突破雲層，從來未曾置身雲端觀看太陽的我，坐在懸崖邊的空地，光芒籠罩頭頂。剎那間，抵達山巔或是跨越山嶺變得不再重要。我喜歡這裡，覺得自己可以在這裡住下來，但我必須回去，我需要吃、需要愛。現在每當別人問起關於打破現狀或匆忙趕赴的選擇，我會望向兩方，然後回答：「追求障礙。這會將你解放。」

這則故事邀請我們尊重障礙，將每一道障礙都視為一種單獨浮沉在宇宙洪流中的事物，將我們自己與障礙看作同一棵樹的兩根樹枝，一同飄流在河裡，碰撞著彼此，有時候甚至暫時擋住對方的去路。

以這樣的眼光看待障礙，我們就不會抵抗，不會認為它蓄意與我們作對。因為障礙會把我們抵抗它的那些力道再還回來。我們不必助長障礙的力量，使它得以久存，而是站在一旁，以開放態度面對障礙的能量，像是合氣道裡的閃身招數：不要防禦對手的打擊，而是巧妙地協助對手的打擊穿越你。

所以，當我們內裡有聲音堅稱某事物是一種障礙，我們要向它提出疑問：它也許是障礙，也許不是；也許它原本只是件小事，卻被我們習於掙扎的慣性誇大成為了悲劇或惡運。

所以，我們該關心的是自己與那道宇宙洪流的關係，而不是在我們身旁跟著一同漂流的事物。如果某個東西似乎擋住了去路，我們必須試著去理解是什麼力量推動著它，又是什麼推動著我們？倘若我們的行動仍遭阻擋，那麼或許是我們該要停止來了。無須為了要讓某件事在它該發生之前提早發生，而對自己造成不必要的傷害。

- 認出你當下生命中最大的障礙。它擋住你，不讓你前往哪裡？
- 把這個障礙想成自然的一部分，它也有自己的歷史。它像是被海浪打開的貝殼、跌進土石流中的石頭，還是一隻在車輛往來的公路上受到驚嚇的小鹿？
- 你想要的與你需要的，如何與它想要的及需要的相互碰撞？

真理的顏色

世界上最美好的東西無法被看見或觸碰……只能用心感受。
——海倫．凱勒

中國有種彩繪瓷器的古老藝術，需要精密工技，尤其強調製作過程中的信任與耐心。工匠必須在瓷器的表面塗上薄如蟬翼的顏料，一次塗一層，讓顏料風乾，滲入瓷器。那些塗料在風乾之後還不會顯現顏色，還得經過窯裡的烈火燒烤。直到顏料被燒成瓷器之前，你不會知道它的顏色。

這多像是為了活著而懷抱的生命疑問。我們以感覺為畫筆，將疑問塗在自己的心，唯有經歷了遭遇的烈火，當感覺裡的疑問被焚入心底，我們才得以目睹真理的顏色浮現。

所以，生活裡種種深刻的疑問並沒有答案，有的只是漸漸浮現的真理的顏色，而我們必須找到信任與耐心，好讓自己活進這樣的顏色裡。

- 靜靜坐著，想起一個自己曾經活進去的真理之顏色。
- 運用你的呼吸，解開這份真理，讓它變回在那之前所存在的問題。
- 注意此間的差別，與一個朋友分享關於這份真理的故事。

這樣的選擇

心靈是強壯的岸，而海洋的情緒變幻。

每一天我們都有選擇：一是築起圍牆，遮蔽光線，承受靈魂的潮濕。或者，赤裸而活，讓光透過，承受著活在開闊之中必經的侵蝕。

大多數的人包括我自己，都活在由別人動手搭造而我們加以完工的高牆之後。我們常常無來由地害怕彼此，那些築牆的人以及那些讓光穿透的人。但重點在於我們要如何度過人生——活得很安全？還是活得很徹底？我不得不承認，那些努力讓光透過的人是對的，避免被生命觸碰終究不會是安全的。我學到的是，越是像一顆勇於發光的太陽，敢於做自己，包圍的牆就越沒有厚重的必要。

對此，我的經驗開始於痛苦的童年。母親命令我我去做某件事，當時房間裡只有我們倆，我拒絕了。我忘記她到底要求我去做什麼，但記得那是件毫無人格且毫無必要的事，我拒絕的態度並不粗暴，只是堅決。我因為恐懼，盡可能快速地搭起防衛的牆以承接母親的怒火，她把手舉到腦後，重重甩了我一個耳光。我築起的城牆根本沒用，我的靈魂還是被狠狠擊中。

她想要再打一巴掌，但這時我的靈魂放鬆了，充滿她無法穿透的自我力量。我彷彿發著光。她的手停在半空，然後她叫喚父親進房，要他來動手。父親雖感受到我的光亮，但仍然打了我，當他的手落在臉上，我被光透過。當然還是會痛，但我置身保護之中。

有些時候是需要圍牆的，而更多時候，我們只是做自己就可以保護自己。無論隱藏或者展露都無法避免本來就會有的痛苦，但我們做自己的時候，就置身於宇宙洪流之中，而不是一顆殼裡的堅果仁，等待墜落。

- 集中心神。輪流冥想你望出你眼前這一道牆，以及正在遠眺的你自己，覺察這兩者。
- 穩定呼吸。當你吸氣，握起雙拳，感受你的牆。
- 緩慢呼吸。當你吐氣，張開雙掌，感受你自己。
- 一段時間後，張開雙掌，吸氣吐氣。練習把自己帶到牆的外面。
- 一段時間後，站起來在這道牆的外面隨意移動。注意這樣的感覺。

十二月八日

在本源之處

拿一個裝滿水的水桶再將它放進水中。現在內外都是水了。
我們千萬不要為此命名，免得一些傻子又開始談論身體與靈魂。

——迦比爾（Kabir）

我們太在意事物到哪裡就不屬於我們，從哪裡開始就屬於別人。然而只有畫清健康的界線，我們才能發掘並體會到引言裡所說的靈魂之水。這使人困惑。不過，縱使我們還不清楚結果是什麼，也無法討論，但每一個人處在心意合一的本源之中都清澈如水。

就像天主教修士德日進（Teilhard de Chardin）說的：「我們不是擁有靈性經驗的人，我們是擁有人性經驗的靈性。」帶著如此覺察走進生活，就會有所不同，這份覺察為我們那一小瓢的生命提供了海洋。

它讓我們記得，無論掙扎得多麼苦，不論活得多麼沉重，人人的體內都有一份無法壓抑的內在溫泉，它會受阻礙，卻永遠不會被控制，它穿透所有生命而噴發，化身為對於愛與和平的渴望。

當我們打開自己的嚮往，打開了自己對愛的赤誠，就開啟了精神靈性的本源，然後如同迦比爾的水桶，我們是水中之水、愛中的愛、大生命裡的小生命、風裡的呼吸。

- 靜靜坐著，一邊呼吸，一邊想像自己是迦比爾的小水桶。
- 深呼吸，把周圍看不見的世界想像成一片承載你的海洋。
- 緩慢而清楚地呼吸，感受你和周遭生命是由同樣的東西組成。

十二月九日

愛的工作

愛，流過所有的東西。
——蘇菲教派智者

我近日學到鉛筆的發明源起。一開始只是一團鉛，由於鉛經過磨擦與削刮會留下痕跡，於是人們與整塊的鉛搏鬥著，直到它能夠用以書寫。經過眾人的努力，鉛才成為適合人手抓握的形狀，而「發現」，使鉛塊成為可用的器具。

經過一輩子的人際關係課題，我必須帶著謙卑的心承認，愛也是這樣的。情人、朋友或家人，在彼此生命裡剛嶄露的親密如一團鉛，與之搏鬥後便留下痕跡，透過那些痕跡，我們更能了解對方。

但這只是開始。愛的工作是要把這份關係捏塑成為更加合用的工具。經由一起面對每一個難關、一起面對每一道幻滅、一起討論彼此對待的侵犯之處，這份關係就塑削成形，然後，愛漸漸化為神聖的器物。

當真理被握在一雙慈悲的手中，愛的尖銳將變為清晰而不傷人。

- 想起一段你正在努力維繫的重要關係。
- 一面集中心神，一面祈禱，希望你們之間的愛繼續找尋自己的形狀。
- 在日常生活中保持你的可塑性，準備好變成可用的器物。

十二月十日

別人的故事

你上一次聽別人的故事是什麼時候？

——美洲原住民醫者問病人的問題

我加入一個隔週聚會的心理戲劇團兩年了，參加之前，我不知道心理戲劇是什麼，但領導這個團體的人在我眼裡是個智者，我知道他還有很多道理可以教導，所以曾經發誓，不管他做什麼，我一定要參加。

後來發現，所謂心理戲劇就是輪流把自己內在的故事帶到現實生活裡，在彼此的幫助之下，希望能透過演出自己的夢想、困境或沒有解決的往事，從中發覺智慧。

在重力裡

十二月十一日

我不敢馬上站出來表演，花了好幾個禮拜才鼓足勇氣。一開始，我只想待在一旁觀望，然而出乎意料，我十分沉重地了解到，每一個私密的故事乍聽之下與自己相差甚遠，但都會突然與某一部分的我有關，而那部分的我從來沒有機會發聲。

參與他人的夢想、困境或沒有解決的往事，這是一種很深刻的傾聽方式，也是以很深刻的姿態在場。這種傾聽所得到的酬賞是一種不可思議的榮幸，首先是能目睹人的勇氣以活生生的樣子展現，而後訝異於我們的故事原來都一樣，於是找到撫慰與療癒。

古早的醫者似乎非常懂得，傾聽別人的故事，能給予我們往前進的力量，能讓我們看見自己不容易看見的模樣。傾聽別人的時候，不是聽他們的防備或他們的教條戒律；而是要像水消解了孤獨的高燒。只要聽得夠仔細，我們就能安心，記起我們共同的名字。

- 緩慢呼吸，想一想今天的自己要如何勇於敞開，樂於接收。
- 在這一天裡，把能量投注於傾聽之中。
- 當你傾聽別人的故事，注意它在何時觸動你自己故事的一部分。
- 如果可以，供獻自己一部分的故事，做為回報的禮物。

在重力裡，同樣的事情發生，只是慢了一點。

碟子碎了，我們說那是意外。心碎了，我們說那叫悲傷；倘若碎掉的心是自己的，我們會說那簡直是悲劇。夢碎了，我們時常嚷著不公平，然而螞蟻丟了泥土下一次只設法搬更多，鳥兒丟了食物就下一次繼續叼啄，當人丟失了自己所需的東西，卻產生漫天的抱怨與人生哲理。

重點不在於哀嘆，重點在我們停下生活去聽自己的哀嘆。星球照舊碰撞，歷史如常開展，在世界上隨時有人放下某些東西，也有某些東西墜落地面。那些放下的，並不緊抓著事物直到它被奪走，而是藉由釋放它來得到自己的生存。那些被墜落之物擊中的，則是暫時被落下來的事物改變自己形狀，就像石頭落入土壤裡，如此透過自己的柔軟而生存。

身為人的我們，重複著放下與被擊中的循環。愛，軟化了這個過程，而和平使這過程放慢，直到它得到祝福。我們彷彿在與所需的事物玩著一場拋與接的遊戲。

- 吸氣，想一想有什麼東西砸中了你？該如何軟化自己以便減低它的衝擊力。
- 吐氣，想一想有什麼東西需要離開你？該如何敞開自己，以更簡單地放手。

腳邊的寶物

你不容易在自己之內找到幸福；而你又不可能在其它地方找到幸福。

——阿格妮絲．瑞普萊爾（Agnes Repplier）

如果一定要我找出一個名字，指出是什麼東西擋住了我們通往平靜的路，那名字便是自己與這個世界。在前往自己靈魂的途中，我被自己困住、卻迷失於世界之中，或者是反過來，我被世界困住、迷失了自己。

然而我們內心還攜帶著一份珍貴的本質，它一直都在。它近得看似遙遠，別無他處可覓得，它在我們自己的喧囂底下靜靜等待，像一塊黃金在淺淺的湖底。我們就站在水中，腳邊就有寶物，但我們的倒影在水面晃動，以致看不見湖底有黃金。很多時候，我們需要停下移動、思考或彌補的動作，然後只要往內在探尋。

所以想跑開就跑開吧，這份寶物會緊緊跟隨你。需要思考及推論多少次，就去吧，因為你的心會比你思想所撩撥的漣漪更為持久。需要的話，就去怪罪世上的種種吧，因為你所怪罪的東西終將消失。

最後，你和我會被留在這裡，陪伴著我們自己、我們的世界，以及我們腳邊的寶物。

- 集中心神。如果你正在逃離某個東西，吸氣，讓這個東西追上你。
- 靜靜坐著，如果你試圖用理性抗拒某個東西，吐氣，讓這個東西碰觸你。
- 靜止不動，隨著呼吸，讓世界的力量碰觸你，然後流過你。
- 現在，透過呼吸，往內在伸手求取那靜靜等待的寶物。

十二月十三日

開口說話

我現在才恍然，某種無止盡的東西在我體內破土，我別無選擇，只能繼續活著愛著，直到它讓我長成一棵樹。

在某個聚會上，眾人紛紛離去之際，我遇見一個老人。他靠近我們倆之間那片靜默，開始跟我說話，彷彿我們是兩棵樹。他撫摸著下巴說：「我們起初翠綠而細瘦，天空一變黑，就以為自己會受摧折。隨後下起大雨，反而使得我們成長。我們不是直線生長，而總彎彎曲曲朝向陽光伸去。奇妙的是，地面的我們越是向上伸展，體內某種東西就會往地下深處挖掘，正因為我們的看不見的手指直探核心，我們才不會被風吹走。現在已經不跑動，連搖擺都少了。出現過好多種語言，到現在仍無法聽懂，只聽出破曉時的咯吱聲和入夜後的幽幽嗚咽。遲早我們會被拉倒。無論是什麼方式，我們總會被拆解，疊成一起才能夠燃燒，此時我們體內湧現了詩，在灰燼裡留下智慧。」

說完這段話老人就走了。我不知道發生了什麼事，但他的故事應該是關於謙卑，關於所有發生的經歷只在我們真正說話的時候時變成助燃的引信。不知為何，我們總能在看似黑暗的狀況裡生長，隨著季節更迭我們的根變粗也加深、漸漸擴張，直到足以支撐在世上生活的重量。

然而他說的「被拉倒」與「被拆解」指的是什麼呢？也許是沮喪、失去、意料外的變化或者任何可以使得我們往地面靠近的東西。也許，當我們對於自己的計劃被推翻，這可以讓我們徹底感受自己與其它生命之間的羈絆。

而所謂「疊在一起才能夠燃燒」又是什麼意思呢？也許是說，我們可以純粹到一種程度，讓體內的成長為我們帶來生命的熱情。也許，我在兩段婚姻與許多摯友的來去之後，樹皮褪去，也能滾燙而清晰地說出愛的意義。也許，我失去一根肋骨而得到生命之後，當我被燃燒之後也能咳出一些灰燼，告訴世人真實生活的意義。

人生種種遭遇彷彿想把我們從內而外焚燒，不論燒出來的東西有無智慧或是否美好，火焰都是為了發光發熱。於是我們應該蒐集自己的經驗，點燃它，好讓生命的血液健康而溫暖，就像農夫面臨冬日總會準備足夠撐到春天的柴薪。

· 靜靜坐在火焰之前，冥思某個關鍵的經驗，它意外促成了現在的你。

· 緩慢呼吸，吸長，吐深，讓活在你體內的這份經驗像微小的火焰升起。

· 和緩呼吸，給這微小的火焰說一兩句簡單的話。

· 閉上眼，把浮現在腦中幾次的這些話重複一遍，然後讓你的經驗溫暖自己。

十二月十四日

釋放自己

說真話很難，可是一旦說了，就收不回來。

——莎朗・葛林（Sharon Green）

不論我們覺得自己有義務保守怎麼樣的真相，不管說真話之後的情形多麼不堪設想，不說出真話就是靈魂在憋氣，只能忍受一段固定的時間。但我們把真相藏得久了，就很難將它說出口，要不然就是壓力逐日累積，憋著氣的我們遲早會沒氣。想要從這樣悲慘的狀況中釋放自己，那個距離僅有一個心跳。只要一口吞嚥或是一聲咳嗽，我們就能重新落在開闊之處。

隱藏真相的力量會把我們帶離生命力，而說出真相的療癒效果，能讓我們重返神聖事物的脈動。透過說出真相，我們獲得尊重，也能釋放那股隱藏與孤立的壓力，這二者同等重要。說真話是與生俱來的禮贈，像是呼吸一般讓我們活著。

· 集中心神。隨著呼吸，想像你正在吞吐的氣息就是真相。

·在一天當中，花時間吸入你的真相，再將它釋放回這個世界。

十二月十五日

哥雅與梅爾維爾

太陽不會因為人們瞎了眼就停止發光。

遇到世界冷漠的時候，還能保持真正的自己，這是艱難的挑戰。別人的拒絕和反對，確實令人痛苦，但若自己被視為不存在，這裡面藏著毀滅力量。這樣的弱點專屬於人。老鷹在峽谷上空翱翔，無人看見牠在飛，但牠的飛行能力毫不減損。可是我們做著自己卻帶有若隱若現的英雄主義，這在我們被誤解、批判或是漠視時變得明顯。我們需要別人的關愛，這便使得他人的意見擁有強大力量。因此我們應該時時覺察，不能把自己的生命交付給他人的期待。

關於傾聽最深處的自我，西班牙畫家哥雅為我們提供了一個偉大的例子。作家安德烈·馬約（Andre Malraux）寫到哥雅的生平時說到，一七九二年，哥雅耳聾後了解到一件事：「若要讓一個人的天賦在自己眼前彰顯，必先放棄取悅他人的念頭。」這真是動人且具有教育意義的發現：聽不見周遭人群的要求之後，哥雅才深刻了解上帝賜予他的天賦。

關於被人漠視，小說家梅爾維爾（Herman melville）則提供了悲傷的例子。他不得已在海上生活多年之後，出版了幾部暢銷的海洋冒險小說，但當他終於打開靈魂寫下《白鯨記》，兩件事同時發生了：第一，美國作家寫出了偉大的小說；第二，當時美國大眾嘲笑這頭白鯨和寫出這頭白鯨的作者，梅爾維爾在揶揄聲中遭到遺棄。

這個情感深沉卻心性敏感的男子，受到重創。三十二歲的他，正值創作能力的巔峰卻從此停筆四十年，只因為旁邊的人們聽不見，他就湮滅自己內在的聲音。

我時常用哥雅與梅爾維爾這兩人的例子提醒自己，天賦是如此珍貴而獨特，除了你自己，沒有人知道是什麼正在呼喚你，你又能成就什麼。就算沒有人看見或理解，你，仍舊無可取代。

・跟一個你信任的親愛之人並坐，輪流向對方描述一次「內在深深受到某個人或者某個情境吸引，卻無人了解」的經歷。
・什麼東西讓你保持自己真實的感覺？
・你對那個部份的自己認識多少？

十二月十六日

徹底認路

如果在途中遇到岔路，就拿起它吧。
——尤吉・貝拉（Yogi Berra）

尤吉・貝拉這位棒球傳奇人士所說的話，就像禪宗公案或莎翁筆下的弄臣言語，讓人分不清楚是智慧箴言還是胡說八道。但是，引言這句話，我們記得越久，它所揭示的道理愈多。

這句話對我而言是指：「別在人生的十字路口停留太久，別因為過多生活的方式而猶豫」。我們本來就無法經歷每一件事，勢必選擇某條路而排除其他，若把力氣花在苦惱於該選哪一條，這會讓我們無法認識任何一條路。

甚至，當我們選定了一條路卻還惦記著另一條路，這是後悔的開始。若是懷著後悔的念頭，這是一種抵抗自我限制的方式，也就是還要帶著另一條路在心上。這是心靈的執念。讓另一條路在心中活躍，只會讓我們無法徹底認識自己選擇的那條路。

人類是受到限制的生物，有能力達到圓融活著的瞬間，卻不能擁有一切或經歷一切。我們只能，很矛盾的，將自己全心全意交付給吸引我們的那條小路，如此才經驗我們所能經歷的一切。

- 集中心神。冥思一個你正面對的抉擇。
- 緩慢呼吸，一次嘗試一條路，不要再多。
- 回到你的日常生活，試著不要重複播放自己當初做的決定，就讓深層的自我幫你照看那些事物吧。

十二月十七日

治癒自己

於此世界中，從非怨止怨，唯以忍止怨，此古聖常法。

——佛陀《法句經・雙品》

如果傷害我們的人不肯承認他們造成了我們的傷，這使我們的傷口無法透氣。這是癒合之路上最困難的事，因為要先讓傷口休息才談得上讓它痊癒。我也曾經深陷在這種掙扎中，而常常發現自己分不清楚想要的究竟是渴望公平還是需要有人看見我的傷。

身體的疤痕顯而易見，心理的創傷卻往往隱形透明。正因如此，傷口必須先被看見、被承認，才能痊癒。但很多時候，痛苦會因為我們永遠無法同意那件傷害的本身而更加嚴重；就算同意，我們也無法對彼此承認。或者是我們自認應該得到的補償，隨著傷害自己的人已不在世間而從此求不得。

生命裡的重大協商都一樣，我們需要做的是去彰顯自己的內在。我們必須自己為自己見證，因為世間再無任何力量能像每個人內在的上帝那樣，真正擁抱並且原諒。

・靜靜坐著，直到你開始感覺安全。讓一個尚未痊癒的傷口浮現。
・穩定呼吸，直視那個傷口，見證你自己與曾經經歷的一切。
・徹底呼吸，對自己慈悲，將它化作清潔傷口的空氣。

十二月十八日

照亮前路

一個人不會因為想像光的模樣而被照亮，他必須讓自己覺察黑暗。

——榮格

如果榮格是對的，所謂天堂只不過是看見光亮在黑暗中成形；所謂覺醒，只不過是去關注連續不斷的時時刻刻，那些我們視為理所當然的生命瞬間，彷彿概念孕育形成或是種籽迸裂，就在你讀這些文字的同時繼續發生著。

我們的感知能力，會被種種遭遇一層一層遮掩，好比汽車車燈經過各種天候之後漸漸蒙塵，直到我們清洗那份感知能力，使它恢復。這是個長達一生的過程，永遠不會結束，時時刻刻都在開始。

所以我們必須觀照自己的存在，而且永遠不能停下。這說來簡單卻也無比困難，我們必須一次次抹去經歷在理智與心靈所留下的殘渣，露出自己最初的面貌，讓它再次照亮前路。但，這就像是要抓自己背上的癢一樣，想重新與自己合一體，往往需要彼此幫忙。

一則蘇菲教派的古老故事可能有助於說明。有個口渴的人，循著一條滿是泥沙的溪流進入洞穴。他帶著燈籠，把光亮提在眼前，終於找到清澈乾淨的水源可供掬飲。如果我們滿身汙泥且滿心煩憂，這時，不能在泥濘的河中飲水，必須小心回溯到水源之處。如果想再次喝到源頭乾淨的活水，就得提著靈魂如同提著燈籠在眼前，走進焦慮的黑暗中。這就是覺察黑暗，而慈悲正搖晃著小小火光，照亮那些汙濁而煩憂望不見前路的人們。

・閉上眼睛，靜靜坐著，感覺靈性的光芒存於身體的每個細胞之中。
・隨著吸氣，感受每一個細胞在發亮。
・隨著吐氣，感受周身的亮度微微增強。
・在一天當中，當你感覺煩憂，停下腳步，緩慢呼吸，然後照亮前路。

十二月十九日

樹中的糖

受到現實窒礙的心靈可以認識永恆，一如坐在樹下的人可以想見從樹梢望出去的風景。

小時候我會坐上父親搭建的三十英尺雙桅帆船，在海上度過好幾個小時。每當海況變得兇險，我總會出於本能，躲到船的底層，聽著巨響與波動衝擊船身，每一次的搖動與傾斜感覺起來都非常猛烈。

父親發現了我的躲藏之處。他告訴我，水手們暈船的時候，都會走到甲板上望著遠方的地平線。這無法擋住風暴惡浪的顛簸與傾斜，但當你的視野涵蓋了更廣大的景色，一切暈眩將顯得不那麼翻騰。

我持守這份智慧，面對生命的翻江倒海。對抗癌症時也好，一次次遇到拒絕而試圖駕馭不安全感也好，想要超越最深的孤單感也好，當我可以把握最遼闊的生命觀感，這時痛苦與恐懼也就隨之減退。

這是絕望與信心之間的差異。出於質疑所形成的狹窄觀點，不同於一個可以支撐生命的長遠視野。躲在底層，卻似乎會吃更多苦，雖然說，放眼於長久的時間和寬闊的地平線並不會從風暴中把我們救出來，卻可以讓一切變得比較可以承受。

我在最艱難的時刻，由於看著遠方的地平線，而得以忍耐失去一根肋骨、一段婚姻和一份深愛的工作。當我們待在看得見上帝的地方，便稍稍可以預料生命的起落，一切苦難甚至顯現了節奏。能否保有寬闊視野，決定了我們是把生命視為殘酷，或者了解到一切經歷都是強大的海洋。從重要的角度而言，上帝永遠存在於遠方地平線，所謂信心，就是不論多麼痛苦仍奮力走上甲板。

・不管你在哪裡，在臥房、桌前或是公車上，靜靜坐著，從上方看見自己坐在你所在之處。
・緩慢呼吸，同時存在於你所在之處，以及所在之處的上方。
・現在，感受你這一刻背負的壓力或苦痛。
・緩慢呼吸，試著同時從生命中看見自己，也從你生命的上方看見自己，同時感受到痛苦和包圍苦痛的宇宙。

・當你發現自己躲藏在痛苦底下，用呼吸開出一條通往地平線的路。

十二月二十日

相信

相信，就是孩子們賴以為生的正職。

——柯蒂斯・拉姆金（Kurtis Lamkin）

畢卡索說，藝術家就是仍用孩子的眼睛觀看的人。毫無來由地，我們在世間行走日久，越多阻礙橫擋在前方。於是我們不再多問，只往事物的深處探索，但我們卻對那些自己擔心失敗的事物提出質疑。

小時候，我經常對事物說話：飛過頭上的鳥兒，夜裡搖曳的樹木，在陽光下風乾的石頭。一年一年過去，我由於擔心別人眼光而不再這麼做，最後就完全停止了。現在，我知道許多美洲原住民始終這樣對事物說話，他們都帶著直探事物中心的童真眼光，相信著。

此刻，五十歲的我重新獲得這份智慧，了解到：相信，不是抱持著結論，而是走上一條道路，通往等候於萬物之中的生命力。

・找機會，跟小孩子談論他們所看見的世界。

無處可去

無事可做，也無處可去。接受吧。然後我們就什麼都能做，哪裡都能去。

道家的基本概念是：此世玄妙而艱難，我們無法改善世界，只能體驗世界。生命以其複雜與驚奇已經完整，且持續變幻、生機勃勃，我們不能想要使它完美。

我漸漸明白，這不代表一切與我們沒有關係。相反的，若我們接受了世界就算沒有我們，一樣可以很好，我們就能放下重擔，不再試圖扮演矯正錯誤的英雄，而單純專注於活著的旅程。

因此，我們的任務不在於消滅什麼或是重造什麼。我們更該像魚讓水流過鰓一樣，讓各種經歷流過我們的心。說到底，我們是在水流裡覺醒的小生命，而不是刻畫出河川的上帝。我們無法消滅飢餓但可以餵食對方。我們無法消滅寂寞但可以擁抱彼此。我們無法消滅苦痛，但可以施展慈悲。

我是先有所體驗才領悟這份道裡的。當我面對死亡，我改變世界的機會就被奪走了，我能做的只是在被世界改變之後設法活下來。領悟到這些，驟然使我陷入沮喪，但我很快又找到被解放的東西，諸如我不再需要找理由、做計畫，奮力追求事物……我發現，我所有的需要或索求都在這裡了，在這缺憾的豐足之中。

此後，我不再設法逃避磨難，而是試圖表達磨難；我不再努力求取快樂，而是試圖發現快樂；我不再努力捏塑或改善我周遭人事，而是試圖在我能夠找到愛的地方接受愛。

- 靜靜坐著，不帶任何焦點，單純地讓你的心呼吸。
- 試著不去想，也試著不要不去想。
- 吐出你的壓力，抵達你已經在的地方。

・深呼吸，接受當下的珠寶與砂礫。

十二月二十二日

課題

上帝會讓心靈破碎一次，再一次，再一次，直到心學會保持敞開。

——哈茲拉特・印納亞・杭（Hazrat Inayat Khan）

年輕的時候，我頭一次從愛情墜落，那將我重重打破，如閃電劈開樹木。幾年後，癌症又讓我破得更多，將我的生命拓寬，如洪水割開小溪的河床。然後我離開了一段二十年的婚姻，那次打破我如狂風擊碎窗戶。在非洲，一個正要開啟全新生命的學齡男童，那無名的臉孔也再一次將我打破，但這次像是熱水融化肥皂一般。

每一次我都試圖關起我被打開的那些地方。這只是一種反射。但，那個課題所教的是反方向的事：它要教我們永遠不再閉起。

・集中心神。專注於心靈正被打破而敞開的那個部分。
・透過在破碎之中深呼吸，緩和碎裂的疼痛。
・試試看，就算只看一眼也好：讓你的心敞開，從碎裂之處望進心裡去。

十二月二十三日

擔保的根部

你不曾踏進屋內，讓我能剝一小塊你的人生。
也許當你離去，你也會拿走某一樣我的東西：
栗子、玫瑰，或是作為擔保的根部。
——聶魯達

這世上最無法使得我們認識愛的固執之物，叫做「不信任」。我們的確有充分的理由得要謹慎，保護自己免於傷害或被惡意利用。

但不變的事實是，儘管我們談論著可怕的新聞與故事，但我們沒有別的門可通往仁慈與它的一切禮贈，只除了冒一個溫柔的風險去敞開自己。我們只能打開自己，打開小小一道縫隙也好，然後繼續嘗試去愛。有個問題我們非問不可，而我也每天問自己：何者更使人無力——是從愛裡被切除？還是讓傷害的痛楚在身上留下傷疤？

聶魯達作為詩人的偉大之處正在於他的心靈巨大。他以巨大的仁慈之心指出，除非我們踏入彼此的空間然後嘗試，否則什麼都不會發生。一旦我們這麼做了，施予和領受就成為同一件事，我們也由於一起前往而變得更強壯。

・集中心神。想起三件你願意施予的小禮物，可以是有形的、象徵性的，或是仁慈的舉動。
・在呼吸之中，溫柔地把三個禮物都包裝好。
・帶著這些禮物，開始你的日常生活。
・回家之前，把它們都送出去。

十二月二十四日

突然合一

在蠟與芯運作最完美的時刻，留下來的是光與熱。

像根蠟燭，我們精神靈性的芯被人性包覆；當靈性被碰觸，我們發出光亮，直到自己的一切所知都在遭遇的燃燒裡溶化變形。我們的汗水與掙扎，把自己與世界燒盡，一次次釋放神性的光芒。這些靈性閃耀的時刻，重新建構了生命，也照亮並溫暖了鄰近的人。

在這樣的瞬間，我們與我們所看見的，合而為一。凡是虔誠信仰任何一種教派的人，都把這種突然的合一稱為「愛」，在名為愛的合一照耀之中，留下的是一種重生的意願，渴望被嶄新而不朽的東西觸碰。留下的是陌生人內心深處的渴望。品嘗著那個被喚醒的甦醒、被燒灼的燃燒、被愛的愛。

當我們感覺到萬物合為一體，無論為時多麼短暫，其酬賞都超越一切的依附與擁有。這是當一個歌手與成為一首歌的差別。而這是最美麗的企圖心：舞者在舞蹈中溶化，愛人在愛中溶化，建築師在建築物中溶化，然後在突然的合一當中，舞者就是愛人就是建築師。

或許，當我們在河流裡游泳，那時我們就是河流。當我們隨音樂移動，那時我們就是音樂。當我們與傷口一同晃動，那時我們就是痛。或許，當我們不帶面具思考，那時我們就是純粹的思緒。當我們不存疑慮地相信，那時我們就是上帝。我們可能都隸屬一支成員尚未到齊的管弦樂隊，而愛就是那把讓我們演奏自己價值的樂器。所以，當愛、認知或是存在到達最完滿的時候，我們便沒有名字、我們便失去時間，而且我們無法呼吸。關於我們的一切都被耗盡，像一根蠟燭不斷焚燒，只為了用自己閃爍的微光照亮整間房子。

・看著某些人做自己喜歡的事，可能是些簡單的事情，諸如整理家中的庭園、清潔珍貴的收藏、梳理寵物的毛髮、堆疊待用的柴薪，或是幫小孩洗澡。

- 仔細觀察他們如何照料手上的工作。
- 什麼事情讓你知道他們喜歡做那些事？
- 有沒有在某個剎那，他們似乎與自己愛做的事情融為一體？
- 你能夠從他們這種愛的舉動中學習什麼？

十二月二十五日

再一次開始

包圍著你的那份榮耀，每天都在重生。

創造持續不歇，世界每天都重新開始。這是個從不發出聲響卻能改變一切的奇蹟，我們需要做的就是靜下來，感覺它的發生。一旦可以參與這個奇蹟，我們也能每天重新開始。

太陽如何以炙熱包裹地球，然後雲開霧散、雜草竄生。石頭趁無人注意的時候裂開，露出原本光滑的臉。我們也一樣，在真實的時刻，意念中的雲霧散去，熱情得到滋養，而圍牆在沒有人看見的時候崩塌。只要我們允許，這過程會持續下去，充滿生機，悄悄將一切變得嶄新無比。

我們以為夜晚只是以黑暗覆蓋了世界，但在這層包裹住我們的神秘的休憩時刻，所有活著的東西都重新被創造。在每一次眨眼時，如果你能暫停一下，讓心靈純粹為了空氣而悸動，你就能在睜開眼睛時再一次開始。這是千真萬確的事：每一次我們睜開眼睛，就是重生的時候。

・靜靜坐著，看著周遭那些似乎很普通的東西。
・深呼吸，閉上眼睛祈禱自己能夠再用第一次看見每個東西的方式去看。
・緩慢呼吸，睜開眼睛，以朝聖者的姿態，再次踏入你的生命。

十二月二十六日

在風裡

有時候，我自怨自艾地走。這時候，偉大的風把我帶向天空。

——北美原住民俗諺

身陷苦痛或絕望的時候，我們的關鍵任務就是別讓這種酸苦的感覺散溢到所有的東西裡，汙染了我們對全世界的觀感。然而我們也要小心，不可以過度控制它而造成潰爛化膿，汙染了我們對自己的觀感。在這兩端之間，有一種健康的表現方式等候著：不把任何事情都當作跟自己有關，也不必把自己的煩憂塗滿整個世界。

悲傷或恐懼越濃，內在的處境就越嚴峻，因為我們很可能會被這些負面情緒壓倒，以為可能性變少了，自己的價值變低了，一切縮小或變少了。這樣我們就不再感受到無偽的真理，失去了與偉大之風的聯繫。

無論我們是否覺察到了，但生命就是有辦法繼續領我們前進，如同河流同時把飢餓的魚和睡著的魚帶往下游，偉大的風也同時把騷動的人和平靜的人帶往明天。

因此，在我們最不想要禱告的時候還需要禱告，不是為了讓自我或世界膨脹或緊縮，而是為了修復我們與強大生命之流的連結。

‧靜靜坐著，一段時間之後，敞開自己，一句話都不要說，進入禱告的情緒。
‧緩慢呼吸，祈禱自己能感受到包圍自己的偉大之風。
‧穩定呼吸，感受自己的氣息與生命之流混合在一起。

十二月二十七日

其中的美好

如果我只擁有當下，該去哪裡尋找快樂？

假使對未來不抱希望，假如不期待事情會轉變，不認為失落之物可以找回、過往可以修復，只有一種打破自己內在硬化的風險，那麼我能與我擁有的一切做些什麼？

這情況一開始讓人既可怕又可悲。我像個剛上岸的疲憊泳者，突然發現沖刷過自己雙腿的水裡都是珍珠。一次次仰起疲倦的頭，發現我所需要的一切都在所在的地方。

但我是人，我步入歧途，夢想著不屬於自己的人生，很快又忙著想要得到別的東西、去別的地方、遇見別的人。我開始追求某些我得不到的東西。

所以我會這樣告訴你：如果感覺痛苦或不快樂，沒有什麼能替你揭除這些表面，但一份接納的勇氣與一顆強壯的心，能把它們像打開貝殼那般撬開，露出一直以來都存在的溫柔和等待成形的柔軟東西。那東西發著光，我想那是我們共有的靈魂。

‧集中心神。閉著眼睛，想像自己所想要的。

・緩慢呼吸，張開眼睛，了解自己所擁有的。
・反過來進行上面的程序：閉上眼睛，了解自己所擁有的。然後，緩慢呼吸，張開眼睛，想像自己所想要的。
・一直做下去，直到你所想要的跟你所擁有的逐漸變得相同。

十二月二十八日

完整

所謂完整，就是能聆聽我們內在不變的地方，縱使它所承載的生命可能會有所改變。
——強納森・歐馬曼（Rabbi Jonathan Omer-Man）

這本書的旅程，很大一部分是為了要發現內在的那個地方，並且培養聆聽那個地方的能力，同時對於它所承載的生命心存慈悲。

我想分享一個故事：有個男子憂心重重，他因磨難與困惑而疲憊，於是向智者求助，那位智者帶著慈悲，望著男子的眼，給了他一個選擇：「你可以選擇要一張地圖，或是一艘船。」男子看向身旁許多朝聖者，他們似乎也都不明白。這困惑的男子說：「我選擇一艘船。」智者親吻了男子的前額，告訴他：「那麼你走吧。你就是那艘船。生命就是海洋。」我們早已發現了好多次了，一切所需都存於自己的內在。聆聽內在的能力，是那把最古老的槳。而你，是那艘船。

・靜靜坐著，暫時放下所有的地圖。

・讓呼吸把你安全帶往海上。

・溫柔呼吸，在那個地方浮沉，然後，就這麼聆聽著。

十二月二十九日

就唱吧

只要我們歌唱，世間痛苦就無法奪取我們的生命。

我經歷了癌症和在美國的童年與成長，得知世界各地人們為了自由所做的奮鬥掙扎，我了解到這些經歷各有不同之處卻又全部一樣。我與南非人相處過一段時間之後，愈發明白：如果要在外面的世界倖存，我們必定要為內在的世界發出聲音。不管我們住在什麼地方、愛著什麼人，想要什麼又不能得到什麼，就是這樣的一門功課我一說再說，反覆學習，怎麼樣都不嫌多。

當事物從四面八方壓迫而來，我們只能歌唱，像一個被嚇壞的小孩依賴他們的歌聲抵禦痛苦，也像火焰擋住嚴寒。這是個秘密：不能讓靈魂留在我們裡面，一定要把它們從內裡帶往世界。只有來自內心的歌可以擋住生活的苦。一直以來，能讓這世界繼續運轉的力量，都是從體內被燃起的歌，當我們為了自己而唱，也為了所有尚未出世的孩子這麼做。

我們內在共同擁有的哪首歌，輪流看堪顧著世間生活的變動，好比日與夜輪流照顧著這個兀自轉動卻不知要轉去哪兒的巨大星球，若我們沉默，歲月也無光。

所以，就唱吧。用痛苦使你學會的語言來唱。就唱吧，縱使你沒有受過訓練，從未踏入校園。唱吧，來自你沉靜之處的呼喊將會抵擋嚴寒、軟化危險，讓世界有可能再轉動一回。

· 單純而深深地閉上眼睛，讓你內在的一切開始升起。
· 透過吐氣，把所有阻礙你的東西吐出來，為了住在你體內那份無限發出聲音。
· 釋放一個呼喊、喘氣或嘆息，然後，感覺到世界在繼續。

十二月三十日

我們成了地球

在尋覓重要事物的過程中，我們成為了重要的事物。

最深刻的事物都是無形的，諸如愛、懷疑、信仰、困惑、平和、智慧、熱情。這些東西到底在哪裡？它們不能像果實般被捧在手心，也不能像一頁經文那樣放在膝上閱讀，但它們雕塑了我們的生命。一直有一個神聖而智慧的奧秘：唯一值得被言說的，總是那些無法用言語說出來的。

了解了這件事，我們會變得謙卑。我們花了一輩子點點滴滴累積智慧，奮力去理解它，勉力去表達它分享它，最後我們只是漸漸成為它的一部分，最後連我們自己也無法被言說了。隨著年歲增長，我們走向靜止，如石頭一般呼吸，禁不住要一次次將自己敞開。

也許這是最令人苦惱的一種矛盾，是大自然為了不洩漏天機而設下的安全措施。我們多年來想從那些不願意說話的事物中榨出智慧箴言，卻持續被苦難雕塑著、被喜悅磨亮著，然後我們成了地球，懂得多了卻說得少了。諷刺的是，一生就要過去，我們終於有重要的東西可以訴說了，卻又失去了訴說的能力。然而這無損於我們想要說的那些，就像聲音註定要沉寂於寧靜，但這一點也不減少音樂之於靈魂的珍貴。

人生歷練多了以後，浮出表面的似乎變少了。祖母九十四歲那年，我去探望她，找到一張輪船票。一九一二年，還是小女孩的祖母，拿著這張票來到美國，船票上面寫著陌生而美麗的名字：麥耶絲迦，那是她出生時的名字，但從來沒在美國使用過。我將那張泛黃的船票放入她手中，她睜大眼睛，我可以感覺她的心靈像一尾年邁的大魚，游到水面附近，翻攪著已經沉寂八十年的水。時光在無聲中流動於她跟我之間。她微微顫抖，咳出了一陣笑，然後只說了一句：

「我都忘了自己來過。」

這一點兒沒有悲傷的成分。反之，我們終將成為自己的尋覓，感覺像是件神聖而不可避免的事。起初我們想要認識愛，活得夠久之後，我們成為了愛。起初我們想要認識上帝，吃了夠多苦之後，我們成為了上帝。日子過去，我們的心從內在延展開來，而皮膚漸薄，然後我們成為某種基本的元素，包裹住即將被發現的下一份智慧。

- 跟一個你信任的朋友一起靜靜坐著。
- 深呼吸，兩人各自冥思自己的愛的歷史，讓無語的感覺在你們之間流動。
- 一段時間之後，讓一個單字或語彙從你們之中升起，用它來彰顯那道無語之流。
- 寫下這一個單字或語彙，將它捧在靠近心的地方。
- 跟你的朋友交換那張寫著字的紙，先不看上面的內容，把它捧在靠近心的地方，安靜無聲地冥想。
- 一段時間之後，把彼此寫下的單字或語彙念出來。

我看見你

我看見你！我在這裡！

幾百年來，非洲的布希曼人是這樣打招呼的。當一個人意識到他的兄弟姊妹從叢林裡走來，他就會驚呼：「我看見你！」然後，那走近的人就會欣喜回答：「我在這裡！」

這樣永恆的見證，很單純也很深奧。這讓我們知道，現代人尋找的療癒之旅最後都為了這個：我們在哪裡？讓別人看見我們是誰吧。有了這分簡單直接的肯定，我們才可能宣稱自己的存在，才可以說：「我在這裡。」

那些看見了我們並為此驚呼、由此認可了我們存在的人們，建構了我們的自我價值的基石。想一想你生命中的那些人是誰？對我來說，第一個因為我爬到開闊之處而欣喜的人，是祖母。若不是有她那毫不猶豫的愛，我也許根本不會有任何表達自我的勇氣。所有形式的藝術都只是美麗的痕跡，標記了我們一次一次嘗試說出來的話：「我在這裡。」

被人看見，讓我們擁有自己的生命，然後才可能繼續散佈這份禮贈。然而，與見證別人的存在同等重要的是布希曼族人說出自己看見別人時的那份喜悅。那是初次看見與認識的喜悅，是愛的禮贈。

我們的文化抹去了人性，隱藏了天真，使人變成看不見的存在，因此我們更加需要別人帶著喜悅看見我們，好讓我們也能帶著同等的驚訝與天真，在一切可能存在也可能不存在的美妙事物中，我們宣告：我們在這裡。

在所能回溯的遠古記憶裡，尚未遭逢文明窒礙的古老部族會單純為了大家都在大地之上而感到快樂，這不但是我們可以為彼此做的事，更是一件必要的事。星星需要一片開闊的天空才能被看見，海浪需要海岸才能攀上浪頭，露水需要在草地浸潤，我們的生命力需要在欣喜之中驚呼與回應：「我看見你！」「我在這裡！」

- 跟一個信任的親愛之人坐在一起，閉著眼睛冥思你所認識的對方本質。
- 當你充分感覺對方的存在，張開眼睛，以喜悅與誠懇宣布：「我看見你！」
- 給對方空間，讓對方回應：「我在這裡！」
- 交換角色，重複一遍這個初次看見與認識的過程。如果你們受到感動，就用這種方式過你的人生吧。

對本書的推薦與讚譽

「馬克·尼波是令人驚嘆的詩人與老師。他如許慷慨，一邊撫慰我們，一邊把我們領向那深邃而安靜的充盈我們生命每一天的智慧之河。」

——韋恩·穆勒（Wayne Muller），國際公益組織「心靈麵包」（Bread for the Journey International）創辦人

著有《我們應該如何活？》（*How, Then, Shall We Live?*）及《安息日》（*Sabbath*）

「本書真正是一個修練、思索與詩意的寶物盒，它讓我們記起人類精神性靈的光輝、美好與寬闊。」

——安琪拉·亞立恩（Angeles Arrien）博士，文化人類學者

著有《四種面向的途徑》（*The Four-Fold Way*）及《生命跡象》（*Signs of Life*）

「馬克·尼波的作品如同潮水一般溫柔而可靠。在深入自我奧秘這一課題的探究上，他是我見過最有勇氣的人。」

——麥可·馬洪尼（Michael J. Mahoney），北德州大學（University of North Texas）臨床心理教授，賽布魯克研究所暨研究中心特聘助理教員

著有《人的轉變歷程》（*Human Change Process*）以及《正面心理學》（*Constructive Psychology*）

「馬克·尼波是我們這個時代的精神導師之一，而《每一天的覺醒》這本書則是他精神的最佳果實。他把他在詩歌方面的天賦透過書頁展現，他也把面對死亡經驗所得的體悟，以及

他展開全新生命之旅所體悟到的真理放入他寫下的每一個字。這本書是一份愛的禮物。打開自己，把自己面對這份禮物，然後你就會跟我一樣，充滿感激，領受重生的恩典。」

——帕克．帕爾墨（Parker Palmer），著有《讓生命說話》（*Let Your Life Speak*）以及《教的勇氣》（*The Courage to Teach*）

每一天的覺醒
365 篇日常生活的冥想與頓悟

作者 馬克・尼波 (Mark Nepo)
譯者 蔡世偉

總編輯 陳郁馨
特約文字編輯 許庭妮
封面／內頁攝影 周項萱
封面／版型設計 井十二設計工作室
內頁完稿 Bear 工作室
行銷企畫 黃千芳

社長 郭重興
發行人兼出版總監 曾大福

出版 木馬文化事業股份有限公司
發行 遠足文化事業股份有限公司
地址 新北市 (231) 新店區民權路 108-3 號 8 樓
電話 02-2218-1417
傳真 02-8667-1891
信箱 service@bookrep.com.tw
郵撥帳號 19588272／木馬文化事業股份有限公司
客服專線 0800221029

法律顧問 華洋國際專利商標事務所／蘇文生律師
印刷 成陽印刷股份有限公司

初版 2012/12
初版 6 刷 2013/05
定價 NT$430
ISBN 978-986-6200-77-9

每一天的覺醒
365 篇日常生活的冥想與頓悟
馬克・奈波 (Mark Nepo) 作；蔡世偉譯
初版 .—新北市：木馬文化出版
遠足文化發行，2012.12
面： 公分
譯自 : The book of awakening : having the life you want by being present to the life you have
ISBN 978-986-6200-77-9（平裝）

1. 基督徒 2. 靈修

244.93
101023495